新时代精神文明建设研究丛书

主任：杜新山　执行主编：曾伟玉

新时代精神文明建设机制论

Mechanism of Spiritual Civilization Construction in the New Era

程京武　江传月　等 著

社会科学文献出版社
SOCIAL SCIENCES ACADEMIC PRESS (CHINA)

“新时代精神文明建设研究丛书”总序

改革开放初期，我国就明确了推动社会主义精神文明和物质文明协调发展、“两个文明一起抓”的战略方向。社会主义精神文明是中国特色社会主义的重要特征，是坚持和发展中国特色社会主义的必然要求，是全面建成小康社会的应有之义，是实现中华民族伟大复兴的必由之路，同时也是迎接人类文明发展新阶段的报晓之声。在这一旗帜鲜明的战略方针指引下，40 多年来，全党和全国人民经过锲而不舍、一以贯之的探索和努力，在多方面的具体实践中创造了不少新鲜的成果，也积累了不少深刻的经验和认识。

怎样把这些经验和认识及时提升到理论和方法的高度，为今后的发展提供更加强大的动力资源，显然是建设中国特色社会主义现代化强国这一宏伟事业不可或缺的组成部分，也是党的理论建设工作的重大历史使命之一。基于对这一使命的自觉担当，广州市委宣传部、市文明办、市社科联牵头，集本地各高校的精干力量，合作研究编写了这套“新时代精神文明建设研究丛书”，并在中国共产党成立 100 周年之际，将其呈现于世。应该说，这本身就是一项既宝贵又及时的精神文明建设工程。

按照我们的理解，文明是文化之树的花果：“文化”与“自然、天然”相对，是人类将世界“人化”并用以“化人”的方式和过程；“文明”则与“蒙昧、野蛮”相对，是人类文化发展各个阶段积极成果的显现。因此，要充分理解我国社会主义精神文明建设的内容实质和历史意义，就必须站在历史和时代的高度，充分理解中国特色社会主义事业在中国历史和人类历史上的特殊地位与意义。而这个高度，不诉诸马克思主义哲学的理论和方法，是达不到的。所以我觉得，这套丛书的主要特点，正是超出了把精神文明建设仅仅局限于道德和文化政策宣传教育的层面，不是就道德说道德、就规范说规范、就政策说政策、就工作谈工作，而是着眼于新中国的发展史、社会主义的发展史、人类文明的发展史的大局和背景，力求站在新时代的高度，进一步深刻理解精神文明的内涵，充分阐发社会主义精神文明体系的理论逻辑；深入总结中国特色社会主义精神文明建设的创造性历程，准确描绘它的实现路径和未来前景。

一般说来，理论的高度反映出实践的深度。该丛书选题和内容的特色，是与多年来的生活实践有密切联系的。广州市作为我国改革开放的一线城市，当然也负有中国特色社会主义现代文明建设前沿探索的历史重任。多年来，广州市的党政部门和各界群众，为此倾注了极大的热情，在习近平新时代中国特色社会主义思想，特别是习近平关于精神文明建设的重要论述的指导下，作出了坚持不懈的努力。他们采取多项措施，踏踏实实地注重理论武装，努力以深学笃行筑牢信念之基，自觉强化价值引领；他们紧盯问题短板，通过全员参与、全域覆盖，去赢得共建共享的常态长效，不断提升新时代公民道德建设的精细化水平，使追求新文明成为广州最深层的底色、最优雅的气质、最美丽的风景，持续深化文明城市创建工作，着力建设崇德向善、文化厚重、和谐宜居、人民满意的文明城市，取得了可喜的成绩。这些切实努力的经验和成果，为写好这套丛书提供了坚实的基础。

该丛书以七本专著的书名排列，清晰地透露了这个思路的独特创意。它们是《新时代精神文明建设基础论》《新时代精神文明建设主体论》《新时代精神文明建设过程论》《新时代精神文明建设系统论》《新时代精神文明建设机制论》《新时代精神文明建设方法论》《新时代精神文明建设价值论》等，是从基础、主体、过程、系统、机制、方法和价值七个角度切入现实，每一个角度都既有对理论全面性的追求，又有对实践过程完整性的观照；既讲“应然”，也讲“实然”，更讲应然与实然的相互统一和过渡。也正因为如此，每个环节上所需要回答的问题，肯定比已经作出的回答要多得多。这样的研究和写作，应该说既是心怀壮志、出手不凡的，也是山高路远、成功不易的。当然，唯其如此，它们也更值得期待。

期待这项研究工作在新的基础和高度上，能够持久深化，不断提升，为中华文明的历史性再次勃兴，也为人类文明新境界的开拓，树起新的丰碑！

李德顺

2022 年 5 月于北京

目 录

CONTENTS

第一章　新时代精神文明建设机制的论题视域

党的十八大以来，习近平总书记多次强调："中国特色社会主义是精神文明和物质文明全面发展的社会主义。一个民族要实现复兴，既需要强大的物质力量，也需要强大的精神力量。只有物质文明建设和精神文明建设都搞好，国家物质力量和精神力量都增强，全国各族人民物质生活和精神生活都改善，中国特色社会主义事业才能顺利向前推进。"① 把精神文明建设放在中国特色社会主义事业的谋篇布局中，放在推动"实现中华民族伟大复兴"的战略高度，赋予新时代精神文明建设以新定位、新遵循和新任务。新时代精神文明建设在目标、内容、方式、要求及任务等方面发生的新变化，必然要求新时代精神文明建设系统中的内在结构、作用机理和运行规则等建设机制也要作出新的改变和调整。由此出发，聚焦新时代精神文明建设机制的本质内涵、理论基础和时代诉求等论题视域，对推进新时代精神文明建设的伟大实践，具有重要的理论意义和现实启示。

一　新时代精神文明建设机制的本质探求

对研究对象本质的研究是逻辑思维的基础。作为事物本身所固有的根本属性，本质是对客观对象特殊矛盾、运动方式和发展规律的抽象与总括，指向了事物及其运动的内涵、规律和结构。就此意义而言，新时代精

① 《习近平新时代中国特色社会主义思想学习纲要》，学习出版社、人民出版社，2019，第139页。

神文明建设机制的本质具有一般意义机制所包含的普遍性特征的同时，更为重要的是它凸显了精神文明建设机制所特有的内在矛盾性和特殊性，因而是普遍性和特殊性的有机统一，并在现实性上指向了精神文明建设机制的基本内涵、一般规律和要素结构。

（一）精神文明建设机制的基本内涵

概念意义上的机制原指“机器的构造及其机动原理和运行规则”[①]，即蕴含在机器运转中的工作原理或理论根据。后来泛指引起与制约事物运动、转化、发展的内在结构和作用方式，既包括事物内部结构或要素之间相互作用的关系和过程，又包括事物运动发展的调控规律和方式。因此，作为系统化、结构化和体系化的概念范畴，机制反映了客观事物的内在结构、功能、关系、规律和过程，表现为贯穿于事物运动发展的基本原理和规则。从认识论视角进行审视，机制普遍存在于客观事物当中，制约和支配着自然界、人类社会和人的思维的运动与发展。在现实性上，对事物机制的探索和认识通常经由概念、推理及判断而形成，因而它是理性认识的产物。换言之，对事物运动机制的揭示和阐发，表明了对事物的认识实现了从感性到理性、从现象到本质、从具体到一般的飞跃，从而体现为对事物运动发展本质属性和普遍规律的深刻把握。

作为同“物质文明”和“政治文明”相对的一种文明形态，精神文明是人类社会发展演变到一定阶段的产物，它反映了人们在精神和价值层面所获得的进步及成果，强调了人们对区别于物质形态包括文化和思想在内的观念形态的需求以及对这种需求的实现和满足。这种由物质生产方式所决定的精神生产积极成果在文化方面表现为科学、教育、文艺、卫生、体育等事业的发展程度，以及相应配套设施的发展规模，主要受制于社会物质生产和经济生活的发展水平；而在思想方面则体现为政治思想、价值信念、道德风貌和社会风尚等方面的发展方向和状况，主要决定于社会经济制度和政治制度，以及由此所反映出来的意识形态。总的来说，精神文明涵盖人类整个精神世界的进步成果，范围和内容极其广泛丰富，涉及社会及个体精神发展的方方面面，但就其根本内容来说，主要是思想和文化两

---

① 亢世勇、刘海润主编《新词语大词典（1978－2002）》，上海辞书出版社，2003，第532页。

个方面的有机统一。因此，作为丰富和发展人类精神生活的实践活动，精神文明建设体现在文化建设和思想建设相互发展、相互促进的两个方面，既致力于各项文化事业和广大群众知识水平的发展提升，又服务于思想觉悟与道德水平的全面进步，其目标在于培养一批批有理想、有本领、有担当的时代新人。

基于此，在本义溯源及要义分析的基础上，对“精神文明建设机制”概念做如下界定：精神文明建设机制是一定阶级或社会出于某种意志和目的进行有组织、有计划的文化和思想建设过程中的内在结构、作用方式和运行规律。

中国特色社会主义进入新时代，新的历史方位为精神文明注入了新的时代内涵。随着社会的不断进步与发展，人民对美好生活的需要更加广泛，不仅对物质文化生活提出了更高要求，而且对民主、法治、精神、安全、环境等更高层次的需求特别是精神需要、文化需要、审美需要日益增多，精神文化需求丰富多元，精神文明正在日趋发展壮大。总体而言，新时代精神文明无论在内容上还是形式上，都有了崭新的需求和变化，这种需求和变化一方面体现了社会的发展进步，与新时代发展主题和主旋律相吻合，充满中国特色社会主义新时代气息；另一方面反映了个体精神发展需求和新时代社会发展导向的一致性，在精神层次和审美情操上不断追求完善和提升，展现出全新的时代风貌和精神风尚。因此，在新时代，随着精神文明建设目标、内容、任务、方式等发生转变，精神文明建设机制亦随之发生变化，总体上包括以下几方面内涵。

其一，新时代精神文明建设机制在顶层设计上更加注重加强党的领导，确保精神文明建设工作落地落实。精神文明从根本上来看属于观念上层建筑，体现特定阶级的意识形态属性与取向，这是精神文明建设的价值立场和基本前提，同时也是区别于其他阶级或社会精神文明建设的根本标志。“统治阶级的思想在每一时代都是占统治地位的思想。这就是说，一个阶级是社会上占统治地位的物质力量，同时也是社会上占统治地位的精神力量。”① 为此，新时代精神文明建设机制更加突出党的创新理论武装，

① 《马克思恩格斯选集》第1卷，人民出版社，2012，第178页。

深入推进习近平新时代中国特色社会主义思想学习教育，在学懂弄通做实上下功夫，推动理论联系实际；更加强调党委责任和政治担当，推进精神文明建设规范化、制度化和法治化；更加重视优势整合，加强统筹谋划、联络沟通和协调督促，形成部门联手、上下联动的工作格局，确保各项工作落实落地、更有成效。

其二，新时代精神文明建设机制在内容上体现了新时代文化建设和思想建设的有机结合，目的在于培养担当民族复兴大任的时代新人。文化建设和思想建设既是新时代精神文明建设的主要内容，又是贯穿新时代精神文明建设机制的关键要素，二者以“举旗帜、聚民心、育新人、兴文化、展形象”为使命任务，统一于新时代精神文明建设的全过程，其对象化的主客体交互赋予了它深刻的实践品性，导引着新时代精神文明建设的各个环节的实施。新时代的文化建设强调在马克思主义的指导下坚定文化自信、坚守中华文化立场、坚持创造性转化和创新性发展，发展面向现代化、面向世界、面向未来的社会主义文化；而新时代的思想建设则强调建设具有强大凝聚力和引领力的社会主义意识形态，增强全体人民的理想信念、价值理念和道德观念，深化培育和践行社会主义核心价值观，加强思想道德建设，推动新时代中国特色社会主义思想深入人心。

其三，新时代精神文明建设机制在过程上更加强调精神文明建设的要素联结、结构优化和规律运用。精神文明建设作为一项系统性工程，其内部具有特定的结构和各个要素，这些要素的相互关系及相互作用形成了稳定的联系和机理，即精神文明建设规律。正是内嵌于精神文明建设系统中的要素的彼此联系和相互影响，使得精神文明建设的功能得以运转并发挥作用，牵引着精神文明建设实践的具体开展。相比以往，新时代精神文明建设机制在过程上更为注重结构要素以及要素间的相互作用所展现出的客观规律，如主客体交互律、文化建设和思想建设统一律、环体双重性质律等，它们不仅贯穿和影响着新时代精神文明建设的整个过程，而且以反映精神文明建设运行规律的普遍原理，构成了新时代精神文明建设机制的独特内涵。

（二）精神文明建设机制的一般规律

规律是指蕴含在事物之间不以人的意志为转移的内在必然性，它是存在于自然界、人类社会和人的思维的必然、稳定、反复和本质的联系，决定着事物发展的必然趋向。列宁曾指出："规律就是关系。……本质的关系或本质之间的关系。"[①] 精神文明建设机制作为精神文明建设系统结构运行的规则和机理，体现了其内部诸要素的本质联系，它以对立统一的存在形式，制约着精神文明创建的全过程和各环节。实践中，精神文明建设机制的一般规律总是由精神文明建设内外部因素的相互作用和彼此交互而形成的，集中表现为精神文明建设与物质文明建设相互协调和相互促进的规律，精神文明建设内部结构要素相互作用和相互统一的规律，以及精神文明建设的历史性、发展性和渐进性规律。

1. 精神文明建设与物质文明建设相互协调和相互促进的规律

纵观人类社会历史发展进程，物质文明、政治文明和精神文明相互联系、相互作用，三者共同构成了人类文明的有机整体。在此当中，精神文明的发展总是受制于物质文明和政治文明的发展程度与水平，反过来又给予后两者强大的反作用。这是由它们各自的内在规定性以及彼此之间的关系所决定的。物质第一性，精神派生于物质，经济基础决定上层建筑，这是辩证唯物主义和历史唯物主义的基本观点，也是正确处理精神文明建设与物质文明建设、政治文明建设之间关系的基本出发点。实践中，物质文明建设与精神文明建设如同鸟之两翼、车之双轮，共同构成了社会文明发展整体系统中的重要组成部分，相互依存，缺一不可。忽视物质文明建设，精神文明建设如同无本之木、无源之水；而忽视精神文明建设，物质文明建设就会失去正确的价值导向。换言之，物质文明为精神文明提供物质前提和基础，而精神文明则为物质文明的进一步发展提供精神动力和智力支持，引导物质文明能够朝着正确的方向前进，二者在良性的互动关系中实现推动社会文明的整体进步。因此，物质文明建设与精神文明建设的相互协调、相互促进的规律，不仅具有丰富的理论依据，而且具有深刻的实践内涵。

在现实性上，精神文明建设与物质文明建设相互协调和相互促进的规律要求我们要处理好物质文明和精神文明的关系，使它们始终处于一种平

① 《列宁全集》第55卷，人民出版社，2017，第128页。

衡发展、良性互动和彼此促进的状态中，二者不可偏废，从而在你中有我、我中有你的交互融合中实现相互支持与相互转化。一方面既要坚持经济建设为中心不动摇，壮大和夯实物质文明成果，为精神文明建设提供丰硕的物质保障；另一方面又要发展和完善精神文明成果，将其真正落实到现代化建设的实践中，为物质文明建设提供强大的精神推动力。因此，两个文明建设互动律启示我们要自觉将物质文明建设与精神文明建设有机结合起来，使其协调发展、相互促进，防止“一手硬”“一手软”，坚持两手都要抓，两手都要硬。

2. 精神文明建设内部结构要素相互作用和相互统一的规律

从精神文明建设的内部结构来看，其发生作用的机制所指涉的要素涵盖精神文明建设的整个过程和各个环节。从总体要素来看，既有主体要素和客体要素，又有中介要素和环境要素等；从具体要素来看，既有组织要素、濡化要素，又有运行要素、动力要素和保障要素等，不一而足。诸要素相互联结、有机衔接和彼此作用，使得作为完整系统的精神文明建设成为一个闭环，并且得以运转和开展。换言之，精神文明建设当中的每一个要素都对其结构功能发挥作用，缺失任何一个都无法使它有效实施。也就是说，精神文明建设之所以能够发挥作用，实质上是其内部各要素相互作用和相互统一的结果。若以“系统—要素”“结构—功能”的关系进行分析，精神文明建设的成效取决于其内部各要素以及要素之间的关系是否达成了一个优化配置的状态。因此，健全和完善精神文明建设机制，一方面要遵循精神文明建设内部结构要素相互作用和相互统一的规律，另一方面又要实现各要素的科学设计、合理配置与有效运用，从而达到一个最优化的状态，以此推动精神文明建设更加富有成效地开展。

在现实性上，精神文明建设内部结构要素相互作用和相互统一的规律要求我们充分把握总体要素和具体要素的各自属性与特征，使其发挥最大的效用。就总体要素而言，应注重精神文明建设顶层设计，既要打通主体、客体、介体、环体相互联结和发生作用的关键环节，又要从强化主体责任担当、解决客体痛点难点、发挥介体综合力量、优化环体育人氛围等方面加强和深化各要素建设，由此形成精神文明建设整体之和大于各要素之和。就具体要素而言，应着力聚焦精神文明建设的关键步骤，特别是加强组织要素、濡化要素、运行要素、动力要素、保障要素等要素建设，通过各具体要素的协调共生推进文化建设和思想建设，使之相互配合、相互促进，从而形成最大合力。

3. 精神文明建设的历史性、发展性和渐进性规律

从精神文明生发和演变的历程来看，一方面，由于受制于物质文明和政治文明发展的水平和程度，精神文明的发展如同物质文明与政治文明一样，必然会经历一个由不发达到发达的发展过程；另一方面，精神文明自身发展也有其内在规定性，不可能一蹴而就和毕其功于一役，亦必然经历一个从初级到高级的发展阶段。此外，作为精神文明主要内容的文化科学和思想道德是人类在长期的社会实践中形成并逐步深化的，它们的发展成熟同样离不开岁月的积累和沉淀。由此看来，无论是精神文明受外部制约因素的影响还是精神文明自身的发展规律，无不深刻阐明精神文明建设是一个不断走向成熟的渐进的连续过程，它的每一个阶段或每一次进步都发端于之前的思想文化基础之上，因而具有鲜明的历史性、发展性和渐进性。就此意义而言，作为较高发展阶段的精神文明，它以一定的传统为基础，总是与历史、与传统相关联，是对以往时代所积累的精神文明的扬弃和超越，而这种质的飞跃正来自量的积累，在过程中体现为连续性与阶段性的统一。

在现实性上，精神文明建设的历史性、发展性和渐进性规律要求我们在进行精神文明建设过程中尊重事物发展的客观性和必然性，实事求是，既不能无视过去已有的发展成果犯虚无主义的错误，又不能超越现有的发展阶段陷入冒进主义的泥潭。因此，一方面，开展精神文明建设要处理好“源”与“流”的关系，充分了解和尊重本民族历史文化传统，找准传统思想文化与现代化发展的接榫和衔接之处，努力实现传统思想文化的创造性转化，从而在传承和发扬优秀传统文化的过程中实现守正创新和推陈出新；另一方面，精神文明建设要与时代的发展相同步、与人的精神需求相适应、与未来的潮流走向相符合，既要反对因循守旧又要反对急躁冒进，使其始终处于良性的发展轨道之中，从而推动精神文明建设循序渐进地实现螺旋上升和稳中求进。

（三）精神文明建设机制的要素结构

作为精神文明建设机制的基本单元，要素构成了精神文明建设存在并维持其运动的必要因子，是精神文明建设系统产生、变化和发展的动因，诸要素在系统中相互独立的同时，贯穿和制约着精神文明建设的全过程和各环节，因而是决定精神文明建设性质、地位和功能的最小单位。这些要素按照固有的相对稳定的组织方式或联结方式，通过各部分的搭配和安排组成了精神文明建设机制的结构，体现为要素的汇集、组织与融合。就此意义而言，精神文明建设机制的结构具有稳定性、有序性和形式化特征，它标志着精神文明建设由部分到整体表现出的有机性和组织性，体现了部分与整体之间相互联系、相互过渡的基本形式。正是要素间的有序组织和有机搭配，使得精神文明建设系统呈现出不同于其部分的简单总和的优化状态。

精神文明建设机制是一项涉及社会各方面和多领域的系统化顶层设计，就其要素结构内容来说，既包括集主体、客体、介体、环体等总体要素于一体的宏观结构，又包括集组织、濡化、运行、动力、保障等具体要素于一体的中观结构，还包括由中观结构进一步细化而形成的“机构—动员—凝聚”“价值—利益—舆论”“规划—实施—调控”“期盼—激励—评估”“物质—法治—监督”等微观结构。由此可见，精神文明建设机制系统是一个由多要素、多结构形成的有机体系，囊括了精神文明建设所涵盖的人、事、物。但在此之中，由主体要素、客体要素、介体要素和环体要素构成的精神文明建设机制宏观结构在精神文明建设系统中起主导和支配性作用，统领着精神文明建设诸要素的运动和发展，同时亦牵引和制约着中观结构和微观结构功能的发挥，因而在精神文明建设机制运行中扮演着主导性角色。

1. 精神文明建设机制的主体要素

精神文明建设是一项规模宏大的社会系统工程，需要由具备特定能力和素养的人即精神文明建设主体来开展。因此，主体要素是精神文明建设机制的首要要素，这一要素主导着精神文明建设的实施和开展，因而是精神文明建设的发起者、组织者和引导者。具体而言，精神文明建设主体是指对符合时代发展趋势和人的精神需求的文化思想观念进行研究、阐释、宣传、倡导和教育的社会主体，简单来说，即从事精神文明认识和实践活动的人。这一部分群体是提升全体社会成员科学文化素质与思想道德素质的主导性力量，同时也是带动和引领精神文明建设的积极的、主动的关键性因素，这一角色定位主要是从他们在实践活动中所发挥的效用或效能而获得其内在规定的。在精神文明建设过程中，他们一方面承担着精神文明的认识活动，包括对文化思想和道德规范进行探讨、研究和阐释；另一方面又从事着精神文明的实践活动，包括对精神文明客体或对象进行宣传、推广和教育，目的在于提升包括主体自身在内的全体社会成员的文化科学素质和思想道德修养。因此，精神文明建设机制的主体既是精神文明系统工程的设计师、规划者，又是精神文明建设的实施者和参与者。正是具有向其他社会成员宣传和引领新的、进步的思想文化观念的主观能动和积极效用的特征，才使他们成为精神文明建设的主体。

2. 精神文明建设机制的客体要素

精神文明建设机制中的客体是相对于主体而言的，主要是指精神文明建设主体活动所作用的客观对象，具体来说，它是精神文明建设主体宣传、教育、影响和改造的对象。精神文明建设在其本质上是一项提升人的文化素质和道德素养的对象化活动，因此它必然要通过人而发生作用，最终又落脚到人的精神层面的改造和提升。在精神文明建设的认识和实践活动中，主体与客体往往是紧密联系在一起的，且二者具有相对性，在一定条件下甚至可以相互转化。由于精神文明建设具有广泛的群众性，涉及社会系统中的各个领域、各个部门和各个单位，因此，精神文明建设客体也具有广泛性，凡是有群众的地方，都有精神文明建设客体对象。此外，精神文明建设客体还具有可塑性和层次性的特征。可塑性是指客体的文化思想和道德品质是可以经由主体的作用加以塑造和引导的，使他们的思想行为符合社会的发展要求和方向；而层次性指的是客体的类型和特征千差万别，要求精神文明建设要精准分层引导，针对不同的客体对象制订不同的计划，运用不同的方法，有的放矢地解决不同类型、不同层次客体思想或道德层面的问题，逐步提升全社会的科学文化水平和思想道德素养。

3. 精神文明建设机制的介体要素

精神文明建设机制的介体是连接精神文明建设主体和客体之间的桥梁

与纽带，是精神文明建设过程中各要素相互联系和相互作用的枢纽，是承载、传导精神文明建设因素，能够为精神文明建设主体所运用且主客体可借此发生作用的一种媒介。如文化建设、道德教育、大众传播、理论宣讲、榜样示范、实践活动等，都可以成为精神文明建设的介体。精神文明建设主体正是借助这些媒介对客体对象进行一定的教育引导影响并与其进行双边互动，才能开展精神文明建设且达到一定的教育目的。因此，作为精神文明建设的介体，需要同时满足两个基本条件。一是能够承载精神文明建设的目的、内容、任务、方法等信息，并能够为精神文明建设主体所运用和组织。也就是说，只有具备明确的精神文明建设指向性，蕴含精神文明建设的内容以后，才能够称其为精神文明建设介体。二是能够联系精神文明建设主客体，主客体可借助这种媒介发生互动和作用。精神文明建设不是主体单方面的活动，而是主客体共同参与、相互作用的过程，作为这一过程组织形式的媒介，精神文明建设介体必须能够提供主客体产生作用的纽带。因此，承载性和传导性构成了精神文明建设介体的主要特征，成为联系和贯通精神文明建设主客体的关键要素。

4. 精神文明建设机制的环体要素

精神文明建设是在一定的环境里开展和进行的，环境对人的思想文化和道德素养产生重要的影响。基于此，环体亦构成了精神文明建设的要素。从一般意义上讲，环境是指环绕在人的周围并给予人某种影响的客观现实与外部因素。环境在人的发展过程中起到关键性作用，直接影响人们的价值取向、行为规范和道德品格。如中国古代“政教习俗，相顺而后行”[①]“染于苍则苍，染于黄则黄，所入者变，其色亦变”[②]等思想，无不阐发了环境因素对人的成长的重要影响。马克思也曾指出：“人创造环境，同样，环境也创造人。”[③]这表明，环境与人的关系是相互依存的，人们在改变和创造环境的同时，环境也在影响和制约着人的思想价值观念的形成与发展。精神文明建设环境具有广泛性、动态性、特定性和可创性等特

---

① 《荀子·大略》。
② 《墨子·所染》。
③ 《马克思恩格斯选集》第1卷，人民出版社，2012，第172~173页。

点，它所包含的因素十分广泛和复杂，就精神文明建设社会环境的分类来看，按其形态可分为物质环境和精神环境；按其性质可分为积极环境和消极环境；按其作用方式可分为直接环境和间接环境；按其状态可分为开放环境和封闭环境等。实践中，精神文明建设的重要任务就是要大力构建积极环境，消除消极环境，不断提升精神文明建设的时代性、针对性和实效性。

二　新时代精神文明建设机制的理论基础

"一百年来，党坚持把马克思主义写在自己的旗帜上，不断推进马克思主义中国化时代化，用博大胸怀吸收人类创造的一切优秀文明成果，用马克思主义中国化的科学理论引领伟大实践。"① 中国特色社会主义进入新时代，既赋予了我国精神文明建设新的历史方位和价值内涵，又向新时代精神文明建设机制提出了新的要求。由此出发，健全与完善新时代精神文明建设机制，不仅要把握新的时代特征和实践诉求，而且要始终坚持以马克思主义为基本理论遵循，总结和汲取马克思主义经典作家的理论智慧与宝贵经验，为开创新时代精神文明建设新局面提供理论借鉴。

（一）马克思恩格斯关于精神文明建设的理论

从理论上进行梳理和考察，马克思恩格斯关于精神文明建设的理论论述始步于人类的实践生活，在此基础上聚焦与之相对应的物质文明建设，对二者关系进行辩证分析和诠释，并以"现实的人"为观照和落脚点，阐发了其最终目的在于对人的本质的真正占有与复归，即人的自由全面发展。换言之，实践的观点、精神生产与物质生产的辩证关系、人的自由全面发展，构成了马克思恩格斯精神文明建设理论的逻辑起点、逻辑中介和逻辑归旨。

1. 实践的观点是马克思恩格斯精神文明建设理论的逻辑起点

实践的观点是马克思主义理论首要的、基本的观点，同时也是其精神文明建设理论的逻辑出发点。在马克思恩格斯关于精神文明建设的阐述

① 《中共中央关于党的百年奋斗重大成就和历史经验的决议》，人民出版社，2021，第63页。

中，人类精神文明活动总是被置于人类社会实践的理论视野和分析框架中加以考察。在他们那里，生产实践是人最基本的活动，人们在生产实践中所发生的交往关系是最基本的社会关系。就此意义而言，作为人类实践活动成果的精神文明“决不是某种开天辟地以来就直接存在的、始终如一的东西，而是工业和社会状况的产物，是历史的产物，是世世代代活动的结果”①，它的起源、建设和发展总是依附于特定的、历史的、具体的社会生产实践，并随着实践的深入推进而向前迈进。

从起源来看，按照马克思恩格斯的观点，集物质文明、精神文明和制度文明于一体的人类文明产生于社会实践，是人类通过改造外部世界的实践活动所创造出来的并且带有深刻的人的烙印的积极成果，因而是主观见之于客观、主体客体化的过程和产物。正如马克思所言：“为了在对自身生活有用的形式上占有自然物质，人就使他身上的自然力——臂和腿、头和手运动起来。当他通过这种运动作用于他身外的自然并改变自然时，也就同时改变他自身的自然。”② 这一过程，不仅使人与自然、社会与自然、人与人之间的互动关系得以形成和实现，并使人与动物区别开来而称其为“人”，而且深刻反映了人类社会生活及其面貌的变革和演化，成为人类社会进步的重要标志。

正是基于实践论的视角，恩格斯着眼于家庭、私有制与国家的出现，以及社会分工的进一步细化，将人类社会发展的历史时期划分为三个不同形态的时代，即原始社会以采集现成的天然物为主的蒙昧时代、学会经营畜牧业和农业的野蛮时代以及从奴隶社会开始进入的文明时代。在恩格斯那里，“文明时代的门槛”③ 不仅在于人类进入阶级社会并能够用文字记载自己的历史，更为重要的是作为实践活动形式的分工和社会再生产所发挥的积极作用。恩格斯认为：“文明时代是学会对天然产物进一步加工的时期，是真正的工业和艺术的时期”④，并进一步指出，“在这个阶段上，分工、由分工而产生的个人之间的交换，以及把这两者结合起来的商品生

① 《马克思恩格斯选集》第1卷，人民出版社，2012，第155页。
② 《马克思恩格斯文集》第5卷，人民出版社，2009，第208页。
③ 《马克思恩格斯选集》第4卷，人民出版社，2012，第181页。
④ 《马克思恩格斯选集》第4卷，人民出版社，2012，第35页。

产，得到了充分的发展，完全改变了先前的整个社会”。①

与之相适应，马克思亦强调了生产实践对包括物质文明和精神文明在内的人类文明发展的重要意义。他指出：“在再生产的行为本身中，不但客观条件改变着，例如乡村变为城市，荒野变为开垦地等等，而且生产者也改变着，他炼出新的品质，通过生产而发展和改造着自身，造成新的力量和新的观念，造成新的交往方式，新的需要和新的语言。”② 由此可见，社会生产实践不仅使社会物质生活形态得以深刻变革，而且推动着人类精神文明向更高层次发展。

2. 精神生产与物质生产的辩证关系是马克思恩格斯精神文明建设理论的逻辑中介

作为历史唯物主义的理论范畴，精神生产与物质生产的关系是物质与意识、思维与存在关系在人类社会实践领域的反映，它不仅指向了精神文明从哪里来、受何制约，而且指涉了精神文明有何作用、向何处去的问题，因而构成了马克思恩格斯精神文明建设理论的逻辑中介。对于二者的关系，马克思指出：“要研究精神生产和物质生产之间的联系，首先必须把这种物质生产本身不是当作一般范畴来考察，而是从一定的历史的形式来考察。”③ 在现实性上，精神生产与物质生产构成了一对既对立又统一的辩证关系。具象之，物质生产是精神生产的基础和前提，精神生产依附于物质生产；另外，精神生产具有相对独立性，并对物质生产具有能动的反作用。

其一，物质生产是精神生产的基础和前提，精神生产依附于物质生产。物质生产具有第一性，精神生产派生于物质生产。马克思认为：“我们首先应当确定一切人类生存的第一个前提，也就是一切历史的第一个前提，这个前提是：人们为了能够‘创造历史’，必须能够生活。但是为了生活，首先就需要吃喝住穿以及其他一些东西。因此第一个历史活动就是生产满足这些需要的资料，即生产物质生活本身。”④ 在确立人类社会历史

① 《马克思恩格斯全集》第 28 卷，人民出版社，2018，第 202 页。
② 《马克思恩格斯选集》第 2 卷，人民出版社，2012，第 747 页。
③ 《马克思恩格斯全集》第 33 卷，人民出版社，2004，第 346 页。
④ 《马克思恩格斯选集》第 1 卷，人民出版社，2012，第 158 页。

前提的基础上，马克思进一步论述了物质生产对精神生产的支配性作用，“物质生活的生产方式制约着整个社会生活、政治生活和精神生活的过程。……不是人们的意识决定人们的存在，相反，是人们的社会存在决定人们的意识”。[①] 此外，物质生产方式制约着人们意识、观念、道德、思想等精神领域，物质生产的改变同样会引起精神生产的改变。“思想的历史除了证明精神生产随着物质生产的改造而改造，还证明了什么呢?”[②]

可见，物质生产对精神生产具有决定性意义的基础作用，能够为精神文明的发展建设奠定物质文明前提。发达的物质生产所造就的物质文明，必然会带来更高级的精神生产及精神文明成果，推动着社会风尚和人们精神风貌的发展，以及人们思想、政治、道德水平的提高。

其二，精神生产具有相对独立性，并对物质生产具有能动的反作用。尽管精神生产需要依靠一定的物质生产方式及物质文明基础，但并不意味着它是完全消极被动的，在一定条件下它也可转化为物质生产，助推物质文明的发展。“一种历史因素一旦被其他的、归根到底是经济的原因造成了，它也就起作用，就能够对它的环境，甚至对产生它的原因发生反作用。”[③] 具象之，“政治、法、哲学、宗教、文学、艺术等等的发展是以经济发展为基础的。但是，它们又都互相作用并对经济基础发生作用。这并不是说，只有经济状况才是原因，才是积极的，其余一切都不过是消极的结果”。[④] 也就是说，当人们的主观世界在实践活动中得到有效改造时，会对推动客观世界的改造具有积极的反作用，精神生产所形成的科学、教育、文化知识，以及人们所具备的更高层次的思想和道德境界，必然会促进物质生产方式实现更加合理有效的发展，并发挥着价值导向作用。

3. 人的自由全面发展是马克思恩格斯精神文明建设理论的逻辑归旨

人的自由全面发展是马克思恩格斯关于人类社会发展的最高理想和愿景追求，同时也构成了其精神文明建设理论的逻辑归旨。从价值主体的角度进行审视，马克思恩格斯从一开始便从从事实践活动的“现实的人”出

① 《马克思恩格斯选集》第2卷，人民出版社，2012，第8页。
② 《马克思恩格斯选集》第1卷，人民出版社，2012，第420页。
③ 《马克思恩格斯选集》第4卷，人民出版社，2012，第644页。
④ 《马克思恩格斯选集》第4卷，人民出版社，2012，第649页。

发理解人的本质，并将实现人的自由全面发展作为共产主义社会的基本特征之一，即“每个人的全面而自由的发展为基本原则的社会形式”。[①] 因此，在共产主义社会，不仅物质文明得到了充分发展，精神文明同样也实现了高度繁荣。对于社会个体而言，每个人的个性、兴趣、才能获得最高限度的发挥与彰显。“代替那存在阶级和阶级对立的资产阶级旧社会的，将是这样一个联合体，在那里，每个人的自由发展是一切人的自由发展的条件。”[②] 就此意义而言，人的自由全面发展是精神文明建设的基本价值取向，是“人的自我异化的积极的扬弃，因而是通过人并且为了人而对人的本质的真正占有；因此，它是人向自身、向社会的即合乎人性的人的复归”。[③] 作为一种理想状态，人的自由全面发展意味着自由自觉的劳动得以实现，人们不再拘泥于某一特定领域，而是随着自身的兴趣自由地发挥自己的个性、才能和知识。正如马克思所指出：“如果这个人的生活条件使他只能牺牲其他一切特性而单方面地发展某一种特性，如果生活条件只提供给他发展这一种特性的材料和时间，那末这个人就不能超出单方面的、畸形的发展。”[④] 在这一过程中，人们在自然、物质、精神等方面的综合素质将得到充分发展，政治、经济和其他社会权利将得到充分体现。

从根本上而言，马克思恩格斯对人的自由全面发展思想的阐发主要侧重于强调人的精神层面的发展，包括人的个性、道德、知识、素质等方面的全面提升，即“人的本质力量的发展”。因此，人的自由全面发展构成了精神文明建设的题中应有之义和应然向度。此外，恩格斯还充分肯定了作为精神文明建设形式之教育的重要意义，“显而易见，社会成员中受过教育的人会比愚昧无知的没有文化的人给社会带来更多的好处”。[⑤] 并进一步阐明了开展精神文明建设的基本途径，“教育将使年轻人能够很快熟悉整个生产系统……教育将使他们摆脱现在这种分工给每个人造成的片面

① 转引自《干在实处走在前列——推进浙江新发展的思考与实践》，中共中央党校出版社，2016，第24页。

② 《马克思恩格斯选集》第4卷，人民出版社，2012，第647页。

③ 《马克思恩格斯全集》第3卷，人民出版社，2002，第297页。

④ 《马克思恩格斯全集》第3卷，人民出版社，1960，第295～296页。

⑤ 《马克思恩格斯全集》第2卷，人民出版社，1957，第614页。

性。这样一来，根据共产主义原则组织起来的社会一方面不容许阶级继续存在，另一方面这个社会的建立本身为消灭阶级差别提供了手段”。[①]

（二）中国共产党人关于社会主义精神文明的思想

自从马克思列宁主义传入中国后，中国共产党人相继对与资本主义文明有着本质区别的社会主义文明进行了不断探索和阐发。百年来，中国共产党先后几代领导人在革命、建设和改革的各个历程中，结合不同的时代背景和实践要求，针对社会主义文明尤其是社会主义精神文明提出了许多既一脉相承又与时俱进的论断、观点和看法，不仅丰富了党的理论宝库，而且为推进社会主义精神文明建设的伟大实践提供了重要指导。

1. 以毛泽东同志为主要代表的中国共产党人对社会主义精神文明的论述

在中国革命和建设的实践中，毛泽东将马克思主义基本原理与中国的具体实际相结合，提出了许多关于社会主义精神文明建设的思想。他高度赞扬了马克思列宁主义对中国文化尤其是中国人精神面貌所产生的积极意义，认为：“自从中国人学会了马克思列宁主义以后，中国人在精神上就由被动转入主动。从这时起，近代世界历史上那种看不起中国人，看不起中国文化的时代应当完结了……这种中国人民的文化，就其精神方面来说，已经超过了整个资本主义的世界”[②]，并指出，“随着经济建设的高潮的到来，不可避免地将要出现一个文化建设的高潮。中国人被人认为不文明的时代已经过去了，我们将以一个具有高度文化的民族出现于世界”。[③]为此，毛泽东向全党全社会提出了建设中华民族新社会和新国家的奋斗目标，“在这个新社会和新国家中，不但有新政治、新经济，而且有新文化。这就是说，我们不但要把一个政治上受压迫、经济上受剥削的中国，变为一个政治上自由和经济上繁荣的中国，而且要把一个被旧文化统治因而愚昧落后的中国，变为一个被新文化统治因而文明先进的中国”。[④]

而对于物质文明与精神文明，毛泽东通过对文化与政治、经济的关系阐发，科学辩证地分析了二者的内在关系，提出：“一定的文化（当作观

---

① 《马克思恩格斯选集》第1卷，人民出版社，2012，第308页。
② 《毛泽东选集》第4卷，人民出版社，1991，第1516页。
③ 《毛泽东民族工作文选》，中央文献出版社、民族出版社，2014，第30页。
④ 《毛泽东选集》第2卷，人民出版社，1991，第663页。

念形态的文化）是一定社会的政治和经济的反映，又给予伟大影响和作用于一定社会的政治和经济；而经济是基础，政治则是经济的集中的表现。"[①] 也就是说，那些代表先进阶级的文化思想一旦被群众掌握，就会变成改造客观世界和改造社会的物质力量。此外，毛泽东强调了思想政治工作对精神文明建设的重要性，明确了思想政治工作服务于经济基础的实质，居于统帅和灵魂的地位，号召把党内外的一切积极因素全部调动起来，将我国建设成为一个强大的社会主义国家。而在文艺和教育工作上，毛泽东提出了"百花齐放、百家争鸣"的文艺方针，以及培养德、智、体全面发展，有社会主义觉悟的有文化的劳动者的教育方针。

另外，他还大力推动对雷锋、白求恩等先进典型事迹的宣传，在全党全社会倡导为人民服务、艰苦奋斗的精神和风尚。在《纪念白求恩》一文中提倡："我们大家要学习他毫无自私自利之心的精神。从这点出发，就可以变为大有利于人民的人。一个人能力有大小，但只要有这点精神，就是一个高尚的人，一个纯粹的人，一个有道德的人，一个脱离了低级趣味的人，一个有益于人民的人。"[②]

2. 以邓小平同志为主要代表的中国共产党人对社会主义精神文明的阐述

党的十一届三中全会后，中国开始实行改革开放，社会主义事业进入了新的发展阶段。面对国内外复杂形势，邓小平对社会主义文明建设尤其是精神文明建设提出了一系列新思想和新论断。在 20 世纪 70 年代末，他就明确提出："我们的国家已经进入社会主义现代化建设的新时期……我们要在建设高度物质文明的同时，提高全民族的科学文化水平，发展高尚的丰富多彩的文化生活，建设高度的社会主义精神文明"[③]，物质文明和精神文明要坚持"两手抓、两手都要硬"，这为我国新时期现代化建设指明了新目标和新方向。

邓小平着眼于社会主义的本质和发展需求，针对社会主义精神文明建设的内涵、地位、任务和方略等方面提出了系统性论述。在内涵上，邓小

① 《毛泽东选集》第 2 卷，人民出版社，1991，第 663 ~ 664 页。

② 《毛泽东选集》第 2 卷，人民出版社，1991，第 660 页。

③ 《邓小平文选》第 2 卷，人民出版社，1994，第 208 页。

平提出："所谓精神文明，不但是指教育、科学、文化（这是完全必要的），而且是指共产主义的思想、理想、信念、道德、纪律，革命的立场和原则，人与人的同志式关系，等等。"[①] 这些精神文明核心要素的阐发，为我国社会主义精神文明建设确立了内容指引。在地位上，邓小平通过精神文明与物质文明的关系辩证，阐述了精神文明建设的极端重要性，指出："不加强精神文明的建设，物质文明的建设也要受破坏，走弯路。光靠物质条件，我们的革命和建设都不可能胜利……有了共同的理想，也就有了铁的纪律。无论过去、现在和将来，这都是我们的真正优势。"[②] 此外，邓小平明确了精神文明建设培养"四有"新人的根本任务，提出："搞社会主义精神文明，主要是使我们的各族人民都成为有理想、讲道德、有文化、守纪律的人民"[③]，指明了社会主义精神文明建设的归宿和落脚点。

在社会主义精神文明建设的具体方略途径上，邓小平着重强调了坚定理想信念和发扬社会主义道德风尚的重要作用。他把坚定理想信念摆在了社会主义精神文明建设的核心位置，认为理想信念既是信仰追求，又是强大精神动力，指出："我们过去几十年艰苦奋斗，就是靠用坚定的信念把人民团结起来，为人民自己的利益而奋斗。没有这样的信念，就没有凝聚力。没有这样的信念，就没有一切。"[④] 此外，邓小平还大力提倡以为人民服务为核心和以集体主义为原则的社会主义风尚，"要在全党和全国范围内有领导、有计划地大力提倡社会主义道德风尚，热爱社会主义祖国，提高民族自尊心，还要进行坚持社会主义道路、反对资本主义腐蚀的革命品质教育"。[⑤]

3. 以江泽民同志为主要代表的中国共产党人对社会主义精神文明的阐发

在继承发展毛泽东和邓小平关于社会主义精神文明建设理论的基础上，江泽民审视国际国内形势的新变化，以及我国改革开放和现代化建设

---

① 《邓小平文选》第2卷，人民出版社，1994，第367页。
② 《邓小平文选》第3卷，人民出版社，1993，第144页。
③ 《邓小平文选》第2卷，人民出版社，1994，第408页。
④ 《邓小平文选》第3卷，人民出版社，1993，第190页。
⑤ 《邓小平文选》第2卷，人民出版社，1994，第262页。

面临的新挑战和新问题，进一步阐发了社会主义精神文明建设的重要意义。“我们进行现代化建设，无疑要致力于发展生产力，把物质文明建设好。同时，必须把社会主义精神文明建设提到更加突出的地位。”① 在党的十四届六中全会的《中共中央关于加强社会主义精神文明建设若干重要问题的决议》中，明确指出加强社会主义精神文明建设是一项重大战略任务，“社会主义精神文明是社会主义社会的重要特征，是现代化建设的重要目标和重要保证。建设社会主义精神文明，关系跨世纪宏伟蓝图的全面实现，关系我国社会主义事业的兴旺发达”②，由此强调要切实把精神文明建设提到更加突出的地位，开创新形势下社会主义精神文明建设的新局面。

随着改革开放的拓展深化和社会主义市场经济体制的确立，我国在社会精神生活方面亦出现了一些问题，有些问题还相当严重，严重阻碍了社会主义现代化事业的健康发展。比如，忽视思想教育和精神文明建设在某些地方和部门的工作中较为常见，依然存在“一手比较硬、一手比较软”的状况，道德失范现象频发，部分人国家观念淡薄，对社会主义理想信念发生动摇等。对此，江泽民指出：“改革开放以来，政治经济形势很好，精神文明建设也取得了很大进展。但是，还存在一些亟待解决的问题，思想政治工作薄弱，拜金主义、享乐主义抬头，一些地方社会治安情况不好，一些腐败、丑恶现象又重新滋生蔓延。这些问题应该引起我们高度重视，采取切实有力的措施加以解决。”③

在推进社会主义精神文明建设上，江泽民提出要注重党的领导和依靠人民群众的力量，一方面要加强党对社会主义精神文明建设的领导，另一方面又要动员广大人民群众积极参与，充分发挥二者的作用。与此同时，要重视把先进性要求同广泛性要求结合起来，鼓励先进，带动多数，“要多种渠道，多种层次，多种形式，有的放矢地对干部和群众开展爱国主义、集体主义、社会主义思想教育，以及遵纪守法，遵守社会公德的教

① 《改革开放三十年重要文献选编》（上），中央文献出版社，2008，第829页。
② 《改革开放三十年重要文献选编》（上），中央文献出版社，2008，第868页。
③ 《改革开放三十年重要文献选编》（上），中央文献出版社，2008，第829页。

育”。① 此外，要“继承和发扬优秀的民族文化传统，大力繁荣社会主义的教育、科学、文化事业，这是建设社会主义精神文明的迫切要求，也是保证中华民族振兴和发展，保证整个社会主义现代化事业取得成功的根本大计”。②

4. 以胡锦涛同志为主要代表的中国共产党人对社会主义精神文明的阐析

党的十六大以来，面对世情国情党情发生的广泛而深刻的新变化，以胡锦涛同志为核心的党中央高举马克思列宁主义、毛泽东思想、邓小平理论和“三个代表”重要思想伟大旗帜，针对社会主义精神文明建设提出了一系列重要论述，进一步丰富与发展了社会主义精神文明建设理论。

胡锦涛指出：“中国特色社会主义是全面发展、全面进步的事业，是物质文明和精神文明相辅相成、协调发展的事业。物质贫乏不是社会主义，精神空虚也不是社会主义。人的素质是历史的产物，又给历史以巨大影响。任何时候都不能以牺牲精神文明为代价换取经济的一时发展。”③ 可见，中国特色社会主义是物质文明、政治文明和精神文明全面发展的事业，三者都是社会主义文明不可或缺的重要部分。精神文明的发展能够极大地促进物质文明的发展，为其提供思想保证、精神动力和智力支持。而关于社会主义精神文明建设的战略意义，胡锦涛更是将其与国家和民族的前途命运结合起来，将其摆在了更为突出的位置。正如他提出：“人类文明进步的历史充分表明，没有先进文化的积极引领，没有人民精神世界的极大丰富，没有全民族创造精神的充分发挥，一个国家、一个民族不可能屹立于世界先进民族之林。”④

在总结我国社会主义现代化建设经验的基础上，胡锦涛创造性地提出了构建社会主义和谐社会与社会主义核心价值体系，进一步深化了社会主义精神文明建设的理论和实践探索。一方面，社会和谐是中国特色社会主义的根本属性，也是社会主义精神文明建设的目标指向和重要任务。建设社会主义精神文明，就是要构建一个民主法治、公平正义、诚信友爱、充

---

① 《江泽民论社会主义精神文明建设》，中央文献出版社，1999，第1页。

② 《十四大以来重要文献选编》（上），人民出版社，1996，第625页。

③ 《胡锦涛文选》第3卷，人民出版社，2016，第163~164页。

④ 《十六大以来重要文献选编》（下），中央文献出版社，2008，第752页。

满活力、安定有序、人与自然和谐相处的社会。另一方面，社会主义核心价值体系构成了社会主义精神文明建设的意识形态主题，包括马克思主义指导思想、中国特色社会主义共同理想、以爱国主义为核心的民族精神和以改革创新为核心的时代精神、社会主义荣辱观四个方面。

在社会主义精神文明建设的实践方略上，胡锦涛提出了一系列新要求和新部署。尤为强调要加强社会主义核心价值体系建设、全面提高公民道德素质、改善人民精神文化生活以及增强文化整体实力和竞争力等，并且，要注重“大力弘扬民族精神和时代精神，深入开展爱国主义、集体主义、社会主义教育，丰富人民精神世界，增强人民精神力量”。[①] 这些思想论述既是对我们党关于社会主义精神文明建设理论的继承与发展，又反映出了鲜明的时代特色和诉求，对推进我国精神文明建设实践发挥了重要的理论指导作用。

（三）习近平新时代中国特色社会主义思想关于精神文明建设的重要论述

党的十八大以来，以习近平同志为核心的党中央“准确把握世界范围内思想文化相互激荡、我国社会思想观念深刻变化的趋势，强调意识形态工作是为国家立心、为民族立魂的工作，文化自信是更基础、更广泛、更深厚的自信，是一个国家、一个民族发展中最基本、最深沉、最持久的力量，没有高度文化自信、没有文化繁荣兴盛就没有中华民族伟大复兴”。[②] 聚焦中华民族伟大复兴这一主题，提出了许多具有深刻意蕴的新思想新观点新论断，在内容上涉及了党和国家意识形态建设领域的各个方面，具有显著的系统性、贯通性和前瞻性，极大丰富和发展了社会主义精神文明建设理论，为新时代中国特色社会主义精神文明建设实践提供了思想指导和理论遵循。

在推进新时代中国特色社会主义事业的伟大实践中，以习近平同志为核心的党中央把精神文明建设放在统筹推进“五位一体”总体布局和协调推进“四个全面”战略布局的重要位置，不断将精神文明建设推向更高水

---

① 《胡锦涛文选》第 3 卷，人民出版社，2016，第 638 页。

② 《中共中央关于党的百年奋斗重大成就和历史经验的决议》，人民出版社，2021，第 43 ~ 44 页。

平。习近平总书记多次阐发加强精神文明建设对于实现党和国家目标所具有的重大意义。2013 年 4 月他在同全国劳动模范代表座谈时指出："实现我们的发展目标，不仅要在物质上强大起来，而且要在精神上强大起来。"①同年 8 月又在全国宣传思想工作会议上强调："只有物质文明建设和精神文明建设都搞好，国家物质力量和精神力量都增强，全国各族人民物质生活和精神生活都改善，中国特色社会主义事业才能顺利向前推进。"② 此外，习近平总书记着重强调了社会主义精神文明建设对于实现中华民族伟大复兴"中国梦"的重要作用，指出："实现中华民族伟大复兴的中国梦，物质财富要极大丰富，精神财富也要极大丰富。我们要继续锲而不舍、一以贯之抓好社会主义精神文明建设，为全国各族人民不断前进提供坚强的思想保证、强大的精神力量、丰润的道德滋养。"③

1. 新时代社会主义精神文明建设的主要维度

习近平总书记关于社会主义精神文明建设的思想视野宏大、意蕴深远，其论述贯穿党的宣传思想工作、文艺工作、新闻舆论工作等意识形态领域的各个方面。从其任务部署和内容体系来看，着重聚焦了传承和弘扬中华优秀传统文化、培育和践行社会主义核心价值观、加强社会主义思想道德建设等几个重要维度。

（1）传承和弘扬中华优秀传统文化

"中华优秀传统文化是中华民族的突出优势，是我们在世界文化激荡中站稳脚跟的根基，必须结合新的时代条件传承和弘扬好。"④ 党的十八大以来，习近平总书记高度重视传承和弘扬中华优秀传统文化，将中华优秀传统文化视为社会主义精神文明建设的重要思想源泉和精神沃土，不仅推动实施了中华优秀传统文化传承发展工程，而且提出要把优秀传统文化贯穿精神文明建设全过程，融入到精神文明建设的各个环节。

关于传承和弘扬中华优秀传统文化的重要意义，习近平总书记阐发了一系列精辟论断。他认为，优秀传统文化是中华民族的文化根基和精神基

① 《习近平谈治国理政》第 1 卷，外文出版社，2018，第 46 页。
② 《习近平谈治国理政》第 1 卷，外文出版社，2018，第 153 页。
③ 《习近平谈治国理政》第 2 卷，外文出版社，2017，第 323 页。
④ 《中共中央关于党的百年奋斗重大成就和历史经验的决议》，人民出版社，2021，第 46 页。

因，“蕴育了中华民族的宝贵精神品格，培育了中国人民的崇高价值追求”①，“为什么中华民族能够在几千年的历史长河中顽强生存和不断发展呢？很重要的一个原因，是我们民族有一脉相承的精神追求、精神特质、精神脉络”。② 因此，习近平总书记充分肯定中华优秀传统文化的当代价值，进一步指出：“抛弃传统、丢掉根本，就等于割断了自己的精神命脉。博大精深的中华优秀传统文化是我们在世界文化激荡中站稳脚跟的根基。”③

正因为中华优秀传统文化在中华民族发展中居于根基性地位，“积淀着中华民族最深层的精神追求，代表着中华民族独特的精神标识，为中华民族生生不息、发展壮大提供了丰厚滋养”④，并深刻影响着人们的思想观念、人文素养和行为方式，习近平总书记强调要努力实现传统文化创造性转化和创新性发展，发挥优秀传统文化“以文载道”的化育功能，并将其作为社会主义精神文明建设的重要资源。因此，提出要“深入挖掘和阐发中华优秀传统文化讲仁爱、重民本、守诚信、崇正义、尚和合、求大同的时代价值，使中华优秀传统文化成为涵养社会主义核心价值观的重要源泉”。⑤

（2）培育和践行社会主义核心价值观

每个时代都有每个时代的精神旨趣和价值观念。核心价值观承载了一个国家、一个民族的精神追求，体现着一个社会评判是非曲直的价值标准，指引着国家和民族的发展进步。正如习近平总书记所言：“核心价值观，其实就是一种德，既是个人的德，也是一种大德，就是国家的德、社会的德。国无德不兴，人无德不立。如果一个民族、一个国家没有共同的核心价值观，莫衷一是，行无依归，那这个民族、这个国家就无法前进。”⑥ 在当代中国，社会主义核心价值观系统地回答了要建设什么样的国家、建设什么样的社会以及培育什么样的公民等重大问题，是新时代社会

① 《习近平谈治国理政》第1卷，外文出版社，2018，第158页。
② 《习近平谈治国理政》第1卷，外文出版社，2018，第181页。
③ 《习近平谈治国理政》第1卷，外文出版社，2018，第164页。
④ 《习近平谈治国理政》第1卷，外文出版社，2018，第164页。
⑤ 《习近平谈治国理政》第1卷，外文出版社，2018，第164页。
⑥ 《习近平谈治国理政》第1卷，外文出版社，2018，第168页。

主义精神文明建设的思想精华和价值遵循。而作为一项凝魂聚气、强基固本的基础工程，培育与践行社会主义核心价值观，使社会主义核心价值观内化为人们的精神追求，外化为人们的自觉行动，则构成了新时代社会主义精神文明建设的重要举措。

习近平总书记高度赞扬了社会主义核心价值观对当代中国社会主义文明发展的重大意义，提出了一系列重要论述。他深刻指出："一个民族的文明进步，一个国家的发展壮大，需要一代又一代人接力努力，需要很多力量来推动，核心价值观是其中最持久最深沉的力量。"① 并且进一步阐明了社会主义核心价值观在中国特色社会主义文化建设中的重要地位，提出："核心价值观是文化软实力的灵魂、文化软实力建设的重点。这是决定文化性质和方向的最深层次要素。一个国家的文化软实力，从根本上说，取决于其核心价值观的生命力、凝聚力、感召力。"② 正是基于社会主义核心价值观对当代中国文化发展和精神风貌培育的突出作用，习近平总书记强调要把社会主义核心价值观的要求融入各种精神文明创建活动之中，"使核心价值观的影响像空气一样无所不在、无时不有"③，以此提高人们的精神境界，培育文明风尚。

（3）加强社会主义思想道德建设

作为社会主义现代化建设的强大精神力量和道德支撑，加强社会主义思想道德建设构成了新时代社会主义精神文明建设的重要内容。党的十八大以来，习近平总书记高度重视并切实推进思想道德建设，不仅深入开展学习宣传道德模范活动，而且就加强立德树人、弘扬中华民族传统美德等方面提出了一系列重要论述，为有效推动新时代社会主义思想道德建设实践提供了思想指引。

习近平总书记肯定了思想道德建设对民族发展乃至社会主义现代化事业的显著作用，明确指出："精神的力量是无穷的，道德的力量也是无穷的。中华文明源远流长，蕴育了中华民族的宝贵精神品格，培育了中国人

---

① 《习近平谈治国理政》第1卷，外文出版社，2018，第180页。
② 《习近平谈治国理政》第1卷，外文出版社，2018，第163页。
③ 《习近平谈治国理政》第1卷，外文出版社，2018，第165页。

民的崇高价值追求。自强不息、厚德载物的思想，支撑着中华民族生生不息、薪火相传，今天依然是我们推进改革开放和社会主义现代化建设的强大精神力量。”① 在他看来，思想道德作为一种社会意识形态，表征为人们共同生活及其行为的准则与规范，无论是对个人还是对整个社会，均有着十分重要的作用，“只要中华民族一代接着一代追求美好崇高的道德境界，我们的民族就永远充满希望”。②

因此，在加强社会主义思想道德建设的实践层面，习近平总书记强调，要“加强全社会的思想道德建设，激发人们形成善良的道德意愿、道德情感，培育正确的道德判断和道德责任，提高道德实践能力尤其是自觉践行能力，引导人们向往和追求讲道德、尊道德、守道德的生活，形成向上的力量、向善的力量”③，以此培育时代新风和良好风尚，推进社会主义精神文明建设。

2. 推进新时代社会主义精神文明建设的实践要领

作为一项系统性工程，新时代社会主义精神文明建设需要全党全社会深入开展、持续推进。对此，习近平总书记在继承党的精神文明建设思想基础上，结合中国特色社会主义发展新阶段所展现出的新变化和新特征，有针对性地提出了新时代社会主义精神文明建设的总体要求，即“坚持‘两手抓、两手都要硬’，以辩证的、全面的、平衡的观点正确处理物质文明和精神文明的关系，把精神文明建设贯穿改革开放和现代化全过程、渗透社会生活各方面”。④ 这不仅进一步深化和创新了党的精神文明建设理论，而且为新时代社会主义精神文明建设的实践提供了根本遵循。

面对社会上思想多元活跃、观念交锋碰撞，以及互联网新媒体新技术日新月异的时代特征，习近平总书记指出：“只有站在时代前沿，引领风气之先，精神文明建设才能发挥更大威力”，“要审时度势、因势利导，创新内容和载体，改进方式和方法，使精神文明建设始终充满生机活力”。⑤

---

① 《习近平谈治国理政》第 1 卷，外文出版社，2018，第 158 页。
② 《习近平关于社会主义文化建设论述摘编》，中央文献出版社，2017，第 137 页。
③ 《习近平关于社会主义文化建设论述摘编》，中央文献出版社，2017，第 137 页。
④ 《习近平谈治国理政》第 2 卷，外文出版社，2017，第 324 页。
⑤ 《习近平谈治国理政》第 2 卷，外文出版社，2017，第 324 页。

与此同时，习近平总书记特别强调各级党委要增强自身责任意识，切实抓好精神文明建设各项工作，“抓精神文明建设要办实事、讲实效，紧紧围绕促进人民福祉来进行，坚决反对形式主义、官僚主义，努力满足人民群众不断增长的精神文化需求”。①

在推进新时代社会主义精神文明建设的实践举措上，习近平总书记着眼于“举旗帜、聚民心、育新人、兴文化、展形象”的使命任务，围绕培育和践行社会主义核心价值观、深化群众性精神文明创建活动、加强“四德”建设、弘扬中华民族优秀传统文化、充分发挥榜样的作用等几个方面提出了具体要求。一是要结合培育和践行社会主义核心价值观，倡导共产党人的世界观、人生观和价值观，守护共同精神家园；二是要加强社会公德、职业道德、家庭美德和个人品德建设，营造崇德向善的社会氛围；三是要弘扬中华优秀传统文化，加强党风、政风、社风、家风建设，着力培养担当民族复兴大任的时代新人；四是要发挥榜样示范作用，鼓励先进模范做好表率，以此引导全社会树立文明观念、争当文明公民、展示文明形象。通过全党全社会的共同努力，发挥新时代精神文明建设的最大合力，以此满足人民精神文化需求。

三　新时代精神文明建设机制的时代诉求

作为新时代精神文明建设运行、转化、发展的内在结构和作用方式，新时代精神文明建设机制既凸显了我国精神文明建设在新的历史方位的时代特征和发展需要，又反映了新时代精神文明建设各要素之间的相互联系和彼此作用。在现实性上，新时代精神文明建设机制具有鲜明的时代性，表现为精神文明建设在发展需求、内容体系和实践方式上具有与以往不同的新特点及新表现。由此出发，把握新时代精神文明建设机制的时代诉求，一方面，要把握好中国特色社会主义新时代的本质与特征，抓住中国独特国情、社会主义制度体制所展现出的显著优势；另一方面，要把握好新时代精神文明建设的主要矛盾和发展规律，充分认识新时代精神文明建

① 《习近平谈治国理政》第2卷，外文出版社，2017，第324页。

设体系面临的挑战机遇以及彰显的特点趋势，从而更好地回应并服务于新时代精神文明建设的实践需求。

（一）新时代精神文明建设机制的视野维度

作为一个历史性范畴，精神文明建设存在于人类文明时代的各个历史时期。受制于社会物质生产方式和物质文明的发展程度，精神文明建设在不同的时代有着不同的内容体系、表现形式以及实践形态，而精神文明建设机制在不同的时代亦有着不同的内在结构和运行方式。由此出发，新时代精神文明建设机制呈现出了与历史上任何时代都不一样的新特征、新表现和新诉求。而随着新时代的到来物质文明建设、人的精神文化需求、文化强国建设等方面的发展演进，一方面更加凸显了精神文明建设的意义和价值，另一方面又向精神文明建设机制提出了新任务与新要求。

1. 新时代精神文明建设机制凸显的时代发展需求

党的十九大报告指出："经过长期努力，中国特色社会主义进入了新时代，这是我国发展新的历史方位。"[①] 中国特色社会主义进入新时代，这是我国新时代精神文明建设机制的根本前提和时代背景，也是我国社会主义精神文明建设发展新的历史方位。对新时代精神文明建设机制而言，这一历史方位不仅反映了我国精神文明建设面临新的发展需要和发展方向，而且在战略地位、内容要义和载体方式等方面凸显了深刻的时代发展需求。

其一，中国特色社会主义进入新时代，意味着中华民族迎来了从站起来、富起来到强起来的伟大飞跃，意味着科学社会主义在21世纪的中国焕发出强大生机活力，意味着中国特色社会主义道路、理论、制度、文化不断发展。对新时代精神文明建设机制而言，三个"意味着"为我国精神文明建设新的实践提供了根本遵循，具有重要的指导意义。首先，中华民族"强起来"不仅是经济、科技、军事等方面的"强起来"，而且是精神文化领域的"强起来"，这就要求我国在新时代要致力于精神文明"强起来"，把精神文明建设放在更加突出的地位；其次，科学社会主义在中国的成功实践，要求我国精神文明建设始终高举中国特色社会主义伟大旗帜，坚定

---

① 《习近平谈治国理政》第3卷，外文出版社，2020，第8页。

中国特色社会主义共同理想；最后，中国特色社会主义道路、理论、制度、文化的发展拓宽了实现现代化的途径，要求我国精神文明建设坚定道路自信、理论自信、制度自信和文化自信。

其二，新时代是全面建设社会主义现代化强国的时代，是奋力实现中华民族伟大复兴中国梦的时代，是我国日益走进世界舞台中央、不断为人类作出更大贡献的时代。对新时代精神文明建设机制而言，不仅要着眼于中华民族伟大复兴的国族梦想和“两个一百年”奋斗目标，为实现梦想与目标提供思想保证、精神动力和智力支持，而且要努力提高国家文化软实力，讲好中国故事、传播好中国声音，为构建人类命运共同体提供中国智慧与中国方案。

其三，在新时代，我国社会主要矛盾已经转化为人民日益增长的美好生活需要和不平衡不充分的发展之间的矛盾。对新时代精神文明建设机制而言，既要满足人民对美好精神文化生活的需要，又要着力解决好精神文明建设发展不平衡不充分的问题，推动社会的全面进步和人的全面发展。

2. 物质文明建设视野下的新时代精神文明建设机制

纵观人类文明社会发展的历史，不管在任何时代，精神文明建设始终与物质文明建设具有密不可分的联系，一方面受制于物质文明建设的发展，另一方面又对物质文明建设具有促进的反作用，为其注入强大的精神动力。这不仅是历史唯物主义的基本观点，而且是人类文明发展的基本规律。对于新时代精神文明建设机制而言，既不能脱离物质文明建设这一大前提而空谈精神文明建设，又不能忽视精神文明建设对物质文明建设的重要价值。因此，新时代精神文明建设不仅要充分利用好既有物质文明成果所创造的物质条件，而且要充分激发广大民众为新时代中国特色社会主义事业奋斗的主动性、积极性和创造性，为新时代物质文明建设凝聚强大的精神力量与精神支柱。

在新时代，我国物质文明建设取得了一系列伟大成就和丰硕成果，在经济建设、财富积累、科技创新、国防军事等方面实现了重大历史性突破，发展成就达到了空前的高度。这些物质文明成果为新时代我国精神文明建设奠定了深厚的物质基础。但同时也要注意到，新时代我国物质文明发展仍然存在发展不平衡不充分、发展质量和效益还不高、创新能力不够强等困难和挑战，需要进一步加强精神文明建设，提高人们的科学文化知识水平和创新能力，为推动经济建设和实现物质文明进一步发展提供精神动力。

因此，新时代精神文明建设机制应立足于新时代中国特色社会主义事业发展总体布局和社会主义现代化强国建设的战略高度，既要着眼于物质文明建设所取得的成就，也要勇于直面物质文明建设遇到的困难和挑战；既要依靠丰富的物质文明成果开展精神文明建设，又要增强精神文明建设为物质文明建设服务的主动性、自觉性和责任感，努力提高人们的文化素质和创造能力，致力于实现物质文明建设迈上更高的台阶。

3. 人的精神文化需求视野下的新时代精神文明建设机制

从人性论的角度进行审视，人的发展不仅包括物质层面的发展，同时也包括精神层面的发展，并且人的精神需求随着物质需求得到满足而日益增加。“人类社会与动物界的最大区别就是人是有精神需求的，人民对精神文化生活的需求时时刻刻都存在。”① 马斯洛的需求层次理论也认为，人的需要有一个从低级向高级发展的过程，而高级需要是随着低级需要得到满足而产生的。根据这一理论，作为一种满足了基本物质需求后更为高级的需求，人的精神文化需求日渐凸显且展现出新的特点。对精神文明建设而言，人的自由全面发展根本目的始终没有改变，并且在新时代要继续围绕这一目的注入新的发展内涵。因此，新时代精神文明建设要更加重视人的发展和人的需求，特别是人的精神文化需求，进一步明确精神文明建设“为什么人”这一根本性和原则性问题。

在新时代，人民对美好生活的需求呈现出新的发展内涵。正如党的十九大报告所指出的那样：“人民美好生活需要日益广泛，不仅对物质文化生活提出了更高要求，而且在民主、法治、公平、正义、安全、环境等方面的要求日益增长。”② 由此可见，人民对美好生活的需要和向往，既包括经济、政治、生态等方面的需求，同时也包括精神文化层面的发展需求。在某种程度上，人民群众对精神文化的需求和期待相较于其他层面的需求

① 《习近平谈治国理政》第2卷，外文出版社，2017，第315页。
② 《习近平谈治国理政》第3卷，外文出版社，2020，第9页。

表现得更为突出和热切，同时也从较低层面迈向了较高层面。

因此，新时代精神文明建设机制应牢牢坚持以人民为中心的发展导向，把满足人民精神文化需求作为各项工作的出发点和落脚点，“必须抓好文化建设，增加社会的精神文化财富”①，不断创造出多样多彩的精神文化产品和文化活动，提供丰富的精神食粮；同时也要注重把社会效益放在首位，提升精神文化产品和活动的层次和品位，为满足人民精神文化需求提供一大批精品力作。

4. 文化强国建设视野下的新时代精神文明建设机制

文化是一个国家、一个民族生存和发展的重要力量。文化兴则国运兴，文化强则民族强。回顾人类社会的发展历程，人类文明的每一次跃进和升华，均伴随着文化的强盛和进步。也就是说，一个民族或一个国家倘若缺乏文化作为引领和支撑，即便拥有强大的经济或军事实力，这个民族和国家也是没有发展前途的。从国际范围来看，文化在综合国力竞争中的地位和作用越来越凸显，成了国家核心竞争力的重要指标。在某种程度上，哪个国家占据了文化发展的制高点，哪个国家就能够拥有强大的文化软实力，从而就能够在日益激烈的国际竞争中赢得主动。作为我国在新时代文化发展建设的宏伟目标，建设社会主义文化强国不仅需要以经济、科技、军事等硬实力为支撑，而且需要文化、精神、价值观等软实力的驱动。因此，新时代精神文明建设要主动担负起新的文化使命，推动社会主义文化繁荣兴盛，致力于我国实现从文化大国向文化强国的转变。

在新时代，发展中国特色社会主义文化，建设社会主义文化强国被赋予了全新的时代意蕴，涵盖意识形态工作领导权、培育和践行社会主义核心价值观、加强思想道德建设、繁荣发展社会主义文艺和推动文化事业和文化产业发展等多个方面，并且有着新的发展要求。

因此，新时代精神文明建设机制要紧紧围绕建设社会主义文化强国这一发展目标，着眼于提升国家文化软实力，始终坚持马克思主义在意识形态领域的指导地位，不断增强意识形态领域的主导权和话语权；充分发挥社会主义核心价值观对精神文明创建和精神文化产品创造生产传播的引领

① 《习近平谈治国理政》第2卷，外文出版社，2017，第315页。

作用；着力提高人民思想觉悟、道德水平和文明素养，提升全社会的文明程度；努力繁荣文艺创造创作，推动文艺创新性发展；注重完善公共文化服务体系，丰富群众性文化活动；等等。

（二）新时代精神文明建设机制的挑战和机遇

作为一项结构化的工作体系，新时代精神文明建设机制涉及意识形态领域的各个方面和各个环节，具有覆盖面广、要素多样、复杂多变的特点。尤其是在社会思想和文化思潮日益多元、交锋、碰撞，以及互联网信息技术快速更新迭代的新环境下，新时代精神文明建设机制内在结构不断地变革重组，各要素以及要素之间相互关系的不确定性也不断加剧。总体来说，在全新的发展阶段和环境条件下，新时代精神文明建设机制面临困难与挑战的同时，也蕴藏着新的发展机遇。

1. 新时代精神文明建设机制面临的挑战

以系统论的视角审视新时代精神文明建设机制，它具有特定的内在系统和结构要素，以及由各要素所构成的相互关系和作用形式。若对其要素进行归类，可分为主体、客体、环体、介体四个层面，分别指向了新时代精神文明建设的实施者、接受者、内外部环境以及方法手段等。由此出发，在各种因素交错叠加并焕然一新的新时代条件下，我国精神文明建设机制主要面临来自主体、客体、环体、介体等方面的困难与挑战。

对新时代精神文明建设主体而言，主要面临以下挑战：一是某些地方或部门依然存在重视物质文明建设而忽视精神文明建设的情况，精神文明建设动力不足、活力不够，导致其发展出现不平衡不充分的现象；二是精神文明建设的基层落实和监督考核有待进一步完善，有些地方或部门对中央关于精神文明建设的部署和要求贯彻落实力度还不够，难以广泛调动人民群众参与精神文明建设的热情和积极性，并且未能建立科学有效的监督考核体系；三是精神文明产品与活动未能充分满足人民群众日益增长的多样化精神文化需求，文化发展与群众需求存在供需失衡和不相适应的状况，特别是经济发展欠发达的中西部地区、少数民族地区和革命老区，文化资源和基础设施缺口较大或相对落后，有待进一步完善；四是精神文明人才队伍建设和培养的力度有待加大，体现在从业人员的素质和专业性还不够、基层文化人才流失问题突出、新兴文化产业人才较为短缺等方面，严重制约了精神文明建设的发展。

对新时代精神文明建设客体而言，面临的挑战主要体现在以下几个方面：一是一些干部群众在精神和道德领域出现各种问题，比如理想信念动摇、精神追求缺失、思想道德滑坡的状况时有发生；二是部分人的国家意识和民族意识较为淡薄，对马克思主义的认同和信仰不足，对中国特色社会主义道路、理论、制度、文化自信心不够，尤其是在一些党员干部当中存在精神上“缺钙”、得“软骨病”，思想上“总开关”没拧紧等现象，缺乏正确的是非观、义利观、权力观和事业观；三是随着我国经济社会和物质文明建设的快速发展，人民群众对精神文化需求日益多样化、个性化，对精神文化产品和活动无论是在种类上还是在品位上的要求都极大提升，如何最大限度地满足广大群众的精神生活需要，也构成了新时代精神文明建设的重要挑战。

对新时代精神文明建设环体而言，主要存在内部环境和外部环境带来的双重挑战。首先是内部环境的消极影响。社会主义市场经济的纵深发展带来了日益严重的利益分化和阶层差异问题，由此带来的一些消极因素对干部群众构成了严重的负面影响，表现在拜金主义、消费主义、享乐主义以及个人主义等不良思想和风气依旧占有一定市场，对主流意识形态建设和文化安全造成了严重冲击，此外，我国面临发展不平衡不充分的问题，仍然处于“矛盾凸显期”，民生领域的短板和矛盾比较突出，如何避免社会发生思想分化和混乱，使社会主义核心价值观引领社会思潮，是当代精神文明建设面临的一大挑战。其次是外部环境的不良侵蚀。经济全球化的推进和改革开放的深入拓展，中西方文化相互交流交锋不断，难以避免地影响我国思想文化和精神建设，主要表现在一些西方国家利用经济或技术优势对我国进行文化和价值观渗透，大肆宣传“普世价值”，对我国精神文明建设造成一定程度的干扰和破坏。

对新时代精神文明建设介体而言，以互联网为代表的新媒体新技术的迅猛发展和传播方式的变革，对精神文明建设构成了新的挑战。一方面，信息技术的更新迭代引发了文化业态和传播方式的深刻调整，各种文化思潮、价值观念、诉求表达的渠道和平台更加多元化，使得一些不良的思想和文化随之而来，精神文明阵地建设和占领主流意识形态传播制高点的任务更为迫切，提高文化传播能力以及维护网络文化安全的任务亦日益艰巨。另一方面，微博、微信公众号、抖音短视频等新的社交媒体的广泛运用，对精神文明建设的载体、内容和形式提出了新的要求，如何进一步创新精神文化的传播方式，推动主流价值观深入人心，构成了新时代精神文明建设的又一挑战。

2. 新时代精神文明建设机制蕴藏的机遇

中国特色社会主义进入新时代，我国经济实力、科技实力、综合国力进入世界前列，国际地位实现前所未有的提升，这为我国精神文明建设带来了新的发展动力和活力，尤其是物质生活领域取得的一系列发展成就引领了社会全方位的进步，为盘活精神文明建设各个要素、调动各方面的积极性和创造性开辟了新的广阔空间，同时也为各个要素的组合优化以及形成发展最大合力提供了重要的前提。总体而言，在新时代发展阶段和时空环境下，我国精神文明建设机制迎来了新的发展机遇期。

其一，物质文明建设高速发展所取得的丰硕成果，为我国精神文明建设奠定了雄厚的物质基础。首先，经济的快速发展以及人民生活水平的显著提高，不仅可以加大对精神文明建设在人力、物力、财力等方面的投入，进一步完善文化基础设施，而且能够刺激人民群众对精神文化的需求，扩大文化生活消费，从而为精神文明建设注入强劲的发展能量；其次，物质文明建设的发展也向精神文明建设提出了相适应或更高的要求，对丰富多彩精神文化生活的向往，成了人民群众的热切期望，对多层次、个性化的精神文化产品和活动的需求，也越来越成为广大群众的普遍呼唤，从而激发了我国精神文明建设的发展动力；最后，经济奇迹所带来的综合国力和国际地位的提升，显著地增强了国人的自尊心和自豪感，深刻地改变了中华民族和中国人民的精神面貌，为我国精神文明建设增添了发展底气。

其二，思想文化建设取得的重大进展，为我国精神文明建设提供了思想保证和价值引领。首先，我国在意识形态建设上取得的显著成就和理论创新，能够为精神文明建设提供思想保证。党对意识形态工作的领导权不断加强、党的理论创新全面推进以及马克思主义在意识形态领域的指导地位越来越鲜明，这些成果的获得，将成为新时代精神文明建设的“指南针”、“定盘星”和“压舱石”。其次，“党坚持以社会主义核心价值观引领文化建设，注重用社会主义先进文化、革命文化、中华优秀传统文化培根铸魂，广泛开展中国特色社会主义和中国梦宣传教育，推动理想信念教育常态化制度化，完善思想政治工作体系，建立健全党和国家功勋荣誉表彰制度，设立烈士纪念日，深化群众性精神文明创建，建设新时代文明实践中心，推动学习大国建设”。① 这些已越来越得到广大人民群众的普遍认同，能够为精神文明建设发挥价值引领的作用。最后，国家文化软实力和中华文化影响力的大幅提升，不仅使主旋律更加响亮、正能量更加强劲、文化自信更加彰显，而且使新时代精神文明建设有了更加稳固的思想基础和文化基础。

其三，互联网信息技术以及社交新媒体平台的发展和兴起，为我国精神文明建设插上了新的技术翅膀。习近平总书记多次强调信息化给我国带来的发展机遇，“信息化为中华民族带来了千载难逢的机遇。我们必须敏锐抓住信息化发展的历史机遇”。② 对于文化建设工作来说，抓住信息化发展的历史机遇，进一步完善新时代精神文明建设，同样是我们面临的时代课题。互联网技术带来了传播主体空前多元、信息发布门槛空前降低以及信息数量空前增加的新变化，这既是一种挑战，更是一种机遇，不仅能够创新精神文明建设的方法手段和表现形式，而且有助于孵化新的文化发展业态，促进文化产品创新创作，从而推动互联网这个最大变量成为新时代精神文明建设的最大增量。

其四，国家治理体系和治理能力现代化的快速推进，尤其是社会主义先进文化制度体制的确立和完善，为我国精神文明建设提供了制度保障。党的十九届四中全会确立了坚持和完善繁荣发展社会主义先进文化的制度，涵盖了马克思主义在意识形态领域指导地位的根本制度，以社会主义核心价值观引领文化建设制度，人民文化权益保障制度，正确导向的舆论引导工作机制，把社会效益放在首位、社会效益和经济效益相统一的文化创作生产体制机制等各个方面，这些文化领域制度的全面确立和推进，不

① 《中共中央关于党的百年奋斗重大成就和历史经验的决议》，人民出版社，2021，第 45 页。

② 《习近平谈治国理政》第 3 卷，外文出版社，2020，第 305 页。

仅能够为新时代精神文明建设消除文化发展存在的体制机制弊端，而且有利于进一步解放和发展文化生产力，激发全民族的文化创造活力，焕发文化发展生机，为新时代精神文明建设创造新的发展机遇。

（三）新时代精神文明建设机制的特点和发展趋势

作为我国精神文明建设的新方式、新做法和新部署，新时代精神文明建设机制以系统结构和内在要素的调整与重组，构成新的联结关系和作用形式，呈现出新的面貌与特征，同时也反映了我国精神文明建设在新阶段的发展趋势。

1. 新时代精神文明建设机制的主要特点

与我国以往任何时期的精神文明建设相比，新时代精神文明建设既具有鲜明的时代特征，又被赋予了新的任务要求和发展内涵。其中，深化群众性精神文明创建活动构成了新时代精神文明建设的主要创举、途径、载体和抓手，同时也构成了新时代精神文明建设机制的关键一环和重要驱动。中央印发的《关于深化群众性精神文明创建活动的指导意见》指出："群众性精神文明创建活动是人民群众群策群力、共建共享、改造社会、建设美好生活的创举，是提升国民素质和社会文明程度的有效途径，是把社会主义精神文明建设的任务要求落实到城乡基层的重要载体和有力抓手。"① 根据中央关于群众性精神文明创建的指示精神和部署安排，总的来说，新时代精神文明建设机制主要呈现出以下几个显著特点。

其一，注重发挥价值引领的作用，强调用社会主义核心价值观引领群众性精神文明创建活动。社会主义核心价值观是新时代精神文明建设的根本价值遵循，而培育和践行社会主义核心价值观则是落实新时代精神文明建设的根本任务。新时代精神文明建设更加重视理想信念教育、爱国主义教育、公民道德建设、弘扬中华优秀传统文化、诚信建设、社会主义法治文化建设、先进典型示范，由此发挥价值引领和带动作用。

其二，注重以点带面、点面结合，推动群众性精神文明创建活动向纵深发展。新时代精神文明建设更加重视以城市、村镇、单位、家庭、校园为试点单元，通过开展创建文明城市、文明村镇、文明单位、文明家庭、

---

① 《关于深化群众性精神文明创建活动的指导意见》，《人民日报》2017 年 4 月 6 日，第 9 版。

文明校园活动，深化学雷锋志愿服务、推进文明社会风尚行动以及开展各类精神文明共建活动，在推广覆盖中形成点面结合的精神文明建设联动版图。

其三，注重国民科学文化素养和身心健康，强调提升全民科学教育文化素质和健康素质。新时代精神文明建设着眼于培养担当民族复兴大任的时代新人，更加重视全社会全民综合素质的提升，包括科学素质、文化素质、身心素质等，以此丰富人民精神世界，增强人民精神力量。

其四，注重社会环境和社会氛围的感召熏陶，强调营造精神文明建设的良好社会环境。新时代精神文明建设更加重视通过丰富精神文明建设载体、加强网上精神文明建设、拓展精神文明建设阵地、用法治思维和法治方式推进精神文明创建、对外展示文明中国良好形象等，发挥社会环境的育人涵化作用。

其五，注重党的领导、牵头和带动，强调党对群众性精神文明创建活动的领导。新时代精神文明建设更加重视发挥党的领导作用，在强化党委主体责任、动员社会力量广泛参与、加强工作创新等方面提出了新的要求，以便为更好推进精神文明建设工作创造条件、提供保障。

2. 新时代精神文明建设机制的发展趋势

自从党提出建设社会主义精神文明战略任务以来，我国将精神文明建设纳入社会主义现代化建设总体布局，并贯穿于改革开放的全过程，取得了重大成就，为经济社会发展创造了良好的精神文化条件。实践创新永无止境，机制创新也永无止境。中国特色社会主义进入新时代，面对发展新阶段的新形势、新任务和新要求，新时代精神文明建设亦要因势而谋、应势而动、顺势而为，推动机制不断完善和创新。总的来说，在新时代，我国精神文明建设机制主要展现出以下发展趋势。

一是在组织上从党政部门的单向推进向社会力量广泛参与的多向联动转变。新时代精神文明建设更多地要扎根群众、动员群众、依靠群众，调动群众的主动性和积极性，让广大人民群众成为精神文明建设的主力军，发挥合力凝聚作用。同时，也要注重发挥工会、共青团、妇联等人民团体的各自优势以及行业协会、社会团体、基金会等各种社会组织的作用，鼓励动员更多社会力量参与精神文明创建活动，使精神文明建设组织机制实现由“自上而下”向“上下交互”“多向联动”的有效转化。

二是在育人上从灌输式的宣传教育向“价值—利益—舆论”三位一体的濡化引导转变。新时代精神文明建设既要重视把核心价值观融入经济社会发展实践，渗透到人们日常生产生活，使社会主义核心价值观内化为人们的坚定信念、外化为人们的自觉行动，又要着眼创新文化生产经营机制、完善文化经济政策、培育新型文化业态，以市场化的利益牵引推动精神文化发展。同时，更加注重重大舆情和突发事件的舆论引导，以及发展积极向上的网络文化，做强网上正面宣传和引导。

三是在运行上从固定机械化开展向合理规划、灵活实施、动态调控的一体化转变。首先，新时代精神文明建设更加重视顶层设计的合理规划，包括宏观布局、中观决策和微观参与，提升规划的科学性和可行性；其次，更加注重精神文明建设实施操作的灵活性，力求在过程、环节、要素等方面破立并举；最后，更加重视对精神文明建设的内容、手段和方式进行动态调控和适时调整，增强精神文明建设的针对性和实效性。

四是在动力上从单一动力向内生动力、外在动力、评估促进相结合转变。新时代精神文明建设更加注重民族、国家、个人理想目标的内生驱动，包括中华民族伟大复兴的国族梦想、中国特色社会主义建设的共同理想以及人民对美好生活需要的个人期盼等产生的驱动力，同时也更加重视通过政策激励、物质鼓励和精神激发等外在动力的不断输入，增强精神文明建设的积极性、主动性和创造性。另外，精神文明建设的评估、反馈和完善，也构成了其主要动力源之一。

五是在保障上从物质经济一维保障向物质、法治、监督等多维保障转变。新时代精神文明建设不仅更加注重运用财政、税收、金融等经济手段，加大对精神文明建设多渠道投入的支持力度，而且注重推进文化制度、体制、机制的健全和完善，将社会主义文化的制度优势转化为精神文明建设的治理效能。另外，由纪检、群众、媒体等形成的监督体系，也为推进和加强新时代精神文明建设提供了重要保障。

第二章 新时代精神文明建设的组织机制

从政治学社会学语义分析，“组织”作为名词是一个实体单位，是指社会成员为实现特定目标而建立的共同活动的群体或团体，其内部具有统一的行为规范、阶层划分和任务分工。“组织”作为动词而言，是有目的、有意识、有计划地将分散的、混乱的、无序的事物组合排列成具有一定规律的架构、系统或整体的行为方式。本书所探讨的新时代精神文明建设的组织机制，不但要描述分析新时代精神文明建设的组织形态，也要深入研究新时代精神文明建设的组织行为。如何在新时代统筹协调精神文明建设的组织形态和组织行为，构建新时代精神文明建设的组织机制，促进新时代精神文明建设组织内部各要素充分涌流、相互作用、同向同行，这是本章讨论的重点。

新时代精神文明建设需要中国共产党的坚强领导，在中央和地方成立专门的精神文明领导机构，发挥总揽全局、协调各方的作用。同时，政府应发挥组织管理职能，具体落实精神文明建设重大决策部署，将党制定的精神文明建设的路线方针政策执行到基层社区、千家万户和人民群众的心里。此外，学校能够发挥阵地作用，通过教育引导功能，积极培育和践行社会主义核心价值观，不断提高青少年的科学文化素质和思想道德素质，推动新时代精神文明建设的科学理念进入学生的头脑、教材和课堂。在新时代精神文明建设的力量动员方面，需要发挥基层社区居民和村民自治组织密切联系群众的优势，各级社会组织和政府企事业单位要发挥桥梁和纽带作用，更要发挥好家庭、家教、家风的熏陶濡化功能，在城市社区和农村社区形成精神文明建设的共治、共建、共享的良好氛围。

一　新时代精神文明建设的主要机构

新时代精神文明建设需要形成各建设主体之间的凝聚合力，进一步完善党委统一领导、党政齐抓共管、文明委组织协调、有关部门各负其责、全社会积极参与的领导体制和工作机制，逐步构建起新时代精神文明建设主体之间相互沟通、配合、协调的组织机制。

（一）中国共产党的领导地位

马克思认为，在任何社会中，领导都是社会性活动的必要条件。一切规模较大的直接社会劳动或共同劳动，都需要领导和指挥，以此来协调个人的活动，并执行生产总体的运动。他把社会比作一个乐队，“一个单独的提琴手是自己指挥自己，一个乐队就需要一个乐队指挥”。[①] 恩格斯对领导关系的认识来源于对权威的深刻理解：“没有权威，就不可能有任何的一致行动。不论这是多数表决人的意志，还是作为领导机构的委员会的意志，或是某一个人的意志，它总是一种要强迫有不同意见的人接受的意志；而没有这种统一的和指导性的意志，要进行任何合作都是不可能的。”[②] 没有领导，工厂无法生产，铁路无法运行，社会无法转动。无论是物质文明建设还是精神文明建设，都需要一个具有强大号召力、组织力和向心力的领导核心。共产党人认为，“党政军民学，东西南北中，党是领导一切的”。[③] 2017 年 4 月，中央精神文明建设指导委员会印发的《关于深化群众性精神文明创建活动的指导意见》明确指出，各级党委要切实承担起精神文明建设的主体责任，党委主要负责同志是第一责任人，要求把精神文明建设纳入经济社会发展总体规划，列为各级领导班子和领导干部政绩考核的重要内容。2021 年 11 月，中国共产党第十九届中央委员会第六次全体会议审议通过的《中共中央关于党的百年奋斗重大成就和历史经验的决议》指出，党的十八大以来，党中央权威和集中统一领导得到有力

---

① 《马克思恩格斯全集》第 42 卷，人民出版社，2016，第 337～338 页。

② 《马克思恩格斯文集》第 10 卷，人民出版社，2009，第 372 页。

③ 《习近平谈治国理政》第 3 卷，外文出版社，2020，第 85 页。

保证，党的领导制度体系不断完善，党的领导方式更加科学，全党思想上更加统一、政治上更加团结、行动上更加一致，党的政治领导力、思想引领力、群众组织力、社会号召力显著增强。[①] 新时代社会主义精神文明建设关键在党，中国共产党是新时代社会主义精神文明建设的领导核心，发挥着政治领导、组织领导和思想领导的重要作用。在政治领导方面，党制定一系列路线方针政策，保证新时代精神文明建设方向正确；在组织领导方面，党加强组织机构和人才队伍建设，保证新时代精神文明建设后继有人；在思想领导方面，党发挥优良传统和优良作风，保证新时代精神文明建设不变质、不变色、不变味。

第一，党的政治领导地位。中国共产党是最高政治领导力量，党的领导是中国特色社会主义最本质的特征，是中国特色社会主义制度的最大优势。在新时代精神文明建设的历史进程中，中国共产党的政治领导作用是通过作出精神文明建设重大部署和制定精神文明建设政策方针来实现的。改革开放以来，以邓小平同志为核心的党中央提出了“两手抓，两手都要硬”的战略方针，把精神文明建设提高到与物质文明建设同等重要的地位。20 世纪末，以江泽民同志为核心的党中央审时度势，把“建设社会主义精神文明”纳入国民经济和社会发展规划，从中央到地方设立了精神文明建设指导委员会及相应机构，持之以恒地推进社会主义精神文明建设。进入 21 世纪，以胡锦涛同志为核心的党中央提出了科学发展观的战略构想，把社会主义核心价值体系融入精神文明建设全过程，统筹推进社会主义物质文明、政治文明、精神文明协调发展。随着中国特色社会主义进入新时代，以习近平同志为核心的党中央高度重视精神文明建设，提出一系列新思想新观点新要求，作出一系列重要部署，广泛开展中国特色社会主义和中国梦宣传教育，大力培育和践行社会主义核心价值观，扎实推进思想道德建设，积极弘扬以爱国主义为核心的民族精神和以改革创新为核心的时代精神，深入开展群众性精神文明创建活动，学习宣传各类先进典型，着力丰富群众精神文化生活，国民素质和社会文明程度明显提升，精神文明建设取得了新的伟大成就，为全面推进党和国家事业发展作出了重

① 《中共中央关于党的百年奋斗重大成就和历史经验的决议》，人民出版社，2021，第 29 页。

要贡献。党的十八大以来，党中央出台了《关于培育和践行社会主义核心价值观的意见》《关于加快构建现代公共文化服务体系的意见》《关于进一步加强和改进新形势下高校宣传思想工作的意见》《关于繁荣发展社会主义文艺的意见》《关于实施中华优秀传统文化传承发展工程的意见》《关于深化群众性精神文明创建活动的指导意见》《关于建立健全基本公共服务标准体系的指导意见》《中国共产党宣传工作条例》《新时代公民道德建设实施纲要》等一系列方针政策，作出一系列有关精神文明建设的重大决策部署，发展和完善了新时代群众性精神文明创建活动。中国共产党不断用马克思主义中国化创新理论武装全党，传承弘扬中华优秀传统文化、革命文化和社会主义先进文化，不断提升国家文化软实力，领导全国各族人民建设新时代精神文明，促进物质文明与精神文明的协调发展。

第二，党的组织领导地位。中国共产党对新时代精神文明建设的组织领导，体现在新时代精神文明建设的组织机构建设和人才队伍建设两个方面。其一，新时代精神文明建设要进一步完善党委统一领导、党政齐抓共管、文明委组织协调、有关部门各负其责、全社会积极参与的领导体制和工作机制。中央精神文明建设指导委员会（以下简称“中央文明委”）是党中央指导全国精神文明建设工作的议事机构，担负着督促检查各地、各部门贯彻落实党中央关于精神文明建设的一系列方针、政策的情况，协调解决精神文明建设中思想道德和文化建设方面的有关问题，总结推广交流先进经验，深入调查研究、为中央决策提供建议的重要职责。中央文明办作为中央文明委的办事机构，全面贯彻中央文明委的工作部署，组织推进社会主义精神文明建设各项任务，履行好联络、协调、督促和服务的工作职能，加大工作推进力度，确保精神文明建设各项任务落到实处。中央文明委各成员单位发挥自身优势、履行职责要求，把精神文明建设同业务工作、行业管理、社会治理结合起来，不断提升工作效果。各级文明委、文明办不断加强同文明委成员单位的联系沟通，形成相互配合、相互促进的组织机制。同时，各级政府、城乡社区、企事业单位、社会组织、学校、家庭等精神文明建设主体在党的领导下互相配合，发挥地方各级政府在组织管理、财政投入、贯彻落实方面的配合作用，发挥城市社区和农村社区密切联系群众的优势，发挥各级社会组织、政府企事业单位的沟通桥梁作用，发挥学校在培养担当民族复兴大任的时代新人方面的阵地作用，发挥家庭、家教、家风的熏陶濡化功能，凝聚新时代精神文明建设合力。其二，要按照“政治坚定、业务精湛、心系人民、作风过硬”的要求，建设高素质、接地气的新时代精神文明建设工作队伍。2018 年 8 月，习近平总书记在全国宣传思想工作会议上强调，做好新形势下宣传思想工作，必须自觉承担起举旗帜、聚民心、育新人、兴文化、展形象的使命任务，“宣传思想干部要不断掌握新知识、熟悉新领域、开拓新视野，增强本领能力，加强调查研究，不断增强脚力、眼力、脑力、笔力，努力打造一支政治过硬、本领高强、求实创新、能打胜仗的宣传思想工作队伍”。[①] 精神文明建设的各个领域，都要努力培养一大批热爱祖国、热爱人民、有真才实学的专门人才。精神文明建设重心在基层、困难在基层。在基层单位从事宣传思想文化教育工作的同志，担负着把精神文明建设任务落实到千家万户的责任，要加强基层队伍建设，充实工作力量，为更好开展工作创造条件、提供保障。

第三，党的思想领导地位。邓小平曾经指出，“搞精神文明，关键是以身作则”。[②] 思想政治工作是我们党的优良传统和政治优势，是新时代精神文明建设的基础性工程。中国共产党对新时代精神文明建设的思想领导，一方面是做好宣传思想文化工作，加强对人民群众的思想引领，另一方面就是通过不断加强党风、政风、军风建设，保持同人民群众的血肉联系、发挥模范带头作用来实现的。其一，党的十八大以来，党把宣传思想工作摆在全局工作的重要位置，作出一系列重大决策部署，用党的创新理论武装全党全国各族人民，不断推进党史、新中国史、改革开放史、社会主义发展史“四史”教育，深入开展中国梦教育、国情教育和形势政策教育，把社会主义核心价值观融入国民教育全过程，大力弘扬中华优秀传统文化、革命文化和社会主义先进文化，不断在思想上引领广大人民群众投身新时代精神文明建设。其二，发挥基层党组织的战斗堡垒作用，加强对群众的教育引导，在服务群众中凝聚群众，勇于同各种歪风邪气做斗争。

① 《习近平谈治国理政》第 3 卷，外文出版社，2020，第 315 页。

② 《邓小平年谱（一九七五——一九九七）》（下卷），中央文献出版社，2004，第 848 页，。

基层党组织是新时代精神文明建设的主要实施者和推动者，需要发挥其密切联系群众的优势，不断加强对城市社区和农村社区人民群众的思想领导。其三，党员干部尤其是高级干部带头践行社会主义核心价值观，继承和发扬党的优良传统和作风，弘扬中华民族传统美德，讲修养、讲道德、讲诚信、讲廉耻，自觉远离低级趣味，养成共产党员的高风亮节，形成良好的政治文化。其四，广大共产党员在精神文明建设中发挥模范表率作用。这就要求党员必须具备坚定的政治立场、过硬的本领能力、强力的责任担当，不断提高个人的思想道德素质和科学文化素质，形成新时代精神文明建设的示范带动效应。在新时代精神文明建设过程中，共产党员率先解放思想、实事求是，是艰苦奋斗、克己奉公、全心全意为人民服务的模范表率；是有理想、有道德、有文化、有纪律“四有”新人的模范表率；是遵守社会公德、职业道德、家庭美德的模范表率。

2020 年的新冠肺炎疫情席卷全球，造成了巨大的生命和财产损失。党中央迅速号召全党，让党旗在防控疫情斗争第一线高高飘扬，彰显中国共产党人的担当和风骨。在抗疫斗争中，广大共产党员不忘初心、牢记使命，以“我是党员我先上”的责任担当，在疫情防控的人民战争、总体战、阻击战中，充分发挥了先锋模范作用，带领广大人民群众取得了抗击新冠肺炎疫情的重大胜利。可以说，如果没有共产党员的模范表率作用，新时代精神文明建设不可能影响带动广大人民群众的积极参与，新时代精神文明建设也不可能取得如此大的成就。

（二）政府的组织管理职能

政府是社会主义精神文明建设的重要主体。政府在社会主义精神文明建设过程中，把社会上的人力、物力、财力和精神力量等各方面的资源整合利用起来，发挥着组织、管理、协调、服务等重要作用，形成社会主义精神文明建设的合力。据中国文明网公开介绍，中央精神文明建设指导委员会成员单位达 50 家，政府部门 30 余个。地方各级政府既是物质文明建设的组织者和实践者，也是精神文明建设的组织者和实践者。各级政府在各级党委的统一领导下，一方面进行物质文明建设，努力实现“两个一百年”奋斗目标，决战脱贫攻坚和全面建成小康社会伟大事业；另一方面进行精神文明建设，推进社会主义核心价值观融入社会生活方方面面，不断提升文化软实力，为物质文明建设提供智力支持和精神支撑。随着中国特色社会主义进入新时代，如何发挥好政府的组织管理功能，协调开展新时代社会主义精神文明建设，是一项亟须解决的重大课题。

1. 组织经济发展，为新时代精神文明建设奠定物质基础

“仓廪实而知礼节，衣食足而知荣辱。”马克思主义认为，社会存在决定社会意识，经济基础决定上层建筑。评价一个社会文明与否，经济发展水平永远是排在第一位的指标。邓小平多次指出，物质文明和精神文明建设两者不可偏废，缺一不可，二者统一于社会主义现代化建设。改革开放以来，我国经济建设取得了举世瞩目的巨大成就，这也为我国精神文明建设奠定了良好的物质基础。2018 年 10 月，习近平总书记在视察广东时强调，要推动物质文明和精神文明协调发展，不断提升人民文明素养和社会文明程度。广东作为改革开放的排头兵，连续 31 年经济总量位居全国第一。广东省统计局 2020 年 1 月 19 日公布的数据显示，根据国家统计局统一核算，2019 年，广东地区生产总值总量突破 10 万亿元大关，达 107671.07 亿元。如果把广东当作一个经济体，广东的经济总量大概居世界第 13 位。广东省经济快速增长，反过来促进了精神文明建设。近年来，广东省围绕提升精神风貌、培育良好风尚、塑造文化风韵、打造美丽风景“四风”目标，推进珠三角全国文明城市群和粤东粤西粤北文明城市创建工作；扎实推进新时代文明实践中心建设，公共文化服务体系逐渐健全，农村文化基础设施大大改善。广东省利用高水平经济发展优势，加大财政投入，统筹做好城乡文明建设。随着《粤港澳大湾区发展规划纲要》的出台，广东省将会继续发挥毗邻港澳的优势，加快培育发展新动能、实现创新驱动发展，为不断增强全省经济创新力竞争力，打造粤港澳大湾区，建设世界级城市群提供支撑。广东新时代精神文明建设将会朝着“人民生活更加富裕；社会文明程度达到新高度，文化软实力显著增强，中华文化影响更加广泛深入，多元文化进一步交流融合；资源节约集约利用水平显著提高，生态环境得到有效保护，宜居宜业宜游的国际一流湾区全面建成”的目标大步迈进。

2. 发展社会事业，为新时代精神文明建设提高公民素质

党的十四届六中全会发布的《中共中央关于加强社会主义精神文明建

设若干重要问题的决议》，把公民素质的显著提高明确列入跨世纪精神文明建设目标体系。随着中国特色社会主义进入新时代，党的十九大报告提出了“培养担当民族复兴大任的时代新人”的新要求。政府通过大力发展各项社会事业，促进科教文卫事业发展，提高公民的道德素养、人文素养和法治素养，进而提升公民整体的文明素质。

一是大力发展教育事业。早在1993年，我国政府就提出要实现国家财政性教育经费在GDP中占4%的目标，随着中国特色社会主义进入新时代，2012年教育经费在GDP中占4.28%，2019年为4.04%，连续8年保持在4%以上。党和国家坚持立德树人，持续推动教育公平发展和质量提升。推动高等教育内涵式发展，推进一流大学和一流学科建设，支持中西部高校发展。加强特殊教育、继续教育，支持和规范民办教育。有序组织中小学教育教学和中高考工作。加强乡镇寄宿制学校、乡村小规模学校和县城学校建设。完善随迁子女义务教育入学政策。发展普惠性学前教育，帮助民办幼儿园纾困。扩大高校面向农村和贫困地区招生规模。大力发展职业教育，培养造就一大批高素质劳动者和技能型人才。加强教师队伍建设，提高教师待遇。加快推动教育信息化转段升级，积极推进“互联网+教育”，坚持高质量发展，以教育信息化支撑和引领教育现代化。稳定教育投入，优化投入结构，缩小城乡、区域、校际差距，让教育资源惠及城乡所有居民。根据国家统计局发布的《2015年全国1%人口抽样调查主要数据公报》，我国具有大学（指大专以上）教育程度的人口为17093万人；具有高中（含中专）教育程度的人口为21084万人；具有初中教育程度的人口为48942万人；具有小学教育程度的人口为33453万人（以上各种受教育程度的人包括各类学校的毕业生、肄业生和在校生），公民的整体受教育水平明显上升。

二是大力发展医疗卫生事业。近年来，政府积极推动深化医药卫生体制改革，促进医保体制改革、卫生体制改革与药品流通体制改革“三医联动”。不断加强公共卫生体系建设，改革疾病预防控制体制，加强传染病防治能力建设。加快公共卫生人才队伍建设，促进社会办医。深入开展爱国卫生运动，普及卫生健康知识，倡导健康文明生活方式。促进中医药振兴发展，支持中医药事业传承创新发展。深化公立医院综合改革，建设区域医疗中心。深化医保支付方式改革，优化医保支出结构。抓紧落实和完善跨省异地就医直接结算政策，尽快使异地就医患者在所有定点医院能持卡看病、即时结算，切实便利流动人口和随迁老人。发展“互联网+医疗健康”，加快建立远程医疗服务体系，加强基层医疗卫生机构能力建设和医护人员培养，提升分级诊疗和家庭医生签约服务质量。提高基本医疗服务水平，提高城乡社区医疗服务能力，构建和谐医患关系。强化全程监管药品疫苗生产销售过程，守住人民群众生命健康的防线，提升卫生健康服务和医疗保障水平。2020 年 6 月 6 日，国家卫生健康委发布的《2019 年我国卫生健康事业发展统计公报》显示，中国居民人均预期寿命由 2018 年的 77.0 岁提高到 2019 年的 77.3 岁，2019 年全国卫生总费用达 65195.9 亿元。根据广东省社会科学院发布的《2017 年广东现代化进程报告》，广州人均预期寿命 81.34 岁，远高于全国平均水平。医疗卫生事业改善，人均寿命提高，全民身体健康素质不断提升，为推动新时代精神文明建设贡献了主体动力。

三是大力推动就业创业。就业是民生之本、财富之源。党的十八大以来，政府各部门不断加强对重点行业、重点群体的就业支持，扎实做好高校毕业生、退役军人、农民工等重点群体就业工作，加强对城镇各类就业困难人员的就业帮扶。促进市场化社会化就业，提供不断线的就业服务，扩大基层服务项目招聘。做好退役军人安置和就业保障。实行农民工在就业地平等享受就业服务政策。帮扶残疾人、零就业家庭等困难群体就业。资助以训稳岗拓岗，加强面向市场的技能培训，鼓励以工代训，共建共享生产性实训基地。加强对灵活就业、新就业形态的支持。坚决防止和纠正就业中的性别和身份歧视。深化“放管服”改革，推动更多服务事项一网通办，做到企业开办全程网上办理。放宽小微企业、个体工商户登记经营场所限制，便利各类创业者注册经营、及时享受扶持政策。支持大中小企业融通发展。深入推进大众创业万众创新，发展创业投资和股权投资，增加创业担保贷款。深化新一轮全面创新改革试验，新建一批双创示范基地，坚持包容审慎监管，发展平台经济、共享经济，更大激发社会创造力。2020 年，新冠肺炎疫情来袭，全国就业形势严峻，李克强总理在政府工作报告中指出，“我国包括零工在内的灵活就业人员数以亿计，今年对低收入人员实行社保费自愿缓缴政策，涉及就业的行政事业性收费全部取消，合理设定流动摊贩经营场所”，稳就业保民生成为政府面临的首要工程。2020 年 5 月 27 日，中央文明办明确，在 2020 年全国文明城市测评指标中不将马路市场、流动商贩列为文明城市测评考核内容。6 月 1 日上午，李克强在山东烟台考察时表示，地摊经济、小店经济是就业岗位的重要来源，是人间的烟火，和“高大上”一样，是中国的生机。政府在经济下行的压力下，出台一系列的方针政策，助力失业人员再就业，提高就业人数，保障基本民生，对于维护社会稳定，提高公民整体精神风貌，进而推进新时代精神文明建设具有极大的促进作用。

四是大力发展社会保障事业。政府发挥着保障民生的主体责任，切实保障所有困难群众基本生活。近年来，政府不断上调退休人员基本养老金，提高城乡居民基础养老金最低标准。实现企业职工基本养老保险基金省级统收统支，提高中央调剂比例。加强退役军人服务管理工作，做好因公殉职人员抚恤。扩大失业保险保障范围，更好保障失业人员基本生活。完善社会救助制度，构建综合救助格局，打造多层次救助体系，创新社会救助方式，对因灾因病因残遭遇暂时困难的人员实施救助。扩大低保保障范围，对城乡困难家庭应保尽保，将符合条件的城镇失业和返乡人员及时纳入低保。更好解决群众住房问题，落实城市主体责任，改革完善住房市场体系和保障体系，促进房地产市场平稳健康发展。继续推进保障性住房建设和城镇棚户区改造，保障困难群体基本居住需求。健全收入分配格局，提高个人所得税起征点，设立专项附加扣除，稳步提高公民收入水平。社会保障作为一种社会分配制度，是社会公民收入分配的“调节器”。完善社会保障与社会主义的本质要求是内在统一的，是促进共同富裕和维护社会公平正义的制度性保障。大力发展社会保障事业一方面可以有效促进经济发展和共同富裕，推进物质文明建设；另一方面可以有效促进社会稳定，维护社会公平正义，建设和谐社会，推进精神文明建设。

3. 提升文化软实力，为新时代精神文明建设强化精神动力

2013 年 12 月，习近平总书记在十八届中央政治局第十二次集体学习时指出，“文化软实力集中体现了一个国家基于文化而具有的凝聚力和生命力，以及由此产生的吸引力和影响力。……提高国家文化软实力，不仅

关系我国在世界文化格局中的定位，而且关系我国国际地位和国际影响力，关系‘两个一百年’奋斗目标和中华民族伟大复兴中国梦的实现”。[①]文化软实力是衡量社会文明程度和国家综合实力的重要指标，一个没有文化软实力的国家很难被称为一个大国。在提升国家文化软实力方面，政府发挥着关键作用。例如，大力培育和践行社会主义核心价值观，构建充分反映中国特色、民族特性、时代特征的价值体系。完善文化管理体制和文化生产经营机制，建立健全现代公共文化服务体系、现代文化市场体系，建设社会主义文化强国。加强公共文化基础设施建设，建立覆盖城乡的公共文化服务体系。发展科学文化教育事业，不断提升全民的科学文化素养和人文精神。加强全社会的思想道德建设，激发人们形成善良的道德意愿、道德情感，培育正确的道德判断和道德责任，提高道德实践能力尤其是自觉践行能力。在全社会激发向英雄学习、向榜样学习的良好精神风尚，增强人们自觉向善、自我学习、自我提升的主动意识。加强网络文化和网络规范体系建设，营造风清气正的网络文化环境。创新对外话语表达方式，建立对外传播话语体系，讲好中国故事，传播好中国声音。推动文化事业全面繁荣和文化产业快速发展，为实现中华民族伟大复兴的中国梦提供思想保证、精神力量、道德滋养。

在物质文明的建设过程中，精神文明建设总是与其相伴相生，为物质文明建设提供强劲的思想保证、精神动力和智力支撑。无怪乎美国未来学家阿尔温·托夫勒在《第三次浪潮》一书中感叹，文化发展与经济繁荣是相辅相成的，哪里有文化，哪里早晚就会出现经济繁荣，而哪里出现经济繁荣，文化就会向哪里转移。政府不断提升文化软实力，加强思想价值引领、科学技术推动、道德文化熏陶，营造良好的经济社会发展环境，发挥了其在精神文明建设中的重要作用。可以说，改革开放40多年来，广东的崛起不仅是经济上的崛起，更是一种文化上的崛起。如敢为人先、务实创新的人文精神，兼容并蓄、多元共融的城市文化，公开透明、逐步完善的体制机制，乐观积极、诚信友善的公民形象等，无一不是广东文化软实力的亮丽名片，成为新时代广东精神文明建设的重要内容。

---

① 《习近平关于社会主义文化建设论述摘编》，中央文献出版社，2017，第198页。

4. 治理生态环境，为新时代精神文明建设营造良好氛围

党的十八大以来，党对生态文明建设和环境保护提出了一系列新思想新论断新要求，用生态文明理念统筹谋划解决环境与发展问题，推动形成了人与自然和谐发展的现代化建设新格局。党的十八大把生态文明建设纳入“五位一体”总体布局之中，提出了“建设美丽中国”的新要求，努力实现中国人民对美丽生活环境以及美好物质生活、精神生活的追求和向往。习近平总书记专门论述了生态文明建设问题，提出了“绿水青山就是金山银山”的生态价值观、“山水林田湖”生命共同体理念、实现人与自然和人与人之间双重和谐的生态文明观、保护环境即是保护生产力的生态生产力观、一切为了人民群众生态诉求的生态民生观、以“生态红线”为底线，整体谋划国土开发的生态安全观、实现最严法治的生态法治观等内容。在实现“两个一百年”奋斗目标的伟大征途中，中华民族如何永续发展？中华文明能否再铸辉煌？站在这样的高度，习近平总书记指出，“走向生态文明新时代，建设美丽中国，是实现中华民族伟大复兴的中国梦的重要内容”。①

2015 年 4 月，我国首次以中共中央、国务院的名义印发《关于加快推进生态文明建设的意见》，明确生态文明建设的总体要求、目标愿景、重点任务、制度体系。同年 9 月，中共中央、国务院出台《生态文明体制改革总体方案》，提出健全自然资源资产产权制度等八项制度。2016 年 12 月，中办、国办印发《生态文明建设目标评价考核办法》，确定对各省区市实行年度评价、五年考核机制，以考核结果作为党政领导综合考核评价、干部奖惩任免的重要依据。在生态文明观引领下，绿色发展观和绿色生活理念更加深入人心，并将会带来生活方式、思维方式、文化与科技范式等的系统性革命，催生了新时代精神文明建设的“绿色风尚”。国家大力加强生态文明宣传教育，全民生态文明意识不断增强。中国公众高度认同党和国家提出的建设生态文明战略目标，雾霾、食品安全等问题备受关注，公众对生态文明知识从被动接受向主动获取转变，公众生态文明建设的参与意识增强。政府积极倡导绿色生活方式，改变不合理的消费方式，

---

① 《习近平关于社会主义文化建设论述摘编》，中央文献出版社，2017，第 20 页。

坚决反对享乐主义、奢靡之风，引导居民合理适度消费，鼓励购买绿色低碳产品。2016 年，我国新能源汽车产销量、保有量全球占比均超过 50%，生态文明观催生了新的消费观，绿色、健康、可持续成为人们绿色生活方式的重要元素。开展垃圾分类、促进资源回收、实施光盘行动、使用节能家电、减少一次性餐具、开展环保志愿者服务活动，打造勤俭节约、绿色低碳、文明健康的生活方式和消费观念，这些举措将推动全社会不断提高思想道德素质和文明礼仪素质。

5. 加强法治建设，为新时代精神文明建设提供制度保障

道德文明是精神文明的核心元素，法治文明是精神文明的制度保障。以民主法治、公平正义、清正廉洁、诚实守信为代表的核心法治观念，与新时代精神文明建设的价值取向并行不悖。培育和践行社会主义核心价值观，除了依靠长期的教育濡化作用，还需要依靠法治手段进行保障。一方面，社会主义市场经济要求的公平的市场交易原则，不仅需要个人的文明素质，同时也需要对违法乱纪的行为进行依法打击，形成维护社会主义市场经济平稳运行的法治保障；另一方面，政治制度是经济基础的上层建筑，“新政治秩序的建立，需要一种合法性，需要有力的论证，需要形成一种新的理论话语，这就促进了社会科学的繁荣和新意识形态的产生；同时也需要维系新政治秩序的行为规范，在这方面人类经过艰辛探索后选择了法律规范，宪法也就在世界各国先后产生。于是，政治生活的精神文明程度也开始以法制为标尺”。[①] 近代社会精神文明建设促进了教育、科学、文化事业的繁荣，而这些成就无一不是在法治建设的同步发展下取得的。世界文明进步“都是法制的日益周密和实施范围日益扩大的具体表现，也可以说是通过法制实现大德的事业”。[②]

社会主义市场经济条件下，个人具有利他性，符合集体主义价值观，即在追求集体利益的过程中兼顾个人利益；同时，个人也具有利己性，在一定程度上符合西方经济学中的“经济人假设”，在进行经济活动时，作为市场主体的个人和企业都有趋利避害的本性。在建设新时代精神文明过

① 肖北庚：《法治是现代精神文明的最高体现》，《浙江社会科学》1999 年第 6 期。

② 〔日〕福泽谕吉：《文明论概略》，北京编译社译，商务印书馆，1959，第 120 页。

程中，一方面要通过道德文明建设，将社会主义核心价值观融入社会生活的方方面面，形成全民向善的良好道德风尚；另一方面要以法律法规为准绳，对破坏社会稳定和市场运行规则等违法违纪行为进行坚决打击，为新时代精神文明建设提供法治保障。

政府如何在新时代精神文明建设的过程中加强法治建设？一是培养公民的法律意识。在全社会培养形成依法行使权利和依法履行义务的意识，增强公民的法治观念，使遵纪守法成为公民的道德自觉，内嵌于精神文明的价值内核。二是在法治建设中体现传统道德观念。中华民族的传统美德和社会主义社会美德包含社会公德、职业道德、家庭美德和个人品德，这些都是约定俗成和维护社会公序良俗的价值准则，因此在新时代中国特色社会主义法治建设进程中，要将爱国、和谐、平等、公正、敬业、诚信、友善等社会主义核心价值融入法律法规之中，使其成为公民必须遵守的法治原则。三是严格精神文明执法。对于危害社会主义精神文明建设的违法犯罪活动，要利用国家强制手段进行坚决打击，严肃整治不良社会风气。四是公正司法。司法机关是法治文明的重要审判机构，它的重要职能是解释法律文本，审判犯罪行为，即将语义上的法律法规变为人们的行为准则规范，公正司法是法治文明的关键环节，也是精神文明建设的可靠保障。

（三）学校的重要阵地职责

培养什么人，是教育的首要问题。学校发挥新时代精神文明建设的重要阵地功能，其出发点和落脚点就是培养社会主义建设者和接班人。党的十八大以来，党对教育事业的全面领导得到有力贯彻，党对教育工作的领导得到全面加强。全国各级各类学校围绕“培养什么人、怎样培养人、为谁培养人”这一根本问题，不断提升学生的思想道德素质和科学文化素质，为新时代精神文明建设提供源源不断的动力。党的十九大从新时代坚持和发展中国特色社会主义的战略高度，作出了优先发展教育事业、加快教育现代化、建设教育强国的重大部署。教育是民族振兴、社会进步的重要基石，是功在当代、利在千秋的德政工程，对提高人民综合素质、促进人的全面发展、增强中华民族创新创造活力、实现中华民族伟大复兴具有决定性意义。

教育是国之大计、党之大计，是新时代精神文明建设的重要组成部分。发挥好各级各类学校在新时代精神文明建设过程中的重要作用，就是要以习近平总书记关于教育的重要论述为行动指南，全面贯彻党的教育方针，坚持马克思主义指导地位，坚持中国特色社会主义教育发展道路，坚持社会主义办学方向，立足基本国情，遵循教育规律，坚持改革创新，以凝聚人心、完善人格、开发人力、培育人才、造福人民为工作目标，培养德智体美劳全面发展的社会主义建设者和接班人，加快推进教育现代化、建设教育强国、办好人民满意的教育。

1. 学校的德育阵地职责

“德者，才之帅也。”在新时代精神文明建设过程中，学校发挥德育阵地职责，就是要坚持立德树人根本任务，不断加强思想政治工作，把社会主义核心价值观融入教育教学全过程，不断提升学生的思想道德素质。为此，新时代学校德育工作应该在哪些方面着力呢？其一，要在坚定理想信念上下功夫。教育引导学生树立共产主义远大理想和中国特色社会主义共同理想，增强学生的中国特色社会主义道路自信、理论自信、制度自信、文化自信，立志肩负起民族复兴的时代重任。其二，要在厚植爱国主义情怀上下功夫。让爱国主义精神在学生心中牢牢扎根，教育引导学生热爱和拥护中国共产党，立志听党话、跟党走，立志扎根人民、奉献国家。其三，要在加强品德修养上下功夫。教育引导学生培育和践行社会主义核心价值观，踏踏实实修好品德，成为有大爱大德大情怀的人。其四，要在培养奋斗精神上下功夫。教育引导学生树立高远志向，历练敢于担当、不懈奋斗的精神，具有勇于奋斗的精神状态、乐观向上的人生态度，做到刚健有为、自强不息。

进入新时期，广东在德育工作上由特色创新走向“内生发展”①，主要表现为：第一，顶层设计，优势整合，建立教育行政与高校专业合作的德育研究与指导中心，积极有力推进学校德育创新发展；第二，专业指导，整体规划，构建中小学班主任队伍专业成长培育系统和发展机制，全面整体推进中小学德育科学发展；第三，规范引领，再造优势，促进家校合作

① 李季：《从被动应对到积极导向：广东学校德育40年改革发展之路》，《中小学德育》2018年第10期。

走向家校共育，打造广东未成年人思想道德建设和中小学德育特色品牌，家校社协同共育走向新时代。特别是在中小学德育方面，2017～2018年，广东全面贯彻党的十九大精神和《中小学德育工作指南》，在着力构建方向正确、内容完善、学段衔接、载体丰富、常态开展的德育工作体系方面取得了显著成效。

2. 学校的智育阵地职责

学校是学习知识的主要场所。学校和教师要教育引导学生珍惜学习时光，心无旁骛求知问学，增长见识，丰富学识，沿着求真理、悟道理、明事理的方向前进。长期以来，“智育”一直是学校的中心工作，学校有目的、有计划、有组织地向学生传授系统的文化科学知识和技能，提高学生掌握和运用知识的能力，使其更好地适应社会生活。学校的知识传承阵地是新时代精神文明建设的重要组成部分，学校在为党和国家培养中国特色社会主义建设者和接班人的过程中，发挥着提高全民族科学文化素质的重要作用，是“育新人”的关键环节。学校在知识传承过程中，还需要培养学生的科学态度、逻辑思维和创新能力，奠定比较完整的知识基础，开发学生的智力，激发学生多方面的兴趣和才能。

3. 学校的体育阵地职责

习近平总书记在全国教育大会上指出，要树立健康第一的教育理念，开齐开足体育课，帮助学生在体育锻炼中享受乐趣、增强体质、健全人格、锤炼意志。[①] 习近平总书记关于体育的重要论述，为做好新时代学校体育工作提供了根本遵循。新时代精神文明建设需要发挥体育教育的思想引领功能、塑造功能、规范功能、激励功能和调适功能，不但要发挥强身健体、提高身体素质的作用，也要发挥体育教育课程思政的价值引领作用。2019年1月至3月，教育部人文社会科学“大学体育‘课程育人’实践路径研究”项目课题组针对大学体育现状进行了调研，调查结果显示，大学公共体育“课程育人”水平与大学生对其功能认识基本一致，体育教

① 《习近平在全国教育大会上强调 坚持中国特色社会主义教育发展道路 培养德智体美劳全面发展的社会主义建设者和接班人》，《人民日报》2018年9月11日，第1版。

育是隐性思想政治教育的一种特定形式，能与其他社会实践融会贯通，让受教育者愉快主动地接受教育。2020 年 10 月，中共中央办公厅、国务院办公厅印发了《关于全面加强和改进新时代学校体育工作的意见》，文件指出，体育教育不但能够塑造健康体魄，培育健康的心理，还能舒缓压力，消解负面情绪，要求各级各类学校在体育教育中弘扬公平竞争精神，增强学生的正义意识，促进人的全面发展。党和国家对体育工作的高度重视和精心擘画，打通了在新时代精神文明建设过程中塑造公民健康体魄、展现朝气蓬勃精神状态的关键一环。

体育化人在于强体魄，更在于强精神。再没有什么比激动人心的忘我拼搏更能体现体育精神；也没有什么比奥运赛场国歌响起、国旗升起更能激发民族自豪感。新中国成立 70 多年来，我国体育事业发展取得了辉煌成就，产生了诸如乒乓精神、女排精神、女足精神、登山精神、北京奥运精神等具有代表性的体育精神，这都是中华体育精神的有机组成部分。1971 年，“以小球推动大球”的“乒乓外交”，开启了中美两国关系正常化的进程；1981 年，为了纪念中国男排的胜利，北大学子喊出了“团结起来，振兴中华”的口号；1981～1986 年，中国女排实现五连冠形成了举世闻名的“女排精神”；2008 年，北京奥运会的成功举办，“同一个世界、同一个梦想”，使世界更加了解中国；2022 年，中国举办冬奥会，“纯洁的冰雪，激情的约会”，再一次向世界展示新时代中国特色社会主义发展取得的辉煌成就。

近年来，习近平总书记在外交活动中频现体育“花絮”，以体育交流为平台，以体育运动为载体，向世界展示了中国最高领导人的真诚、友好、宽容。2016 年 8 月，习近平总书记会见第 31 届奥运会中国体育代表团，高度赞扬我国体育健儿展现的中华体育精神，把体育精神作为中国精神的重要体现，号召全社会学习这种勇于超越和战胜自我的拼搏精神，凝聚起全党全国各族人民团结奋斗的强大精神力量。2019 年 6 月 18 日，习近平总书记给北京体育大学 2016 级研究生冠军班全体学生的回信中指出，新时代的中国，更需要使命在肩、奋斗有我的精神。他希望冠军班的同学们继续带头拼、加油干，为建设体育强国多做贡献，为社会传递更多正能量。[①] 体育精神所蕴含的爱国主义情感、集体主义价值和奋勇争先的精神，能够在新时代学校育人工作中发挥重要作用。

4. 学校的美育阵地职责

美育是指培养学生认识美、爱好美和创造美的能力的教育，是为精神文明建设服务的，是培养人的全面发展不可或缺的重要组成部分。我国早在西周时期便有周公“制礼作乐”，春秋末期孔子创立的儒家教育体系中一个很重要的方式就是美育，礼、乐、书、数、射、御“六艺”中礼、乐是重要的教育方式，古代西方的亚里士多德把艺术审美教育划分为“教育”、“净化”和“精神享受”功能。从古至今，学校美育在培养和发展学生创造现实美和艺术美的才能和兴趣、提升学生感受现实美和艺术美的能力、丰富学生的精神世界和情绪体验、陶冶学生高雅的道德情操方面具有重要作用。

进入新时代，习近平总书记高屋建瓴，提出要全面加强和改进学校美育工作，坚持以美育人、以文化人，提高学生审美和人文素养。2015 年 9 月，国务院办公厅印发《关于全面加强和改进学校美育工作的意见》，从构建科学的美育课程体系、大力改进美育教育教学、统筹整合学校与社会美育资源、保障学校美育健康发展等方面，全方位论述了构建大中小幼美育相互衔接、课堂教学和课外活动相互结合、普及教育与专业教育相互促进、学校美育和社会家庭美育相互联系的具有中国特色的现代化美育体系的目标策略。2020 年 10 月，中共中央办公厅、国务院办公厅印发了《关于全面加强和改进新时代学校美育工作的意见》，进一步强调了完善课程和教材体系、全面深化教学改革、着力改善办学条件、切实加强组织保障的重要性，要求各地研究落实加强和改进新时代学校美育工作的具体措施，加强宣传，凝聚共识，营造全社会共同促进学校美育发展的良好社会氛围。美育是审美教育，也是情操教育和心灵教育，不仅能提升人的审美素养，还能潜移默化地影响人的情感、趣味、气质、胸襟，激励人的精神，温润人的心灵。美育与德育、智育、体育、劳动教育相辅相成、相互

① 《习近平给北京体育大学 2016 级研究生冠军班全体学生的回信（全文）》，新华网，2019 年 6 月 19 日，http://www.xinhuanet.com/politics/2019-06/19/c_1124643019.htm。

促进，是新时代精神文明建设的重要组成部分。

5. 学校的劳动教育阵地职责

马克思认为，“劳动是整个人类生活的第一个基本条件，而且达到这样的程度，以致我们在某种意义上不得不说：劳动创造了人本身”。[①] 劳动对人和人类社会的形成和发展具有根本的决定意义，这是马克思主义劳动学说的一条基本论断。在新时代社会主义精神文明建设过程中，劳动教育直接决定社会主义建设者和接班人的劳动精神面貌、劳动价值取向和劳动技能水平。

2020 年 3 月，中共中央、国务院印发《关于全面加强新时代大中小学劳动教育的意见》，文件指出，劳动教育是国民教育体系的重要内容，是学生成长的必要途径，具有树德、增智、强体、育美的综合育人价值。随后，教育部印发了《大中小学劳动教育指导纲要（试行）》这一配套文件，主要面向学校，重点针对劳动教育是什么、教什么、怎么教等问题，细化有关要求，加强专业指导。文件主要涉及以下几个方面。

第一，劳动教育是什么。劳动教育是发挥劳动的育人功能，对学生进行热爱劳动、热爱劳动人民的教育活动。劳动教育有三个基本特征：一是鲜明的思想性，强调劳动者是国家的主人，一切劳动和劳动者都应该得到鼓励和尊重，反对一切不劳而获、崇尚暴富、贪图享乐的错误思想；二是突出的社会性，要求引导学生走向社会，认识社会，强化责任担当意识，体会社会主义社会平等、和谐的新型劳动关系；三是显著的实践性，以动手实践为主要方式，引导学生在认识世界的基础上，学会建设世界，塑造自己，实现树德、增智、强体、育美的目的。

第二，劳动教育教什么。根据中央精神，教育部对劳动教育的目标内容做了细化和具体化：一是明确劳动教育目标框架，具体包括树立正确的劳动观念、具有必备的劳动能力、培育积极的劳动精神、养成良好的劳动习惯和品质四个方面；二是明确三类劳动教育（日常生活劳动教育、生产劳动教育、服务性劳动教育）的育人价值定位；三是明确小学、初中、普通高中、职业院校、普通高等学校劳动教育的主要内容和三类劳动教育的

① 《马克思恩格斯文集》第 9 卷，人民出版社，2009，第 550 页。

具体要求。

第三，劳动教育怎么教。劳动教育的途径，包括独立开设劳动教育必修课、在学科专业中有机渗透劳动教育、在课外校外活动中安排劳动实践、在校园文化建设中强化劳动文化四个方面。中小学劳动教育课平均每周不少于1课时，职业院校开设劳动专题教育必修课，不少于16学时，普通高等学校要将劳动教育纳入专业人才培养方案，明确主要依托的课程，可在已有课程中专设劳动教育模块，也可专门开设劳动专题教育必修课，本科阶段不少于32学时。中小学每周课外活动和家庭生活中劳动时间，小学一至二年级不少于2小时，其他年级不少于3小时；职业院校和普通高等学校要明确生活中的劳动事项和时间，纳入学生日常管理工作。同时，在评价改革方面，教育部要求将劳动素养纳入学生综合素质评价体系，进一步明确了加强劳动教育的组织管理、支持保障、专业研究和指导等方面工作。

全面加强新时代大中小学劳动教育，要将劳动观念和劳动精神教育贯穿人才培养全过程，贯穿家庭、学校、社会各方面。注重让学生在学习和掌握基本劳动知识技能的过程中，领悟劳动的意义价值。要让学生面对真实的个人生活、生产和社会性服务任务情境，亲历实际的劳动过程，善于观察思考，注重运用所学知识解决实际问题，提高劳动质量和效率。在充分发挥传统劳动、传统工艺项目育人功能的同时，紧跟科技发展和产业变革，准确把握新时代劳动工具、劳动技术、劳动形态的新变化，创新劳动教育内容、途径、方式，增强劳动教育的时代性。同时，要关注学生劳动过程中的体验和感悟，引导学生感受劳动的艰辛和收获的快乐，增强获得感、成就感、荣誉感。

实施劳动教育重点是在系统的文化知识学习之外，有目的、有计划地组织学生参加日常生活劳动、生产劳动和服务性劳动，让学生动手实践、出力流汗，接受锻炼、磨炼意志，培养学生正确劳动价值观和良好劳动品质。大中小学的学校劳动教育根据教育目标，针对不同学段、类型学生特点，以日常生活劳动、生产劳动和服务性劳动为主要内容开展劳动教育。建设好学校的劳动教育阵地，这一方面承载了德育、智育、体育、美育教育目标集合，另一方面提升了社会主义劳动者的精神面貌和综合素质。新时代精神文明建设，要在学生中弘扬劳动精神，教育引导学生崇尚劳动、尊重劳动，懂得劳动最光荣、劳动最崇高、劳动最伟大、劳动最美丽的道理，长大后能够辛勤劳动、诚实劳动、创造性劳动，引导青年学生成为建设社会主义物质文明和精神文明的主体力量。

二　新时代精神文明建设主体的协同

人民群众是新时代精神文明建设的主体。社会性是人的本质属性，社会性的生产生活方式必然促使人加入不同的正式和非正式群体，从而不断拓展人的社会属性，以此角度观之，精神文明建设的主体可以是作为群体的人民群众，也可以是作为个体的人。根据新时代精神文明建设的功能、地位和作用划分，精神文明建设的主体大致可分为：新时代精神文明建设的领导主体、新时代精神文明建设的社会主体、新时代精神文明建设的个人主体。新时代精神文明建设的领导主体主要是领导新时代社会主义精神文明建设的党和国家机构；新时代精神文明建设的社会主体主要包括各级各类学校、城市和农村社区、社会组织、企事业单位、家庭等；新时代精神文明建设的个人主体就是现实的具体的实践的人。在新时代精神文明建设过程中，需要发挥国家、社会、学校和家庭的集体力量，也需要发挥公民个人的主体性力量，形成新时代精神文明建设的协同效应。

（一）新时代精神文明建设主体的配合

配合是指多方合作以完成共同的目标任务的行为。新时代精神文明建设是一项系统工程，需要建设主体之间相互联系、相互作用、相互沟通和相互配合，从而共同完成新时代精神文明建设的各项目标。新时代精神文明建设主体的配合主要包括领导力量配合、社会力量配合、个人力量配合三个方面。

1. 新时代精神文明建设主体的领导力量配合

新时代精神文明建设的领导主体就是党和国家相关机构，包括各级党委、各级人民代表大会、各级政府、各级司法机关、人民解放军和武警部队等。只有加强新时代精神文明建设领导主体之间的配合，明确领导主体的建设职能，发挥各领导主体的协同创新功能，才能更好完成新时代精神文明建设的各项目标任务。做好新时代精神文明建设主体之间的政治领导、立法、执法、司法、军民共建等工作方面的配合协同，有利于新时代精神文明建设各项法律法规和政策方针落细落小落实。

第一，党要发挥统一领导作用。各级党委要切实承担起精神文明建设的主体责任，党委主要负责同志是第一责任人。把精神文明建设纳入经济社会发展总体规划，列为各级党政领导班子和领导干部政绩考核的重要内容。切实发挥各级党的精神文明工作指导委员会及其办事机构的重要作用，加强对精神文明建设和群众性创建活动的规划指导、协调督促。发挥基层党组织的战斗堡垒作用，加强对群众的教育引导，在服务群众中凝聚群众，勇于同各种歪风邪气做斗争。广大共产党员要在精神文明建设中发挥模范表率作用。按照政治坚定、业务精湛、心系人民、作风过硬的要求，打造高素质、接地气的精神文明建设工作队伍。

第二，人民代表大会加强精神文明建设立法功能，把社会主义核心价值体系建设融入精神文明立法全过程。充分听取人民群众的意见和建议，认真总结工作经验，把那些符合实际、成效明显、群众认可并被实践证明的规律性做法上升为法律法规。强化精神文明建设落实保障机制，推动精神文明建设法治化规范化，保障精神文明建设有法可依。

第三，政府完善和落实文化经济政策，形成对精神文明建设多渠道投入的体制，为精神文明建设提供强有力的物质保障。中央财政加大对中西部欠发达地区、少数民族地区和革命老区的精神文明建设重大设施、重点项目的支持力度。运用财政、税收、金融等经济手段支持精神文明建设事业。此外，政府要加强对新时代精神文明建设各项法律法规和党的精神文明建设路线、方针、政策的贯彻落实，促进精神文明建设各项工作顺利开展。

第四，司法机关真正做到公正司法、违法必究。严厉打击精神文明建设过程中出现的违法犯罪活动，依法惩处严重突破道德底线的失德失信行为和社会丑恶现象，避免极端个别事件对社会公序良俗带来负面冲击。发挥法律法规对维护良好社会秩序、树立文明社会风尚、培育和谐人际关系的保障作用。

第五，军队做好新时代“军民共建”精神文明活动。人民解放军和武警部队是精神文明建设的重要主体，担负着维护政治稳定和社会秩序的重要职能。改革开放以来，人民军队按照“四有、三讲、两不怕”的要求，在建设精神文明时，密切联系广大人民群众，与地方居民不断开展军民共建文明村、文明街、文明镇、文明县、文明市、文明校等系列活动。人民军队发扬优良的革命传统，全心全意为人民服务，大力加强军队思想政治工作，在精神文明建设方面走在全社会前列。长期以来，广州市各级党委、政府和驻穗部队把双拥共建与创建文明城市、建设和谐广州活动结合起来，广泛开展军警民共建平安和谐社区活动。沙面街与省武警总队一支队七中队“六联六共”、大东街与原广州军区联勤部21分部双拥共建“十个一工程”、黄花岗街与驻军“四方共建”等军民共建先进单位和爱国拥军模范私营企业家谢仲徐等先进个人，成为新时期精神文明建设和双拥共建工作的新亮点。广州市白云、花都、番禺等区组织军民共建社会主义新农村活动，促进了精神文明建设在农村的落实。

2. 新时代精神文明建设主体的社会力量配合

新时代精神文明建设不是党和国家机构一方可以完成的，在完成了新时代精神文明建设的顶层设计之后，还需要广泛动员社会力量加入精神文明建设的队伍中来，形成精神文明建设的中介传导组织机制。

第一，工会、共青团、妇联、残联、关工委和文联、作协、科协等人民团体发挥各自优势，组织动员所联系群众积极配合、参与新时代精神文明建设。人民团体是在党领导下发展成长起来的，既有坚定的共产主义理想信念，又有深厚的群众基础，是密切联系群众的纽带。第二，充分发挥民主党派、工商联、无党派人士的政治协商和参政议政作用，维护中共中央权威和集中统一领导，凝心聚力、服务大局，引导广大成员和人民群众正确认识新时代精神文明建设中遇到的各种机遇和挑战，协助做好矛盾化解工作，为新时代精神文明建设营造良好的社会环境。第三，发挥行业协会、社会团体、基金会等各种社会组织的作用。社会组织具有公益性、自组织性和专业性等特点，数量庞大，覆盖人群广泛，各种社会组织相互配合，在经济社会各个领域发挥着服务新时代精神文明建设的重要作用。如一些行业协会，具有较高的专业水平和行业地位，能够为精神文明建设提供智力支持；一些公益志愿者组织开展一系列爱心帮扶、扶贫开发、社区建设、环境保护、大型赛会、应急救助活动，将“奉献、友爱、互助、进步”的精神播撒到社会和人民群众心间。第四，发挥企事业单位教育引导群众的重要作用。企事业单位是吸纳就业人口的重要载体，除了配合党和国家机构做好新时代精神文明建设各项工作外，还要积极培育与社会主义核心价值体系相适应的企事业单位文化，培养担当民族复兴大任的时代新人。

3. 新时代精神文明建设主体的个人力量配合

个人是新时代精神文明建设的“元主体”和“元目标”，精神文明建设的出发点是人，需要个人层面配合参与精神文明建设的全过程；精神文明建设的落脚点也是人，只有个人层面思想道德素质和科学文化素质均得到提升，整个社会才能合力完成精神文明建设的目标。因此，新时代精神文明建设主体的个人力量参与配合，就是个人全方位参与精神文明建设，配合精神文明建设领导主体和社会主体完成精神文明建设不同阶段的历史任务。

一是个人要将社会主义核心价值观融入自身的思想观念和实践活动中去，把社会主义核心价值观作为指导个人全面发展的根本价值观念。2013年12月，中共中央办公厅印发《关于培育和践行社会主义核心价值观的意见》，文件指出，培育和践行社会主义核心价值观，是推进中国特色社会主义伟大事业、实现中华民族伟大复兴中国梦的战略任务。在个人层面，必须把爱国、敬业、诚信、友善作为指导自身行为的价值准则。

二是个人积极传承弘扬家庭美德、职业道德和社会公德，将三者统一于新时代精神文明建设历史进程。家庭美德、职业道德和社会公德是社会主义核心价值体系的重要内容，个人在参与家庭生活、职业生活和社会生活的过程中，无不在潜移默化中被家庭、单位和社会环境所影响，只有不断提高个人的家庭美德、职业道德和社会公德，才能不断提升个人的思想道德素质，更好地参与新时代精神文明建设活动。

三是养成终身学习的习惯，不断提升科学文化素质。个人在家庭教育、学校教育、职业教育和社会教育的过程中，通过系统地学习科学文化知识，不断提高个人的文化知识、科学技术、生产经验、劳动技能水平。通过不断提高自身的科学文化素质，展现良好的精神风貌，更好地服务于广大人民群众，服务于新时代精神文明建设伟大事业。

（二）新时代精神文明建设主体的沟通

新时代精神文明建设主体之间需要建立起良好的沟通交流机制，从而形成由个人主体—社会主体—领导主体—社会主体—个人主体的自下而上与自上而下相结合的沟通交流闭环机制。

1. 新时代精神文明建设个人主体的反馈沟通

个人在进行生产生活的同时，必然会将自己的思想观念和价值观点作用于社会，无数个人将自己认同的核心价值观表达阐述出来，从而发展成为国家和社会认同的社会主义核心价值体系，并将其作为明辨是非的根本价值取向。例如：黑臭污染的河涌一直是广州人民挥不去的伤痛，广州人民不断提出整治河涌的诉求。近年来，广州把水环境治理作为重要政治任务和重大民生工程。经过不懈努力，2017～2019 年，广州黑臭水体连续 3 年减少；2020 年 1～7 月，广州市未新增黑臭水体，147 条纳入住房和城乡建设部监管平台、列入整治计划的黑臭水体已消除黑臭。车陂涌、双岗涌、景泰涌整治入选全国治水典型案例，流溪河流域 89 条一级支流中劣Ⅴ类的数量由 46 条减少到 20 条；广州市河长制湖长制工作连续 2 年获得国家督查激励；海珠湿地碧道、增江碧道、蕉门河碧道被水利部作为“美丽河湖、幸福河湖”的典范在全国广泛宣传。一条条昔日黑臭的河涌，又见鱼虾欢腾、又现白鹭翻飞，水环境治理水平不断提升、人民群众幸福感日益增强。2019 年 5 月市统计局发布的调查结果显示，市民认为建设美丽宜居花城过程中成效最为显著的是“黑臭河涌治理”。个人是新时代精神文明建设的基础载体，个人不但是新时代精神文明建设的参与者和践行者，也是精神文明标准的评判者——新时代精神文明建设成果的评判标准应该以老百姓高兴不高兴、满意不满意作为第一标准。

2. 新时代精神文明建设社会主体的责任沟通

社会群体在团结凝聚个人思想的过程中，发展出形形色色的群体文化，这是在群体与个体进行深度沟通，并且思维与行为达到高度融合后所表现出来的精神理念，而这种精神理念必然与社会主义核心价值体系相适应。新时代精神文明建设的社会主体一方面要执行新时代精神文明建设的领导主体制定的精神文明建设路线、方针和政策，做到守土有责、守土尽责；另一方面有责任充分地听取个人主体的意见和评价，在将无数个人的意见提升成为群体的意见时，可以利用社会主体的地位、影响和手段，与其他社会主体进行沟通交流，并单独或联合向领导主体提供意见反馈，形成民意支持。自2020年8月习近平总书记对制止餐饮浪费行为作出重要指示后，广州各大学校积极开展“节约粮食”行动，教育部门与学校之间、学校与学校之间、学校与师生之间互相沟通反馈，通过加强宣传教育、运用高科技手段点餐、人性化服务、提高餐饮质量口味、举办“文明餐桌”“光盘行动”等活动，形成了良好责任沟通和示范效应。

3. 新时代精神文明建设领导主体的全通道式沟通

所谓全通道式沟通，就是沟通主体利用开放式的网络系统不断拓展沟通渠道，以提高合作水平、提升沟通主体满意度的一种沟通方式。作为新时代精神文明建设的领导机构，党和国家机关在领导新时代精神文明建设的过程中，充分发挥密切联系群众的政治优势，利用新时代新闻舆论手段，持续开展群众性精神文明创建活动，不断深化与新时代精神文明建设社会主体和个人主体的有效沟通，倾听群众呼声，反映群众诉求，回应群众关切，为新时代精神文明建设的决策部署提供民意支撑。在众多群众性精神文明创建活动中，“扫黑除恶”是最能反映精神文明建设领导主体全通道式沟通的精神文明建设活动之一。第一，精神文明建设领导主体可以通过公布的举报电话、举报邮箱、网络舆情等方式与人民群众进行直接的沟通，充分听取人民群众的意见和诉求。第二，精神文明建设领导主体还可以通过依法行政和课题研究，从精神文明社会主体如高校、研究机构、学术团体等处获得大数据和智力支持，形成调查报告和智库研究成果。第三，精神文明建设领导主体还可以通过明察暗访、实地调查、个案访谈等形式，获取第一手资料。第四，“扫黑除恶”还伴随着打掉黑恶势力“保护伞”的行为，这意味精神文明建设领导主体中的一些党和国家机关工作人员知法犯法，在新时代精神文明建设过程中扮演着不光彩的角色，“扫黑除恶”所带来的精神文明建设领导主体内部的警示、惩处，也成为全通道式沟通中的重要一环，即内部的责任沟通。

2020年9月，广州市白云区纪委监委会同市、区两级公安机关依法查办了以钟落潭镇龙岗村原村委会主任曾某顶、原党总支书记、村委会主任曾某财等人为首的涉嫌黑恶、贪腐犯罪团伙，同时深挖彻查背后保护伞，同步组织推动“打财断血”，斩断涉嫌黑恶人员的违法收入来源，摧毁黑恶势力“造血”功能。在查办该犯罪团伙的过程中，相关部门与基层社区、企业事业单位和当地人民群众建立了良好的沟通关系，获取了翔实、可靠的一手资料，不但打掉了在前台为非作歹的黑恶势力，还挖出了躲在其后的“保护伞”，对于群众反映强烈的违法建设的豪华别墅、厂房以及长期侵占的集体物业等行为，也进行了联合查处，令人拍手称快。

（三）新时代精神文明建设主体的协调

新时代精神文明建设是一项极其复杂的系统工程，要求物质文明和精神文明协调发展。片面强调物质文明建设，就会导致人民群众的科学文化素质和思想道德素质的滑坡；片面强调精神文明建设，缺乏坚强的物质文明支撑，精神文明建设只会徒有其表，短暂繁荣。面对新形势新任务，习近平总书记指出，要坚持“两手抓、两手都要硬”，“以辩证的、全面的、平衡的观点正确处理物质文明和精神文明的关系，把精神文明建设贯穿改革开放和现代化全过程、渗透社会生活各方面”。[①] 党的十八届五中全会发布的《中共中央关于制定国民经济和社会发展第十三个五年规划的建议》作出重大决策部署，对推动物质文明和精神文明“两个文明”协调发展提出了明确要求，即坚持社会主义先进文化前进方向，坚持以人民为中心的工作导向，坚持把社会效益放在首位、社会效益和经济效益相统一，坚定文化自信，增强文化自觉，加快文化改革发展，加强社会主义精神文明建设，建设社会主义文化强国。新时代精神文明建设要求精神文明建设主体处理好各方面利益关系，同时协调来自不同主体的资源，从而为新时代精神文明建设打下坚实的物质和精神基础。

1. 新时代精神文明建设主体的利益协调

对于利益的描述，马克思一针见血：“人们为之奋斗的一切，都同他们的利益有关。”[②] 新时代精神文明建设需要协调多方的利益，并使其保持高度一致，统一到举旗帜、聚民心、育新人、兴文化、展形象的使命任务

① 《习近平谈治国理政》第 2 卷，外文出版社，2017，第 324 页。

② 《马克思恩格斯全集》第 1 卷，人民出版社，1995，第 187 页。

中来。

一是协调好新时代精神文明建设过程中的国家利益、集体利益和个人利益之间的关系。新时代精神文明建设在满足个人利益的情况下，必须将国家利益和集体利益置于个人利益之上，按照“五位一体”总体布局和“四个全面”战略布局的总要求，调整个人利益和集体利益。社会主义市场主体在参与经济活动过程中，在获得劳动收入的同时，应承担起精神文明建设的社会责任。如在群众性精神文明创建活动中，精神文明的社会主体和个人主体应按照精神文明建设法律法规和精神文明建设领导主体的工作安排，全力配合完成精神文明建设各项工作，为提升社会整体精神面貌作出应有贡献。

二是协调好新时代精神文明建设过程中长远利益和眼前利益的关系。精神文明建设是一项功在当代利在千秋的系统工程，这就要求精神文明建设领导主体在全社会深入开展群众性精神文明创建活动，大力发展公共文化事业，加大对精神文明建设重大设施、重点项目的支持力度。我们应清晰地看到，精神文明建设不是一蹴而就、一劳永逸的，要持续性加强规划，加大投入，加快建设，因此必然会对广大人民群众特别是一些企事业单位的短期利益造成影响，但是从长期来看，整个社会广大人民群众思想道德素质和科学文化素质的提高，必然会影响带动整个社会的精神风貌、文化素养、科学发展方面的趋好，反过来促进物质文明建设和物质财富的增加。新时代精神文明建设主体只有在利益协调方面达成共识，才能推动新时代精神文明建设更好地发展。

2. 新时代精神文明建设主体的资源协调

新时代精神文明建设需要社会各方面资源的投入，从而在精神文明建设主体之间凝聚起强大的建设合力。

一是人力资源协调。精神文明建设的出发点是人，落脚点是人，依靠力量最根本的还是人。如何将不同阶层、不同年龄、不同收入、不同职业的人的力量凝聚起来，是一项亟待解决的重大课题。为此，精神文明建设主体要充分考虑个人主体的利益结构、思想状况、文化水平，根据个人主体的不同特点采取不同的措施，协调人力资源做好精神文明建设。

二是财力资源协调。精神文明建设不是一句空洞的口号，需要长期持续的财力投入，用以开展群众性精神文明创建活动、发展科学文化教育事业、繁荣文化市场。协调利用好财力资源，一方面需要国家财政保障，将精神文明建设经费列入国民经济规划，完善和落实文化经济政策；另一方面要发挥精神文明建设社会主体的力量，通过各种方式加大对精神文明建设的财力支持。

三是物力资源协调。新时代精神文明建设不是无根之木无源之水，需要丰富和完善精神文明建设阵地，加快图书馆、博物馆、科技馆、文化馆、美术馆、革命历史纪念馆等文化设施建设，大力推进城乡基层宣传文化阵地和新时代文明实践中心建设，这就需要精神文明建设主体协调利用好场地、物资、设备等资源，不断丰富新时代精神文明建设的物力资源。

四是信息资源协调。随着人类进入信息时代，大数据信息已经成了国家“基础性战略资源”，我国于 2015 年 8 月通过了《关于促进大数据发展的行动纲要》，从国家层面上加强了对大数据相关产业及技术的支持。新时代精神文明建设需要发挥信息资源的重要作用，加强数据信息之间的关联，进一步推动政府信息开放共享，消除“信息孤岛”，促进互联网文化市场的繁荣。协调利用好信息资源，有利于在新时代精神文明建设过程中建设具有强大凝聚力和引领力的社会主义意识形态，有利于打通“网上网下”，形成新时代网络精神文明建设的“同心圆”。

三 新时代精神文明建设合力的凝聚

在新时代精神文明建设的过程中，除了要发挥党的领导、政府的组织管理和学校的阵地职责，还要动员全社会的物质和精神力量，凝聚强大的精神文明建设合力，从而构建起制度化、常态化、科学化的精神文明组织机制。新时代精神文明建设合力的凝聚主要是通过人民发动、家庭调动和单位共建来实现的。

从人民发动的环境来看，社区已经成为人们生产生活的社会共同体，城市社区和农村社区的精神文明建设水平直接反映了公民的文明程度。从家庭调动的环境来看，家教家风潜移默化的传承，使得公民的思想观念和行为模式被深深地打上了地域、民族、家族和家庭的烙印，良好的家教家风是社会主义精神文明建设的基础细胞，并通过社区、学校、就业单位和各种社会关系表现出来。从单位共建的环境来看，各种企事业单位和社会组织能够在党和政府的号召下，深度参与社会主义精神文明建设，将社会主义核心价值观融入各级各类就业单位的“单位文化”之中，形成良好的精神文化氛围。总之，在新时代精神文明建设的过程中，城市社区和农村社区、工作单位、家庭三者之间形成了一种精神文明建设的合力，只有三个方面的动员力量相互平衡并向上发展，精神文明建设的组织机制才会更加协调完善。

（一）新时代精神文明建设的人民发动

马克思认为，“人是最名副其实的政治动物，不仅是一种合群的动物，而且是只有在社会中才能独立的动物”。[①] 人只有在社会中才能养成、发展自己的天性，才能有助于实现人的全面发展。历史唯物主义认为，物质文明和精神文明建设共同构成了人民群众的实践活动，人民群众不仅是物质文明的创造者和建设者，也是精神文明的创造者和建设者。人民群众是历史的创造者，必须广泛发动人民群众参与到新时代精神文明建设的伟大实践中来。在新时代精神文明建设过程中，只有充分调动人民群众的积极性，才能为精神文明建设注入持续的建设动力和活力。

城市社区和农村社区是人作为社会存在的空间载体，为此，要充分发挥城市社区和农村社区的组织能力、动员能力和协调能力，进一步加强新时代城市社区和农村社区精神文明建设的组织机制。一方面，需要构建有组织的公共服务体系，以此来改善社区居民的生产生活环境；另一方面，还需要发展社区精神文化，以此来凝聚差异化社区居民的思想观念和精神力量，形成共建共治共享的社区文化氛围。例如，在抗击新冠肺炎疫情的人民战争中，全国城市社区和农村社区的人民群众守望相助、同舟共济，通过宣传教育、组织动员、管理服务、营造氛围等具体举措，发动社区人民群众自觉遵守疫情防控相关规定、参与疫情防控各项活动、投身疫情防控志愿服务等，凝聚起攻坚克难、战胜疫情的精神伟力，成为新时代精神文明建设过程中的人民发动的典型案例。

---

① 《马克思恩格斯选集》第 2 卷，人民出版社，2012，第 684 页。

1. 新时代城市社区精神文明建设的组织机制

城市社区精神文明建设为社区共同体建设提供了精神动力和思想保证，反映了城市社区的整体面貌和文明程度。城市社区精神文明建设的组织机制是通过构建社区文化、发展社区教育、改善社区环境、传播文明理念等方式实现的。第一，城市社区文化是社区范围内的人群特性、民族特性和经济社会特性方面的直接反映，城市社区通过特有的文化组织形式将差异化的个体凝聚成一个社区共同体。第二，城市社区通过潜移默化的家庭教育、宣传教育、礼仪教育以及社区范围内组织的职业培训，发挥着重要的社区教育功能。第三，城市社区大力构建公共服务体系，不断改善社区周边及辖区内的生态环境、生活环境、治安环境，进而不断改变人际沟通交流环境，形成鲜明的城市社区特质。第四，城市社区通过有组织地开展社会主义核心价值观培育和践行活动，改善社区文化氛围，促使社区居民自发地传承传播文明理念，为新时代社会主义精神文明建设添砖加瓦。

2017 年，广州市文明办发布了 2016 年度城市文明程度指数测评成绩，问卷调查显示，九成五以上被访者对所在社区邻里关系评价好，九成多受访者认为广州道德风尚良好，对市民的文明道德素质评价较高。近年来，广州在城市社区精神文明建设方面，不断加强社区文明理念的宣传教育，强化公共场所的文明礼仪，创新开展社区志愿服务活动，解决老旧城市社区的公共卫生问题，得到了群众的一致认可，社区居民的满意度和认可度大幅上升，成为新时代精神文明建设的亮点。

2. 新时代农村社区精神文明建设的组织机制

与城市社区相比，农村社区在精神文明建设方面面临一些问题和不足，如农民的文化水平不高、精神文化产品供给不足、公共文化服务体系不健全、精神文明建设长效机制有待强化等。新时代农村社区精神文明建设需要在加强物质文明建设的同时，提升农村社区的教育水平，加强农村社区文化基础设施建设，发展农村社区文化产业，提高文化服务水平，建立健全农村社区精神文明建设长效机制。第一，转变农村社区教育观念，普及义务教育制度，加强科学文化素质教育，建设学习型农村社区。第二，加强农村社区文化基础设施建设，丰富农村社区精神文化活动。第三，发展壮大农村社区文化产业，加大精神文化产品供给，繁荣农村文化市场。第四，不断提升农村社区文化服务水平，消除形式主义、官僚主义文化管理模式带来的不良影响，着力解决农村社区文化贫瘠问题。第五，建立健全农村社区精神文明建设长效机制，其出发点和落脚点都是提升农民的科学文化素质和思想道德素质，促进农民的全面发展。

2017年1月，农业部出台《“十三五”全国新型职业农民培育发展规划》，以提高农民、扶持农民、富裕农民为方向，以吸引年轻人务农、培养职业农民为重点，建立专门政策机制，完善培育制度，强化培育体系，提升培育能力，通过培训提高一批、吸引发展一批、培养储备一批，加快构建一支有文化、懂技术、善经营、会管理的新型职业农民队伍，为农业现代化建设提供坚实的人力基础和保障。新时代农村社区精神文明创建，最根本是要在农村社区育新人，带动影响更多农民提升综合素质，涵育文明新风。

3. 新时代城市社区和农村社区精神文明建设的共建共治共享机制

1992年初，邓小平在南方谈话中指出：“走社会主义道路，就是要逐步实现共同富裕。共同富裕的构想是这样提出的：一部分地区有条件先发展起来，一部分地区发展慢点，先发展起来的地区带动后发展的地区，最终达到共同富裕。”① 新时代中国特色社会主义物质文明建设，需要先富带动后富，工业反哺农业，城市反哺农村，最终达到共同富裕。与此同时，新时代的精神文明建设是围绕推动物质文明建设不断发展的，需要城市和农村协同构建一种共建共治共享的组织机制，统筹推进城市社区和农村社区群众性精神文明活动，繁荣文化市场，加强文化产品供给，提升文化服务水平。

一是共建。开展城乡共建活动，加大以城带乡、城乡统筹力度，推动公共服务设施向农村延伸，公共服务产品向农村覆盖，城市现代文明向农村辐射，促进城乡发展一体化。开展区域共建活动，以国家区域发展整体战略为基础，打造一批沿海沿江沿交通干线的“文明走廊”“文明交通线”“文明示范带”。开展文明单位结对帮扶活动，动员文明单位履行社会责任，支援贫困乡村，助力脱贫攻坚。开展军民共建精神文明活动，巩固发

---

① 《改革开放三十年重要文献选编》（上），中央文献出版社，2008，第635页。

展军政军民团结。

二是共治。着力提高城市社区和农村社区居民素质，改善社区生态环境，大力开展移风易俗，整治不良风气，加强社会主义核心价值观的宣传教育，传播文明理念，涵育文明乡风。推动人们在为家庭谋幸福、为他人送温暖、为社会做贡献的过程中提高精神境界、培育文明风尚。

三是共享。大力开展各类群众性精神文明创建活动，把创建文明城市、文明村镇、文明单位、文明家庭、文明校园作为精神文明建设的重要抓手，把创建工作从省会城市、地级城市、直辖市城区向县级市和县延伸，努力构建全面覆盖大中小城市的创建格局。统筹开展城市社区和农村社区两个方面“创文”工作，形成创文明树新风的合力，不断扩大覆盖面，增强实效性，有力推动社会文明进步。通过开展丰富多彩的新时代精神文明创建活动，让人民群众共享文明成果，增强城乡居民的获得感和幸福感。

（二）新时代精神文明建设的家庭调动

习近平总书记指出：“不论时代发生多大变化，不论生活格局发生多大变化，我们都要重视家庭建设，注重家庭、注重家教、注重家风。”[①] 党的十九届四中全会通过的《中共中央关于坚持和完善中国特色社会主义制度 推进国家治理体系和治理能力现代化若干重大问题的决定》，提出要注重发挥家庭家教家风在基层社会治理中的重要作用。中华民族的家教家风家训文化历久弥新，是社会主义精神文明的重要内容。家庭作为社会结构的基础细胞，在新时代精神文明建设过程中发挥着重要的主体作用。良好的家教、家风、家训不但对家庭的发展进步具有重要促进作用，也为整个社会的经济文化发展提供了精神动力。

第一，家庭是新时代精神文明建设的重要载体。人一出生就收到来自家庭、长辈和亲人的言传身教，家庭是个人基本修养、思想道德建设的第一场域。家庭教育是新时代社会主义教育体系的关键环节，也是新时代精神文明建设的重要载体。家庭在精神文明建设过程中发挥着重要主体作用，一方面，家庭在时间维度的持久性。人是典型的社会动物，家庭生活

① 《习近平关于社会主义文化建设论述摘编》，中央文献出版社，2017，第 126 页。

伴随着一个人的一生。在长期的家庭生活中，家庭教育潜移默化地影响着人们思维方式、行为方式和道德观念，为精神文明建设提供精神动力。新时代精神文明建设需要充分发挥家庭的德育功能，从道德实践的众多具体案例中不难看出，拥有良好家庭教育的人，往往具有乐观、坚强、善良等良好品质，与社会主义核心价值观紧密呼应。另一方面，家庭在空间维度上的永久性。家庭作为一个空间概念，则是指人的居住场所。中国古代讲究修齐治平，“修身齐家”是“治国平天下”的基础，只有在接受了良好家庭教育、拥有了稳固的家庭环境的情况下，才能获得“治国平天下”的广阔空间。家庭是人践行道德观念的最主要场所，随着年龄的增长，个人的家庭身份角色也都发生着相应的变化，但家庭一直涵育着家庭成员的个人行为，并为其提供永久的道德践履场所。

第二，家教是新时代精神文明建设的基础途径。家教指的是家庭成员间有关礼仪文化、道德观念方面的言传身教，是每个人最初接受的系统性教育行为。家教深刻地影响着个人的世界观、人生观和价值观，对于塑造个人的道德观念具有直接而长远的作用，是家庭成员之间精神传承延续的主要方式。新时代精神文明建设要发挥家教的熏陶作用，一是要发挥家教在坚定理想信念方面的重要作用。“道不同不相为谋”，一般地看，家庭成员的个人信仰高度一致，这与长期的家庭教育是分不开的，有什么样的家庭教育，就有什么样的家庭信仰。这就要求新时代精神文明建设着眼于培养担当民族复兴大任的时代新人，将共产主义远大理想和中国特色社会主义共同理想与个人的理想信念紧密联系结合起来，为决战脱贫攻坚和全面建成小康社会，实现“两个一百年”奋斗目标作出贡献。二是发挥家教在陶冶高尚道德情操方面的重要作用。“家和万事兴”，家庭美德是职业道德和社会公德的基础性力量，家庭美德的核心理念是“爱”，职业道德的核心理念是“信”，社会公德的核心理念是“礼”，三者都统一于中华文化“和”这一核心价值元素之中。因此，要在新时代精神文明建设中大力提倡“尊老爱幼”“男女平等”“夫妻和睦”“勤俭持家”“邻里互助”等家庭美德，不断培育和谐友爱的社会环境。三是发挥家教在涵养得体礼仪规范方面的重要作用。家庭教育在提高个人的道德品质上具有十分重要的基础作用，还通过培养形成文明的行为模式传导文明的思想观念，带动全社会形成文明健康的社会风气。

第三，家风是新时代精神文明建设的重要内容。习近平总书记指出，“家风是社会风气的重要组成部分。……广大家庭都要弘扬优良家风，以千千万万家庭的好家风支撑起全社会的好风气”。[①] 家风是一个家庭的精神内核，特别是领导干部，“要把家风建设摆在重要位置，廉洁修身、廉洁齐家”。[②] 家风是一个家庭的精神内核，家风是社会风气的重要组成部分，他认为妇女在“树立良好家风方面”具有“独特作用”，领导干部的家风“是领导干部作风的重要表现”。家风“通常以道德训诫为主线，以日常生活为载体，以塑造高尚的人格为根本宗旨，因而是人们精神发育、灵魂形塑的动力源泉，它有效地承载着中华民族的传统美德”。[③] 家风是个人在家族成员的长期熏陶下所形成的一系列思想观念、价值观点、行为模式、生活习惯、礼仪规范和伦理道德的总和，是新时代精神文明建设的重要内容。其一，家风建设与社会主义核心价值体系建设高度契合。中华民族所弘扬的“忠”“孝”“仁”“义”家风文化与社会主义核心价值观中的“爱国”“诚信”“和谐”“公正”“友善”等价值取向相一致，在新时代精神文明建设过程中发挥着重要作用。其二，家风是涵育民风、乡风、市风的基础。习近平总书记指出，“家风是社会风气的重要组成部分。家风好，就能家道兴盛、和顺美满；家风差，难免殃及子孙、贻害社会”。[④] 新时代精神文明建设要将家风建设作为涵育社会风气的基础，促进家庭男女平等，发挥妇女在树立良好家风方面的独特作用，不断弘扬中华民族家庭美德，促进家庭氛围和睦、人际交往和气、社会关系和谐。

“一种价值观要真正发挥作用，必须融入社会生活，让人们在实践中感知它、领悟它。要注意把我们所提倡的与人们日常生活紧密联系起来，在落细、落小、落实上下功夫。”[⑤] 家庭、家教、家风作为个人与社会相连

---

① 《习近平关于注重家庭家教家风建设论述摘编》，中央文献出版社，2021，第 24 页。

② 《习近平关于注重家庭家教家风建设论述摘编》，中央文献出版社，2021，第 34 页。

③ 陈亚丽：《家风家训对精神文明建设的作用与实践路径研究》，《广西民族大学学报》（哲学社会科学版）2017 年第 6 期。

④ 《习近平谈治国理政》第 2 卷，外文出版社，2017，第 355 页。

⑤ 《习近平谈治国理政》第 1 卷，外文出版社，2018，第 165 页。

接的重要物质和精神纽带，在培育文明理念、传播核心价值、实践文明规范等方面发挥着重要作用。新时代精神文明建设要更好发挥家庭、家教、家风的熏陶作用，从精神文明建设的源头抓好抓细，实现个人品德、家庭美德、职业道德和社会公德的和谐并进。

（三）新时代精神文明建设的单位共建

“单位”是中国人的特有名词，特指人们工作的非自然人经济实体，主要包括政府单位、事业单位、企业单位和社会组织等。如果说城市和农村社区是人们的生活空间，那么各级各类单位构成了人们的工作空间，二者都是新时代精神文明建设的重要主体力量。单位文化和组织文化是社会主义精神文化的重要组成部分。人在进行社会实践活动时，无不深刻地留下工作单位的“集体印记”，这种印记是通过单位文化和组织文化潜移默化的作用而形成的，并且深深地影响着人的思维方式和行为方式。各级各类单位作用于人思维方式和行为方式的“集体印记”，成为精神文明建设的重要精神动力，一方面，单位通过加强职业培训、组织交流访问、提升职业职称等级等方式，提高劳动者的科学文化素质和职业技能；另一方面，单位通过灌输文化理念、建立行为规范、营造法治环境等方式，提高劳动者的思想道德素质。

1. 新时代政府企事业单位精神文明建设的组织机制

政府企事业单位作为具有自组织性的社会力量，是新时代精神文明建设重要主体，同时还肩负着教育引导单位个人积极融入精神文明建设过程的重要职能。一是要着眼培养担当民族复兴大任的时代新人，建立健全培养“四有”新人的人才队伍培养机制。社会主义精神文明建设的根本目标是培养有理想、有道德、有文化、有纪律的“四有”新人，政府企事业单位精神文明建设的根本目标与之完全呼应，只有培养出有坚定理想信念、有高尚道德观念、有过硬职业素养、有严明纪律意识的劳动者，政府企事业单位才能够不断发展壮大，为更好融入社会主义物质文明建设提供精神动力和智力支持。二是要积极培育与社会主义核心价值体系相适应的单位文化，使单位文化成为践行社会主义核心价值观的源头活水。将社会主义核心价值观国家层面的“富强、民主、文明、和谐”，社会层面的“自由、平等、公正、法治”和个人层面的“爱国、敬业、诚信、友善”要求落实到政府企事业单位的文化理念和价值观念中去，并通过不断建设单位文化来加强社会主义精神文明建设。

2. 新时代社会组织精神文明建设的组织机制

社会组织是一个公共关系学的概念，广义的社会组织包括社会上存在的有目的、有计划建立起来的具有一定规范、地位、角色和权威性的社会性团体或者机构，根据组织是否营利和是否具有竞争性为标准，社会组织可分为竞争性营利组织、竞争性非营利组织、独占性营利组织和独占性非营利组织。本书所讨论的社会组织，是根据党的十六届六中全会通过的《关于构建社会主义和谐社会若干重大问题的决定》中提出的“社会组织”的基本概念，即改革开放以来我国在社会主义市场经济发展过程中涌现出来的政党、政府等传统组织形态之外的各类民间性的社会组织，主要包括社会团体、基金会、民办非企业单位、部分中介组织以及社区活动团队等。新时代社会组织如何在精神文明建设过程中发挥作用呢？一方面，社会组织是新时代精神文明建设的积极践行者。社会组织利用其密切联系群众、具有高度组织性的优势，组织带动行业和团队成员带头践行新时代文明理念，发挥典型示范作用。另一方面，社会组织是社会主义核心价值观的积极传播者。社会组织是具有一定专业领域特长的行业协会或团体，能够较好地发挥专业特长，在教育引导组织成员和社会民众，积极宣传宣讲党和国家的路线方针政策，传播社会主义核心价值观方面发挥重要作用。

3. 政府企事业单位和社会组织的“素质＋技能”共建模式

各级各类单位作为新时代精神文明建设的重要主体，不断拓展新时代精神文明建设的途径，培养和提升社会主义劳动者文明素质和职业技能，呈现出新时代社会主义精神文明“素质＋技能”共建模式。第一，各级各类单位通过对科学理论的研究阐释，形成具有中国特色、中国风格、中国气派的哲学社会科学理论研究成果和突破“卡脖子”技术的自然科学研究成果，促进理论水平的提升和科技水平的进步，影响带动劳动者不断提升职业技能和科学文化素质。第二，各级各类单位在参与新时代精神文明建设过程中，传承弘扬职业道德和职业文化，涌现出一大批深具先进性、代表性、时代性和典型性的先进人物和榜样人物，在潜移默化中共同培育和养成劳动者的竞争意识、团队意识、公平意识、责任意识等价值理念，引领带动广大劳动群众积极向榜样模范学习，进而提升劳动群众的职业技能和思想道德素质。第三，各级各类单位在参与新时代精神文明建设过程中，利用互联网、融媒体平台、大数据和人工智能技术、各类会议讲座论坛和职业教育培训机制，不断提升劳动群众的受教育水平，不断提升劳动群众的职业技能和综合素质。第四，各级各类单位积极营造正面的舆论氛围，创造出丰富的深具思想性、文化性和艺术性的精神文化作品，满足了人民日益增长的精神文化需求，发挥了陶冶人、鼓舞人、教育人的重要功能，进一步提升了劳动者的文明素质和职业技能，起到了良好的共建作用。

近年来，广州市涌现出大量表现突出、事迹感人、群众认可的好人模范，凡人善举不断涌现，崇德向善蔚然成风。广州市坚持先进性与广泛性相统一，积极发现、推出和表彰各类先进典型；坚持培育先进与学习先进相结合，突出宣传群众认可度高、社会影响力大的先进典型；坚持创新方式和丰富载体相协调，有效发散和传播先进典型承载的价值观力量。通过每月评选一次“广州好人”，出台《广州市帮扶生活困难道德模范和给予道德模范崇高社会礼遇的实施办法》，在主流媒体平台开设“身边好人”“好人 365”“道德模范巡礼”“多少路人甲感动广州城”等专题专栏，开展“道德模范巡展巡讲”活动，建设“好人工作室”、“道德讲堂”和“志愿之城”等形式，广泛发现和树立各类先进典型，并加强宣传报道，创作以先进典型为原型的文艺作品，以先进典型引领社会主义核心价值观建设，取得了良好的精神文明建设成效。各级政府企事业单位和社会组织通过强化向先进典型学习的宣传活动，培育文明向善的浓厚氛围，影响带动单位和组织成员不断提升文明素质和职业素质，进一步促进了新时代精神文明建设的良性发展。

第三章　新时代精神文明建设的濡化机制

新时代精神文明建设，是对数十年来精神文明建设过程中先进经验的总结，是新时代新形势下的新发展。党的十九届六中全会审议通过的《中共中央关于党的百年奋斗重大成就和历史经验的决议》强调，必须坚持以人民为中心的工作导向，举旗帜、聚民心、育新人、兴文化、展形象，牢牢掌握意识形态工作领导权，建设具有强大凝聚力和引领力的社会主义意识形态，建设社会主义文化强国，激发全民族文化创新创造活力，更好构筑中国精神、中国价值、中国力量，巩固全党全国各族人民团结奋斗的共同思想基础。[①] 建构新时代精神文明建设濡化机制是完成这一任务的重要保证。

所谓新时代精神文明建设的濡化机制，就是通过一体三面的建设思路，分别从价值引领、利益牵引和舆论引导方面铺设精神文明濡化途径。通过新时代精神文明建设的价值引领，推动理想信念教育常态化、制度化，将社会主义核心价值理念融入人们的日常生活中。通过新时代精神文明建设的利益牵引，建立完善文化生产经营机制，健全引导新型文化业态健康发展机制。通过新时代精神文明建设的舆论引导，不断完善现有重大舆情和突发事件舆论引导机制，以新时代精神文明建设的网络运用，为新时代精神文明建设的宣传教育增光添彩。

从这个意义而言，新时代精神文明建设的濡化过程既是国家通过一定的方式，把新时代精神文明建设的宣传教育转化为常识形态的民众意识的过程，又是社会成员通过教育等途径，把国家倡导的核心价值理念内化为

---

① 《中共中央关于党的百年奋斗重大成就和历史经验的决议》，人民出版社，2021，第 44 页。

自身的政治人格的过程，实质是社会主义核心价值体系的传播和社会主义核心价值体系的内化两个过程的辩证统一。

一　新时代精神文明建设的价值引领

习近平总书记在庆祝改革开放40周年大会上的讲话中指出，改革开放40年来，从开启新时期到跨入新世纪，从站上新起点到进入新时代①，精神文明建设的开展成了推动中国社会高速发展的引擎之一。

新时代精神文明建设的过程中，党和国家始终坚持发展社会主义先进文化，加强社会主义精神文明建设，培育和践行社会主义核心价值观，传承和弘扬中华优秀传统文化，坚持以科学理论引路指向，以正确舆论凝心聚力，以先进文化塑造灵魂，以优秀作品鼓舞斗志，爱国主义、集体主义、社会主义精神广为弘扬，时代楷模、英雄模范不断涌现，文化艺术日益繁荣，网信事业快速发展，全民族理想信念和文化自信不断增强，国家文化软实力和中华文化影响力大幅提升。

习近平总书记在深圳经济特区建立40周年庆祝大会上的讲话中强调，中国特色社会主义是物质文明和精神文明全面发展的社会主义，要加强理想信念教育，培育和践行社会主义核心价值观，深化中国特色社会主义和中国梦宣传教育；要弘扬以爱国主义为核心的民族精神和以改革创新为核心的时代精神；要深入开展群众性精神文明创建活动，广泛开展社会公德、职业道德、家庭美德、个人品德教育，不断提升人民文明素养和社会文明程度。② 要做好新时代精神文明建设工作，就要做好新时代精神文明建设的价值引领，就要贯彻落实党关于理想信念教育的要求，发扬社会主义核心价值观的现实价值，并推进中华优秀传统文化传承和创新的工作顺利开展。

党的十九届六中全会审议通过的《中共中央关于党的百年奋斗重大成

---

① 习近平：《在庆祝改革开放40周年大会上的讲话》，人民出版社，2018，第10～11页。

② 习近平：《在深圳经济特区建立40周年庆祝大会上的讲话》，《人民日报》2020年10月15日，第2版。

就和历史经验的决议》强调，党坚持以社会主义核心价值观引领文化建设，注重用社会主义先进文化、革命文化、中华优秀传统文化培根铸魂，广泛开展中国特色社会主义和中国梦宣传教育，推动理想信念教育常态化制度化，完善思想政治工作体系，建立健全党和国家功勋荣誉表彰制度，设立烈士纪念日，深化群众性精神文明创建，建设新时代文明实践中心，推动学习大国建设。[①]

（一）推动理想信念教育常态化、制度化

理想信念教育寓于精神文明建设之中，理想信念是心中灯塔。理想信念是社会发展的原动力，培育和坚定理想信念具有极为重要的意义。理想信念教育常态化、制度化是实现中华民族伟大复兴中国梦的必然要求，是坚定中国特色社会主义的精神动力，是强化马克思主义引领地位的需要，是汲取历史经验的结果。然而，现阶段理想信念教育工作仍面临许多问题，如社会风气浮躁，一些西方资本主义国家思想的渗透，动摇人们的理想信念；全媒体时代信息获取和传播方式转变，各种思潮涌动，冲击理想信念；对理想信念教育重视度不足，思想引导不及时；理想信念教育效果不佳，教育内容和方式老旧，教育工作者素养不足等。对此，推动理想信念教育常态化、制度化，既是落实立德树人根本任务和素质教育的方针所指，也是适应培养德智体美劳全面发展的社会主义建设者和接班人的要求所含，这就需要打造全方位的阐释普及矩阵，并扩大理想信念教育的实践途径。

1. 打造全方位的阐释普及矩阵

推动理想信念教育常态化，关键在于提高大众对教育内容的认可程度和欢迎程度，从而使理想信念教育实现普及化。打造全方位的阐释普及矩阵，意味着要通过多个主体、多种形式、多项内容对理想信念教育进行阐释，针对不同类别的受众，有针对性地采取普及方式，以群众喜闻乐见的形式进行理想信念教育。

为打造全方位的理想信念阐释普及矩阵，应创新理想信念教育的形式，运用多元媒体弘扬主旋律。一方面，要总结多年来主流媒体、传统媒

① 《中共中央关于党的百年奋斗重大成就和历史经验的决议》，人民出版社，2021，第45页。

体在理想信念教育上的经验成果，积极发挥其现实作用，将主流舆论做大做强，提高主流媒体的传播力、引导力、影响力、公信力，使之真正成为引导广大人民群众坚定理想信念的“领头羊”。另一方面，积极融合新媒体技术与互联网技术，重视运用新媒体展开宣传教育，依托各类公众号、视频平台、小程序、应用软件等，以大众喜闻乐见的方式开展理想信念教育，传播理想信念内涵。同时，应尝试打造线上理想信念教育平台，为人民群众提供更方便、更直接的理想信念教育。

为打造全方位的理想信念阐释普及矩阵，还应根据受众的不同特点，进行有针对性的理想信念教育，从而进一步提高理想信念教育在社会上的普及程度。社会成员不可能自发形成社会所主导的意识形态，只能通过特定的方式，即思想政治教育，传递到人们的头脑中去。正如马克思和恩格斯所言：“统治阶级的思想在每一时代都是占统治地位的思想。这就是说，一个阶级是社会上占统治地位的物质力量，同时也是社会上占统治地位的精神力量。”[1] 从这个意义上说，新时代的精神文明建设离不开意识形态建设的固本强基，作为党的思想政治教育，进行社会主义意识形态的灌输是思想建设工作的应有之义。要加强党员和政府非党工作人员的思想建设，理想信念是共产党人精神上的“钙”，切实加强对党员干部思想理论的教育，加强党员个人学习和党性修养，是实现全面从严治党，推进党风建设的重要环节。同时，也不可忽视加大大学生群体理想信念教育力度，重视理想信念教育主阵地，深入了解大学生生活的方方面面，紧密结合当代大学生的价值取向，将大学生的亲身实践与生活思考和理想信念教育紧紧联系在一起。健全体制机制，把理想信念教育融入大学生思想道德、文化知识、社会实践教育各环节，帮助大学生群体树立坚定的理想信念。

2. 扩大理想信念教育的实践途径

理想信念教育必须在实践中加以深化。正如习近平总书记给中国石油大学克拉玛依校区毕业生回信中所说，“前进的道路从不会一帆风顺，实现中华民族伟大复兴的中国梦需要一代一代青年矢志奋斗。同学们生逢其时、肩负重任。希望全国广大高校毕业生志存高远、脚踏实地，不畏艰难

① 《马克思恩格斯选集》第1卷，人民出版社，2012，第178页。

险阻，勇担时代使命，把个人的理想追求融入党和国家事业之中，为党、为祖国、为人民多作贡献”。[①] 因此，面对错综复杂的国际形势、艰巨繁重的国内改革发展稳定任务，特别是新冠肺炎疫情的严重冲击，当下十分有必要扩大理想信念教育的实践途径，以号召青年人在新时代大背景下矢志拼搏奋斗，走好新时代的长征路，积极投身于实现中华民族伟大复兴中国梦的事业中。

在重视理想信念教育理论传播层面的同时，也应注重以理想信念指导具体实践，并在具体实践中进一步推进理想信念教育，增强理想信念教育的实际效果，提高人们对理想信念教育内容的内化程度。正如2019年以来的“学习强国”平台，一经上线，便成了习近平新时代中国特色社会主义思想最权威、最全面的信息平台，打造出了一个干事创业的理论宝库、强魄铸魂的精神家园，党员干部和广大人民群众一起，既在思想田野里躬耕，也在实践中寻得收获。“社会主义是干出来的，新时代是奋斗出来的”[②]，实践性是马克思主义区别于其他理论的显著特征，也是习近平新时代中国特色社会主义思想的鲜明品格。要坚持学以致用、知行合一的理念，把理想信念教育成果体现在全面提高人们的实践水平、不断实现自我提升、自我发展上，引导全社会在先进理想信念指导下为新时代中国特色社会主义伟大事业不懈奋斗。为扩大理想信念教育的实践途径，要让人们在实践中体会、理解、学习理想信念教育的具体内容。“纸上得来终觉浅，绝知此事要躬行”，高尚道德品质的形成、崇高理想信念的树立重在实践、贵在坚持。各地应广泛开展如重走长征路、参观革命老区、“三下乡”、“学雷锋”社会志愿服务等实践活动，让民众在实践中充分了解历史、感悟崇高的理想信念，从而提升全体社会成员的道德素质和社会整体道德水平，促成知荣辱、讲正气、做奉献、促和谐的社会风尚。同时，在推进理想信念教育的实践过程中，还应坚持法治理念。习近平总书记曾提出“坚定理想信念 坚守法治精神”的要求。引导人们了解宪法、法律赋予我们的

① 《习近平给中国石油大学（北京）克拉玛依校区毕业生的回信》，中国政府网，2020年7月8日，http://www.gov.cn/xinwen/2020-07/08/content_5525013.htm。

② 习近平：《在全国劳动模范和先进工作者表彰大会上的讲话》，人民出版社，2020，第4页。

权利与义务，理解依法治国进程中每个人所肩负的使命与责任，并在现实中实践依法治国的需求，有助于树立崇高的理想信念。

（二）社会主义核心价值观融入社会生活

2017年10月18日，习近平同志在党的十九大报告中指出，要培育和践行社会主义核心价值观。“要以培养担当民族复兴大任的时代新人为着眼点，强化教育引导、实践养成、制度保障，发挥社会主义核心价值观对国民教育、精神文明创建、精神文化产品创作生产传播的引领作用，把社会主义核心价值观融入社会发展各方面，转化为人们的情感认同和行为习惯。”① 习近平总书记在中央农村工作会议上、在全国劳动模范和先进工作者表彰大会上的讲话中都多次强调了加强社会主义核心价值观宣传和教育工作的重要性，号召党和全体人民在决胜全面建成小康社会、决战脱贫攻坚取得决定性成就的基础上，乘风破浪，开拓进取，为全面建设社会主义现代化国家、实现第二个百年奋斗目标而继续奋斗。②

在全面推进依法治国过程中，促进法德协同可作为培育和践行社会主义核心价值观的实践途径。《中共中央关于全面推进依法治国若干重大问题的决定》明确指出，把法治教育纳入精神文明创建内容，开展群众性法治文化活动，健全媒体公益普法制度，加强新媒体新技术在普法中的运用，提高普法实效。使遵法守法成为全体人民的共同追求和自觉行动。在推进依法治国过程中，引导人民群众了解法律赋予的权利与义务，用法律约束人们的言行，保证公民依据社会道德规范，自觉地承担对他人、对社会的道德责任，从而理解社会主义核心价值观的核心内涵，促进社会主义核心价值观融入社会生活。

1. 加强社会主义核心价值观教育工作

培养和践行社会主义核心价值观是心灵的工程，这源于中国特色社会主义伟大实践，高度凝练了现阶段我国社会主义现代化国家的建设目标、人民对美好社会的生动表述和公民基本道德规范。特别对于青年人而言，

---

① 《习近平谈治国理政》第3卷，外文出版社，2020，第33页。

② 习近平：《在全国劳动模范和先进工作者表彰大会上的讲话》，《人民日报》2020年11月25日，第2版。

作为接受社会主义核心价值观教育的受众主体，青年时期是人的一生中养成科学思维方法、提高科学思维能力的重要时期，也是培育和践行社会主义核心价值观的重要时期。

社会主义道德建设要以为人民服务为核心、以集体主义为原则，这既符合我国社会主义初级阶段道德建设的现实状况，也是社会主义精神文明建设的客观要求。因此，把社会主义核心价值观融入社会生活方方面面的进程中，教育是极其重要的一环。社会主义核心价值观的教育，是面向全体社会成员，将社会主义核心价值观理论内涵、时代特色、实践方法加以阐述的过程。教育工作的落实，能让全体社会成员清晰、深入地认识和了解社会主义核心价值观的深刻内涵，为新时代的精神文明建设奠定良好基础。其中，家庭、学校和社会作为现阶段教育事业的三大基地，在社会主义核心价值观教育中肩负着同样重大的任务与使命。

为深化社会主义核心价值观教育，促使社会主义核心价值观融入社会生活，要发挥家风家教的重要作用。一方面，尊老爱幼、妻贤夫安，母慈子孝、兄友弟恭，耕读传家、勤俭持家，知书达礼、遵纪守法，家和万事兴等中华民族传统家庭美德，铭记在中国人的心中，融入中国人的血脉里，是支撑中华民族生生不息、薪火相传的重要精神力量，是家庭文明建设的宝贵精神财富，因此，传统家庭美德中的优秀元素仍然值得广大家庭深入挖掘，运用于青少年的美育德育之中。另一方面，家风对家庭成员影响巨大，尤其对正处于价值观念形成阶段的青少年而言，“家庭是人生的第一个课堂”，弘扬立德树人的家庭教育十分重要。在家庭教育中，父母应努力提升自身素养，成为内外兼修、德才兼备的好榜样，引导青少年形成正确价值观。同时也应重视宣传引导，挖掘家风文艺价值。习近平总书记在会见第一届全国文明家庭代表时的讲话中指出，“对一个社会来说，家庭的生活依托都不可替代，家庭的社会功能都不可替代，家庭的文明作用都不可替代”①，因此，只有坚持弘扬优良家风，才能以良好家风支撑起好的社会风气。

为深化社会主义核心价值观教育，促使社会主义核心价值观融入社会

① 习近平：《在会见第一届全国文明家庭代表时的讲话》，人民出版社，2016，第2页。

生活，要重视学校作为核心价值观建设的主阵地作用。新时代精神文明建设濡化还在于注重校园文化建设，结合自身办学特色与优势，将思想政治工作摆在突出位置，不断探索新形势下做好思想政治工作的有效途径，营造积极向上的校园氛围；线上线下相结合加强社会主义核心价值观的宣传，提升学生的认知理解程度。充分利用课堂教育为学生剖析社会主义核心价值观内核，结合社会热点与时事新闻进行阐释，创新思政课设计，采用多种教学方法对学生进行思想政治教育，并将社会主义核心价值观的内涵融入各个课程的各个方面，丰富教学内容。学校还应尝试开展主题社会实践活动，积极鼓励、引导学生参与社会实践，在实践中加深对社会主义核心价值观的认同，在学习、工作、生活中自觉践行社会主义核心价值观，做到内化于心，外化于行。

在推进精神文明建设和社会主义核心价值观教育过程中，还要充分发挥好党的领导作用与表率作用。党的领导作用，一方面体现在确定精神文明建设和社会主义核心价值观教育的指导思想和制定的方针、政策上；另一方面体现在贯彻执行过程中。同时，党还要充分发挥表率作用，即共产党员，特别是党的领导干部的表率作用，使其成为推进精神文明建设，落实社会主义核心价值观教育的领头羊、先锋队。

2. 加强社会主义核心价值观宣传工作

培育和弘扬社会主义核心价值观是凝魂聚气、强基固本的基础工程，正如习近平总书记所强调，“我国是一个有着13亿多人口、56个民族的大国，确立反映全国各族人民共同认同的价值观‘最大公约数’，使全体人民同心同德、团结奋进，关乎国家前途命运，关乎人民幸福安康”。[①] 值得重点关注的是，如今互联网已成为社会舆论的放大器和意识形态较量的主阵地，对人们的价值观念产生重要影响，当代青年大都是随着互联网的发展而成长起来的，网络空间成为其重要活动空间。因此，引导青年培育和践行社会主义核心价值观，就要善于做好网上青年思想政治工作。除此之外，加强社会主义核心价值观宣传工作，务必通过多样化、多层次的渠道向人民群众展现社会主义核心价值观的社会美学与人文魅力，运用各类文

---

① 《习近平谈治国理政》第1卷，外文出版社，2018，第168页。

化形式生动具体地表现社会主义核心价值观的现实价值与时代需求，激发人民群众的社会认同与责任感，鼓励人民群众从小事做起、从自身做起，有利于筑造一个齐心协力、崇尚道德、向上拼搏、守法遵法的和谐社会，正所谓“积小善为大善，善莫大焉”。

在新时代的精神文明建设过程中，社会主义核心价值观融入社会生活，要注重宣传教育，推动广大群众自觉践行社会主义核心价值观。唯有将社会主义核心价值观的宣传工作融入到实践中，才能让人们真真正正地从中受益。社会主义核心价值观是对社会主义核心价值体系的高度概括表达，具有一定的抽象性，过于理论化的宣传内容可能会导致效果不尽如人意，想要社会主义核心价值观真正融入生活，应采用易于群众理解的大众化语言进行表达，以大众喜闻乐见、乐于接受的形式对理论进行生动地宣传，如制作相关主题公益广告、影视作品、音乐、小说等。诚然，理论讲解的正面效益也不可忽视，应组织理论工作者开展理论研讨会、理论教育讲座、理论小讲堂等，对核心价值观进行推广普及，引导人们用核心价值观武装头脑，指导实践。

要充分发挥法治在社会主义核心价值观宣传工作中的作用。法治是维护社会秩序稳定、保障社会和谐、促进社会发展的重要基础。在推进中国特色社会主义现代化精神文明建设过程中，要坚持发挥法治建设的积极作用，为社会主义核心价值观宣传工作提供良好、稳定的社会秩序与社会氛围。法治文明为精神文明提供保障，精神文明为法治文明滋养人心，应推进法治文明建设同精神文明建设协同发展，实现共融联动、整合协同高质量发展。

社会主义核心价值观融入社会生活，要广泛开展道德模范宣传，号召广大人民群众学好人、做好事。榜样的力量是无穷的，榜样的嘉言懿行具有强大感染力和示范作用。因此，如何使价值共识在与人们日常生活的“互动”中不断得到培育和强化，首先在于充分发挥榜样的引导作用，广泛开展道德模范、劳动模范、好人好事等先进人物评选和表彰活动，遴选出彰显民族精神、时代精神、核心价值观的模范人物，引领社会道德风尚。其次要加强对道德模范的宣传，多渠道、多层次宣传道德模范的感人事迹，传播社会主义核心价值观。抗击新冠肺炎疫情时期涌现出了一大批优秀的医务工作者，他们奋不顾身、不舍昼夜，为抗击疫情作出贡献，他们都是值得尊敬学习的最美逆行者，他们是人民群众中的道德模范。正如习近平总书记在全国抗击新冠肺炎疫情表彰大会上的讲话中指出的，“历史和现实都告诉我们，只要不断培育和践行社会主义核心价值观，始终继承和弘扬中华优秀传统文化，我们就一定能够建设好全国各族人民的精神家园，筑牢中华儿女团结奋进、一往无前的思想基础”。[①] 因此，通过现实中生动的事例重点传扬“中国精神、中国力量与中国担当”是当下开展道德模范宣传的捷径与良方。除此之外，在注重宣传内涵的同时还需重视传播渠道的完善，构建全方位的推广机制，传统媒体和新媒体多管齐下，扩大道德模范影响范围，引导全社会谈道德、学道德蔚然成风。

（三）推进中华优秀传统文化传承和创新

党的十九届六中全会审议通过的《中共中央关于党的百年奋斗重大成就和历史经验的决议》强调，中华优秀传统文化是中华民族的突出优势，是我们在世界文化激荡中站稳脚跟的根基，必须结合新的时代条件传承和弘扬好。我们实施中华优秀传统文化传承发展工程，推动中华优秀传统文化创造性转化、创新性发展，增强全社会文物保护意识，加大文化遗产保护力度。[②]

习近平同志在党的十九大报告中指出：“文化是一个国家、一个民族的灵魂。文化兴国运兴，文化强民族强。”[③] 习近平总书记在主持中共中央政治局第十三次集体学习时强调，培育和弘扬社会主义核心价值观必须立足中华优秀传统文化，提出了传承中华优秀传统文化与培育和弘扬社会主义核心价值观这个重大问题。中华民族拥有源远流长、博大精深的优秀传统文化，形成了内涵深刻、意义深远的中国精神。

因此，在精神文明建设的过程中，应认识到中华优秀传统文化为新时代的理想信念教育提供了充分的文化滋养，应重视以中华优秀传统文化培育社会主义核心价值观的效益性，通过对中华优秀传统文化的深入研究，

---

① 习近平：《在全国抗击新冠肺炎疫情表彰大会上的讲话》，人民出版社，2020，第 21 页。
② 《中共中央关于党的百年奋斗重大成就和历史经验的决议》，人民出版社，2021，第 46 页。
③ 《习近平谈治国理政》第 3 卷，外文出版社，2020，第 32 页。

探索传统文化在新时代背景下的新意义、新价值，构建出脉承于中华优秀传统文化、契合于人民的美好生活需求、适应于解决当代问题需要的文化内涵，对新时代下的精神文明建设工作具有重要意义。

1. 加强对中华优秀传统文化的研究与阐释

2017年1月18日，国家主席习近平在联合国日内瓦总部发表主旨演讲，习主席立足优秀中国传统文化，系统阐述了构建人类命运共同体重要理念，站在历史和哲学高度对“人类社会何去何从”这一时代命题提出中国理念、中国方案。那场47分钟的演讲，响起30余次掌声，这是对中华优秀传统文化加以研究与阐释，科学运用于解决实际问题的典范。值得注意的是，其中蕴含的中国精神，是凝心聚力的兴国之魂、强国之魂；是社会主义核心价值体系的精髓，以社会主义核心价值观为核心内涵，体现了社会主义荣辱观；是以爱国主义为核心的民族精神和以改革创新为核心的时代精神，而爱国主义始终是把中华民族坚强团结在一起的精神力量，改革创新始终是鞭策我们在改革开放中与时俱进的精神力量；它贯穿于中华民族五千年历史、积蕴于近现代中华民族复兴历程，特别是在中国的快速崛起中迸发出来的具有强烈的民族集聚、动员与感召效应的精神及其气象，是中国文化软实力的重要显示。因此，我们应从认识和行动上落实对中华优秀传统文化的再挖掘、再学习、再运用，讲好中国故事，走出一条自信的中国道路。

在认识上，必须确立优秀传统文化在中国特色社会主义文化中的主体地位，切实提高文化工作者、研究者以及人民群众对中华民族历史文化发展的重视程度。历史是文化基因存续之本，文化基因是民族存续之源。一方面，应认识到“历史是民族安身之基，承载了民族的一切”，正如习近平总书记高度评价历史的地位和作用，他深刻指出：“一个民族的历史是一个民族安身立命的基础。”① 要树立尊重历史，保护历史，学习、反思和研究历史，牢记历史的意识，坚决反对历史虚无主义，勿忘国耻、珍爱和平，深刻认识和把握人类社会和中国历史发展规律，坚定不移地沿着中国特色社会主义道路奋勇前进。另一方面，还应认识到“中华民族生生

① 《十八大以来重要文献选编》（上），中央文献出版社，2014，第694页。

不息绵延发展、饱受挫折又不断浴火重生，都离不开中华文化的有力支撑。中华文化独一无二的理念、智慧、气度、神韵，增添了中国人民和中华民族内心深处的自信和自豪。在5000多年文明发展中孕育的中华优秀传统文化”①，优秀的中华传统文化是国家和民族发展的动力源泉，经时间和历史发展检验的优秀传统文化对我国的物质文明建设、精神文明建设发挥着极其重要的作用；要着力加强对中华优秀传统文化的研究与阐释，使中华民族最基本的文化基因与当代文化相适应、与现代社会相协调，在发扬先进文化的过程中不断挖掘传统文化中的优秀思想精华。

在方法上，要加强对优秀传统文化内容的深层研究，提炼其时代价值。对传统文化内容的研究要准确把握传统文化的核心内涵，深入发掘传统文化内核，寻找文化精髓，并运用批判性继承的方式对传统文化中所蕴含的重要思想文化资源进行充分挖掘提炼。同时，了解并吸取世界上其他优秀文化传承与发展的成功经验，在科学分析与全面总结的基础上研究经验，为当今中华优秀传统文化的研究提供方法上的借鉴。对传统文化核心内涵进行深入研究，结合社会主流意识形态建设的需要对传统文化的内容进行正确阐述，增强人们对中华优秀传统文化的认同感和归属感，为新时代精神文明建设提供精神动力。

2. 创造性转化和创新性发展相结合

在新时代精神文明建设的濡化过程中，对中华优秀传统文化的传承与发展，必须有所扬弃，吸取传统文化中与时代特色、时代精神相契合的内容，并对精华内容进行创造性转化和创新性发展，使优秀传统文化在现实中发挥出积极作用。

以习近平新时代中国特色社会主义思想和党的十九大精神为指导，增强“四个意识”，坚定“四个自信”，自觉承担举旗帜、聚民心、育新人、兴文化、展形象的使命任务，全力做到“九个坚持”。在深入系统的梳理、挖掘传统文化的基础上，赋予中华优秀传统文化中的思想以新的时代内涵，为人民的生活实践、国家乃至全球的发展作出现代诠释，大力弘扬中华优秀传统文化，更有力地发出中国声音，传递中国价值，从而为优秀传

① 习近平：《在中国文联十大、中国作协九大开幕式上的讲话》，人民出版社，2016，第4页。

统文化赋予鲜明的时代特色。

中华优秀传统文化的创造性转化和创新性发展，必须立足于中国特色社会主义的伟大实践。先进理论的转化与发展往往是跟随着发展变化的社会实践而完成的，中华优秀传统文化的创造性转化和创新性发展，也必须立足于中国改革开放和社会主义现代化建设实践中所形成的先进经验、所揭露的突出问题，以及所展现的急迫需求。对先进经验的科学总结，对突出问题的深刻思考，以及对急迫需求的充分满足，使中华优秀传统文化与当代社会相适应，与中国特色社会主义政治、经济、先进文化相协调而共同促进发展。

中华优秀传统文化的创造性转化和创新性发展，必须坚持扎根于人民、服务于人民。党的十八届五中全会之后，习近平总书记明确指出“共享是中国特色社会主义的本质要求”，为此，在精神文明建设的过程中，应充分发挥群众的积极性，群策群力，共建共享，实实在在地做到发展为了人民、发展依靠人民、发展成果由人民共享，作出更有效的制度安排，使全体人民在共建共享中有更多获得感。中华优秀传统文化的创造性转化和创新性发展，应做到紧紧围绕人民群众开展传统文化的创新发展工作，调动广大人民的积极性、主动性和创造性，运用人民力量、人民智慧，真正实现传统文化的传承、创新和发展。

党的十九届六中全会审议通过的《中共中央关于党的百年奋斗重大成就和历史经验的决议》强调，应加快国际传播能力建设，向世界讲好中国故事、中国共产党故事，传播好中国声音，促进人类文明交流互鉴，国家文化软实力、中华文化影响力明显提升。① 中华优秀传统文化的创造性转化和创新性发展，还必须坚持面向世界，强化优秀传统文化国际化能力。现阶段，全球化程度迅速提高、世界一体化成为大势所趋，中华优秀传统文化也应谋求国际化发展。要发掘中华优秀传统文化的世界意义，就要面向世界、走向未来，与全球化深入对接、相互交流、融合吸收。尤其是在谋求人类和平发展上，对于处于各种变革中的世界局势，中华优秀传统文化中的“和”文化，对实现人类社会和谐稳定发展具有深刻意义。当然，

① 《中共中央关于党的百年奋斗重大成就和历史经验的决议》，人民出版社，2021，第46页。

在文化交流中仍然要坚持文化自信，科学、辩证地认识中华优秀传统文化与西方文化，要坚持有选择地借鉴与吸收，立足国情，在平等的对话与交流当中推动优秀传统文化的创造性转化和创新性发展。

同时，要充分发挥中华优秀传统文化对全人类共同发展的作用，助力构建人类命运共同体。习近平同志在党的十九大报告中强调，各国人民同心协力，构建人类命运共同体，建设持久和平、普遍安全、共同繁荣、开放包容、清洁美丽的世界。① 而自古以来，人类命运共同体理念就引领着中华民族对价值理想世界的憧憬和永恒价值的追求，中华优秀传统文化与人类命运共同体的精神内涵是相契合的。在构建人类命运共同体过程中，应充分发挥“大同世界，天下为公”“协和万邦，万国咸宁”的精神理想，开辟出新时代下全人类未来发展的新道路。

二　新时代精神文明建设的利益牵引

精神文明是社会主义现代化建设的精神动力、智力支持和思想保证，也是社会主义社会的重要特征和制度优越性的重要表现。新时代社会主义精神文明建设扎根于文化建设，坚定中国特色社会主义文化自信。

党的十九届六中全会审议通过的《中共中央关于党的百年奋斗重大成就和历史经验的决议》强调意识形态工作是为国家立心、为民族立魂的工作，文化自信是更基础、更广泛、更深厚的自信，是一个国家、一个民族发展中最基本、最深沉、最持久的力量，没有高度文化自信、没有文化繁荣兴盛就没有中华民族伟大复兴。②

坚定文化自信要求我们将文化建设放在全局工作的突出位置，大力发展文化事业和文化产业。衡量文化产业发展质量和水平，最重要的不是看经济效益，而是看能不能提供更多既能满足人民文化需求，又能增强人民精神力量的文化产品。要坚持把社会效益放在首位，社会效益和经济效益

① 习近平：《决胜全面建成小康社会 夺取新时代中国特色社会主义伟大胜利——在中国共产党第十九次全国代表大会上的报告》，人民出版社，2017，第 58～59 页。

② 《中共中央关于党的百年奋斗重大成就和历史经验的决议》，人民出版社，2021，第 44 页。

相统一，深化文化体制改革，完善文化产业规划和政策，不断扩大优质文化产品供给。要顺应数字产业化和产业数字化发展趋势，加快发展新型文化业态，改造传统文化业态，提高质量效益和核心竞争力。要围绕国家重大区域发展战略，把握文化产业发展特点规律和资源要素条件，促进形成文化产业发展新格局。

（一）建立完善文化生产经营机制

文化是软实力，增强文化软实力却是硬任务。在当下，文化已成为满足人民需求、提高综合国力的重要因素和支撑力量，可以说没有社会主义文化繁荣发展，就没有社会主义现代化。

党的十九届六中全会审议通过的《中共中央关于党的百年奋斗重大成就和历史经验的决议》强调，在文化建设上，党坚持把社会效益放在首位、社会效益和经济效益相统一，推进文化事业和文化产业全面发展，繁荣文艺创作，完善公共文化服务体系，为人民提供了更多更好的精神食粮。[①]

健全现代文化产业体系是文化强国建设的三大重点任务之一，这是新发展格局下推进文化产业高质量发展的必由之路。推进现代化，是健全现代文化产业体系的明确指向。一方面要坚持社会主义核心价值观的价值引领，坚守以人民为中心的创作理念；另一方面要彰显文化创新发展要义，以市场为导向推动供给侧结构性改革。提升系统性，是健全文化产业体系的关键要求。要建立充满活力、富有效率的文化微观运行机制，完善文化生产经营机制。从文化市场出发，建立现代化文化市场体系，增强国有公益性文化单位活力，完善经营性文化单位法人治理结构，推动文化产业结构战略性调整，打造文化产业链，为建设社会主义文化强国奠定坚实基础。

1. 建设现代化文化市场体系

在市场经济体制下，要发展出一套完善的文化生产经营机制，必须遵循市场经济的基本规律，建立现代化文化市场体系，推进文化生产经营体系化、规范化发展。现代化文化市场体系，是指以市场经济基本规律为指引，结合产业发展目标与实际发展状况，对产业市场发展进行规制与指导的一套体系。简要而言，现代化文化市场体系鼓励各类市场主体公平竞

---

① 《中共中央关于党的百年奋斗重大成就和历史经验的决议》，人民出版社，2021，第46页。

争、优胜劣汰，同时还具备了健全的文化资本、文化企业、文化产品市场准入和退出机制。

针对我国文化产业发展现状，增强文化市场主体竞争力应同步推进以下两方面。一是大力推进国有经营性文化单位改革。要以股份制改造为核心，加快在国有经营性文化单位内建立起产权清晰、权责明确、政企分开、管理科学的现代企业制度；同时创新投融资体制，鼓励国有文化企业进行股权创新，吸引社会资本参与股份制改造，推进国有上市文化企业优化股权结构。二是大力扶持非公有制文化企业发展。应继续降低文化市场中社会资本的准入门槛，引导社会资本以多种形式投资文化产业，从而增强非公有制文化企业的竞争力与发展潜力；支持各种形式小微文化企业发展，充分发挥小微文化企业在调节产业结构、扩大内需、增加就业等方面的积极作用，拓宽非公有制文化产品和服务渠道。

在宏观层面，则需要加快建立多层次文化产品和要素市场，双管齐下推进文化市场体系化发展。在文化产品市场建设方面，重点在于建设以网络为载体的新兴文化产品市场，培育大众性文化消费市场；文化生产要素市场建设方面，则应推进文化资本市场建设，促进金融资本、社会资本与文化资源有效对接。另外，还需要进一步优化现代化文化市场体系建设的政策环境，加大财政、税收、金融、社会保障、土地使用等方面对文化产业的政策扶持力度；同时加快文化立法，依法加强文化市场管理，综合运用法律、行政、经济、科技等手段提高管理水平。

对于我国的文化产业发展而言，必须牢牢遵循党和政府提倡的价值导向，考虑广大人民群众的文化需求是什么，能接受什么样的文化产品，并在此基础上与内容加以结合，然后积极占领制高点，同时借助各大传播媒体平台，寻求广阔的市场。总之，在新时代精神文明建设的濡化过程中，用核心价值观筑牢文化产业的思想根基，唯有如此，中国的文化产业才能大有作为。

2. 扶持上下游产业发展

任何社会产业，都不是孤立地存在于社会生产当中，而是始终与其上下游产业紧密相连。上下游产业之间若能高效对接，相互促进，则会形成一套健康的产业链条。对于文化产业而言，其发展同样离不开其产业链与上下游产业。因此，扶持上下游文化产业的发展，应当在文化产业链的视角下，探索如何建设与发展文化产业链，进而推动文化产业的进步。

推动中国文化产业链升级，从目前的现实情况分析，可分为三条主要路径：文化产业产品供应链高效化、文化产业产品创意链专业化以及文化产业产品价值链扩大化。简要而言，中国文化产业链升级的目标，是实现文化创意与文化产品的高效转化，提高文化产品产量与质量，同时推动文化产品价值向多层次、多领域延伸。

推进文化产业产品创意链专业化，应从内容创意开发入手，一方面积极营造内容创意氛围，培养内容创意人才，加大内容创意资金投入，另一方面加快构建内容创意保障体系，完善内容创意制度环境，健全内容创意产权保护机制；推进文化产业产品供应链高效化，则必须依托内容创意来提高产品品质，实现产销对接，并形成产业集群，加快文化创意与文化产品的高效转化；推进文化产业产品价值链扩大化，重点则在于通过多样化的衍生作品及产品结合有效的商业模式创新，实现文化产品的经济效益最大化。

在扶持文化产业上下游发展，推动文化产业链升级的过程中，要充分发挥政府的作用。具体而言，政府的职能主要体现在两个方面：营造环境与提供保障。政府在营造文化产业发展环境以及社会文化创造力培育上应充分发挥“主力军”的作用；而在文化产业链的权利保障方面，则应充当理性“守夜人”的角色，为文化产业链升级发展提供坚实的保障与支持。

（二）健全引导新型文化业态健康发展机制

在新时代精神文明建设的濡化过程中，文化是价值观念的主要载体。文化产业发挥着信息收集、解释和交流的功能，成为反映社会现实、社会发展趋势和人民群众声音的重要渠道，为构建社会主义核心价值体系提供多样化的社会信息资源，是传播本国核心价值观和宣扬主流意识的主要平台。

随着互联网技术的普及，文化产业新业态发展迅速，互联网文化产品成为传播核心价值观的重要载体。基于互联网文化产品的多样性、庞杂性和无形性的特点，针对互联网文化产业需要构建新的管理制度。

党的十九届六中全会审议通过的《中共中央关于党的百年奋斗重大成

就和历史经验的决议》指出，改革开放以后，党坚持物质文明和精神文明两手抓、两手硬，推动社会主义文化繁荣发展，振奋了民族精神，凝聚了民族力量。同时，拜金主义、享乐主义、极端个人主义和历史虚无主义等错误思潮不时出现，网络舆论乱象丛生，一些领导干部政治立场模糊、缺乏斗争精神，严重影响人们思想和社会舆论环境。①

党的十九大报告提出，要加强互联网内容建设，建立网络综合治理体系，营造清朗的网络空间，培育新型文化业态。新型文化业态需要有与之相适应的管理方式，因此必须要构建基于互联网的文化产业管理制度，加强对互联网文化内容的监管，提升互联网文化产品的质量，促进新型文化业态健康发展。在互联网文化产业发展的背景下，促进多领域文化产业协同发展，打造文化产业集群，加强行业自律，推进多产业协同治理，把握数字经济新引擎，释放文化产业的活力。

当前中国亟待重塑与传播中华文化价值核心，挖掘自身文化资源，增强创新力和竞争力。因此，在影视戏剧、音乐设计等创意产品方面制定科学合理的产业政策与市场规制，提供法制支撑，有效保护文化创意版权，培育具有专业竞争力与品牌影响力的优势文化产业，尤其注重文化产品所承载的文化内涵，通过文化逻辑的转移和文化业态的变迁，形成明晰的主流价值诉求，这也有利于催生主流文化社群，扩大文化消费受众，要在自身传统文化积淀的基础上重建话语权，营造一个有利于核心价值观传播的“中华文化群落和文化生态”。

1. 借助互联网进行传播

互联网技术的高速发展与广泛使用，是当今最为突出的时代特征。互联网同样给文化传播带来了巨大的变革：从文化内容上看，互联网的高速发展使网民成为文化内容生产的主导力量，全体网民的参与性生产为文化经济注入了新的生命力；从文化推广上看，互联网环境下的文化营销活动更加趋向于快捷化，网络文化内容商品推广更加强调“软”营销信息、交互营销沟通和整合全媒体。互联网所带来的变革与发展，启示我们在构建新型文化业态健康发展机制时，应充分发挥互联网技术的作用，借助互联

① 《中共中央关于党的百年奋斗重大成就和历史经验的决议》，人民出版社，2021，第 43 页。

网进行高效传播。

发展创新，往往需要意识先行。文化产业从业者必须转变对文化产业的认知模式，由传统思维方式转变为互联网思维。互联网更关注企业的内在能力，这要求文化企业需要拥有一套正确的商业模式，还要不断形成领先优势和市场资源。同时，在互联网时代，文化企业同样要重视自身的积累，要将发展重点回归到对内容或品牌的重视上，既要对内容做全新的积累，还需要对产品进行延续性的开发。

基于互联网的特殊性，互联网文化企业应尽可能地延长自身产业链。例如，围绕互联网平台和某些优质的IP资源，互联网文化产业可以形成一个成熟的密集型产业网络。其产业链既可以从纵向进行延伸，打造出上下游各个产业要素有机结合、规范成熟的产业体系；也可以尝试从横向进行多领域产业协同发展，使原本各自独立的辐射产业实现内部联系与结合，从而推动文化产业资源的高效开发与价值增值。

与此同时，互联网带来的风险与挑战亦不容忽视。一方面，传统文化产业向互联网的转型过程充满了不确定性与不稳定性，无论是资金投入方面还是技术升级方面，都需要进行严谨的规划与调整；另一方面，互联网用户的年轻化与需求易变性所带来的巨大产业调整压力，要求互联网文化公司需要不断掌握用户的最新需求，根据市场的实时风向与消费者实际需求，及时有效地调整自己的产业布局。

2. 多领域文化产业协同发展

现代产业发展，高度重视产业集群与协同效应。文化产业集群协同效应是在人力资源、资金资源、技术资源等固有条件存在一定限制的情况下，不断将有限的资源投入到一定规模的产业集群区域中，从而形成规模效应，提高资源的利用效率和转化效率，是集群内企业之间通过竞争与合作的互动关系形成的正反馈协同作用的结果。对于文化产业而言，多领域的协同发展有助于突破资源不足、发展受限的困境，强化文化产业的内生动力。文化产业集群协同发展，主要应通过以下路径推进。

一是大力提升文化产业集群创新能力。培育创新要以人为本，重点培养高素质文化产业创新型人才。一方面，要积极改善市场环境和构建合理的激励机制，充分发挥创新型人才在文化产业市场中的积极作用，促进文化人才社会化、专业化和市场化；另一方面，应充分发挥高等专业院校在培养创新型文化产业人才中的重要作用，按照市场需求与产业发展前景定位人才培养，努力培养出一批既具有扎实的专业知识，又具有极强创新能力和创新意识的现代化高素质文化产业创新型人才。

二是要增强文化产业经济活动环节协同能力。要对生产、交换、分配、消费等不同阶段中的各要素进行高度科学合理的协调，例如在生产阶段，不仅要对作为文化产品物质载体的具体物品进行生产，更要重视精神文化内容和创意的生产，实现人才、创意、技术、资本等要素互补协同。同时，整个文化产业经济活动生产、交换、分配、消费各环节之间的协同，还需要依靠市场与政府之间的协同。处理好文化产业市场与政府间的关系，高效利用政府所给予的便利与帮助，能极大地增强文化产业经济活动环节协同能力。

此外，构建政产学研协同创新发展模式亦具有现实性意义。充分发挥政府、大学与科研院所、企业三方间的协同作用，积极发挥大学与科研院所、企业和政府等集群主体的协同创新作用，重视区域建设与文化产业集群发展的协同创新，优化文化产业行业之间及文化产业与其他产业间的协同创新发展，对实现文化产业集群协同效应具有积极意义。

（三）完善倡导讲品位讲格调讲责任、抵制低俗庸俗媚俗的工作机制

党的十九届四中全会提出："建立健全把社会效益放在首位、社会效益和经济效益相统一的文化创作生产体制机制。"这是因为文化产品不同于一般商品，它不仅具有通过市场交换获得经济效益的商品属性，包括内容、技术、平台等；还具有鲜明的意识形态属性，可以传播思想、文化、观念，能产生巨大的社会效益。文化产品承载的是价值取向，影响的是思想灵魂，因此当两种效益发生矛盾时，经济效益必须服从社会效益，市场价值要服从社会价值。这就要求我们在追求经济效益的同时，绝不能忽视文化的引领作用和导向作用。这也意味着文化产业的发展，绝不能偏离社会主义核心价值观。在发展文化产业的过程中，要始终保持对核心价值观的培育和践行，建立健全把社会效益放在首位、社会效益和经济效益相统一的文化创作生产体制机制。

因此，更应加强文艺创作的引导，完善文化工作激励机制，加强对文

化产业的市场监督，引导广大文艺工作者做真善美的追求者和传播者，将核心价值观融入自己的作品，摒弃廉价的笑声、无底线的娱乐和无节操的文艺垃圾，完善倡导讲品位讲格调讲责任、抵制低俗庸俗媚俗的工作机制。

近年来，广大文艺工作者在习近平新时代中国特色社会主义思想指导下，坚持中国特色社会主义文化发展道路，承担新时代赋予的新使命，鲜明地彰显了以人民为中心的创作导向，积极开展“深入生活、扎根人民”主题实践活动，大力弘扬、创新发展中华优秀传统文化，努力创作生产传播当代中国价值观念、反映中国人审美追求的优秀作品，电视剧《海棠依旧》、电影《流浪地球》、舞剧《永不消逝的电波》等优秀文艺作品不断涌现，为文艺繁荣发展大计立柱架梁，一系列新政的出台，强化了问题导向，文艺创作机制体制不断完善，文艺惠民活动遍地开花，为中华民族伟大复兴凝心聚力，培根固本。

1. 完善文化工作激励机制

在党的十七届六中全会提出，坚持把遵循社会主义先进文化前进方向、人民群众满意作为评价作品的最高标准，把群众评价、专家评价和市场检验统一起来，形成科学的评价标准。这对如何完善文化产品评价体系和激励机制提出了指导性意见。

从评价机制角度看，要将以人民为中心作为最根本的评价机制。习近平总书记在文艺工作座谈会上发表重要讲话，深刻回答了在新的历史条件下如何繁荣和发展社会主义文艺的时代命题。“社会主义文艺，从本质上讲，就是人民的文艺。”① 源自人民、为了人民、属于人民，是社会主义文艺最根本的立场和最鲜明的特征，也是社会主义文艺繁荣发展的关键所在。

新时代的文化工作者，要充分把握好广大人民群众对文化工作，包括文化内容、文化形式、文化创新等具体方面的普遍期望和需求，并以此作为工作导向。文化市场、文化管理机构和部门等，也应以人民的普遍期望和需求作为评价机制的核心，并以此对文化工作的市场化价值、社会性价

① 习近平：《在文艺工作座谈会上的讲话》，人民出版社，2015，第13页。

值作出专业、合理的评价。

在新时代精神文明建设的濡化过程中，从激励机制角度看，关键在于文化工作者所享有的权利能得到充分的保护，其核心便在于建立完善的知识产权保障机制。要充分加大知识产权保护力度，运用法律手段，加强知识产权保护，是维护文化产品创作生产者合法权益的有效途径。要加强立法工作，进一步完善著作权法等法律法规。要加大执法力度，开展集中行动、组织专项治理、查办大案要案、加强日常监管，不断净化文化市场，依法惩处侵权行为，维护知识产权人合法权益。

2. 加强文化产业市场监督

马克思恩格斯曾指出："意识在任何时候都只能是被意识到了的存在，而人们的存在就是他们的现实生活过程。"[①] 列宁在总结马克思恩格斯思想的时候指出："社会意识反映社会存在，这就是马克思的学说。"[②] 因此，在马克思主义的唯物史观看来，人们的意识、心理及社会意识、社会心理都只不过是人们的存在、社会存在在人们头脑中的反映，它们由社会存在所决定，随社会存在变化而变化。可见，在马克思看来，精神文明是具体的、历史的，是和一定的生产方式所匹配并且相适应的，生产方式决定了精神文明的特征。从这个意义上来说，新时代的精神文明建设应更加重视经济基础对于上层建筑的反作用，抓好文化市场发展的同时促进社会文化生态的良性发展。

文化产业市场的健康发展，离不开对文化产业市场长期有效的监督。目前，我国文化产业市场存在文化市场监管体制与文化产业发展不相适应的情况，由于相关政策的一些限制，当前文化市场中存在不完全自由竞争和垄断程度较高两方面问题，影响了文化市场的整体发展。同时，也存在文化市场法制建设不健全的现象，文化市场相关法律效能始终没有发挥出应有的作用，也尚未形成系统化的法制体系。而文化产业主管部门各自为政，执法职能交叉，相互之间沟通不顺，行政分割严重的情况更极大地阻碍了文化产业市场的良好持续发展。

---

① 《马克思恩格斯选集》第 1 卷，人民出版社，2012，第 152 页。

② 《列宁全集》第 18 卷，人民出版社，2017，第 338 页。

加强对文化产业的监督，能够有效防止信息不对称带来的市场交易不公平问题，保障文化产业市场运行的安全与稳定。同时，适度的监管保证了社会生产效率和供给稳定，也能在一定程度上防止破坏性与垄断性的竞争，从而确保主体的合法身份与权益。而对于文化产业的结构升级和国际拓展，恰当有效的市场监管也是促进经济结构调整和产业结构升级的主要手段，是推动我国文化产业参与国际竞争、增强我国文化实力的重大举措。

对文化产业市场进行有效的监督，首先应从宏观上建立科学的文化市场监管制度，合理分配文化市场监管效能。对市场的监管过程中，要注重发挥事先监管的预防作用和事后补救的应急作用，建立全方位、多维度、深层面的监管网，构筑起指挥有力、协调有序、运转规范的监管模式。落到具体实处，则应加强文化市场的法制建设，为监管提供法律保障。要加快文化市场的立法进程，改变文化立法领域严重滞后的局面，制定和完善知识产权保护等相关的法律法规。同时，完善文化市场的行政执法体制，明确文化市场执法责任制，用完善的机制来约束和监督执法行为，促使执法机关制度化、规范化。

同时，我们也要不断提高自身文化产品的原创性，大力培育特有的优秀民族文化，深入挖掘悠久历史文化，拓展文化产品成长新领域，尽快打造一批具有国际竞争力的对外文化贸易品牌。要有意识地将中国社会主义核心价值观元素巧妙融入多元的文化产品中，抵御西方发达国家的文化产业霸权，维护文化主权，提高中国的全球话语权。同时，采取有效措施降低外来文化冲击，制定适合中国国情的文化安全政策，完善国家文化安全预警系统。

在全面建成小康社会后，我国将开启全面建设社会主义现代化国家的新征程。社会主义现代化是全面发展、全面进步的现代化，也是物质文明和精神文明相协调的现代化，没有社会主义文化繁荣发展，就没有社会主义现代化。正如习近平总书记强调的，统筹推进“五位一体”总体布局、协调推进“四个全面”战略布局，文化是重要内容；推动高质量发展，文化是重要支点；满足人民日益增长的美好生活需要，文化是重要因素；战胜前进道路上各种风险挑战，文化是重要力量源泉。越是接近实现中华民族伟大复兴的目标，就越要重视文化的价值，越要加强精神文明建设，为我们攻坚克难、砥砺前行提供坚强的思想保证、强大的精神力量、丰润的道德滋养。[①]

三　新时代精神文明建设的舆论引导

新时代精神文明建设濡化还在于舆论引导工作的实施及其效果。中国共产党历来重视舆论引导工作，我国的舆情发展和舆论引导有自己的鲜明特色。党的十九届四中全会审议通过的《中共中央关于坚持和完善中国特色社会主义制度 推进国家治理体系和治理能力现代化若干重大问题的决定》，着眼坚持和完善繁荣发展社会主义先进文化的制度，巩固全体人民团结奋斗的共同思想基础，强调要“完善坚持正确导向的舆论引导工作机制”。[②]

党的十九届六中全会审议通过的《中共中央关于党的百年奋斗重大成就和历史经验的决议》强调，党从正本清源入手加强宣传思想工作，召开全国宣传思想工作会议，分别召开文艺工作、党的新闻舆论工作、网络安全和信息化工作、哲学社会科学工作座谈会和全国高校思想政治工作会议，就一系列根本性问题阐明原则立场，廓清了理论是非，校正了工作导向，思想文化领域向上向好态势不断发展。推动用党的创新理论武装全党、教育人民、指导实践，深化马克思主义理论研究和建设，推进中国特色哲学社会科学学科体系、学术体系、话语体系建设。[③]

（一）新时代精神文明建设的宣传教育

习近平总书记在2018年召开的全国宣传思想工作会议上指出，新形势下的宣传思想工作要“在基础性、战略性工作上下功夫，在关键处、要害处下功夫，在工作质量和水平上下功夫，推动宣传思想工作不断强起来”。[④]

宣传思想工作是“在人的头脑里搞建设”，做好新时代宣传思想工作，关键在人。好的笔力，是脚力、眼力、脑力的最终反映，是宣传思想工作

---

① 习近平：《在文艺工作座谈会上的讲话》，《人民日报》2015年10月15日，第2版。

② 《中共中央关于坚持和完善中国特色社会主义制度 推进国家治理体系和治理能力现代化若干重大问题的决定》，《人民日报》2019年11月6日，第1版。

③ 《中共中央关于党的百年奋斗重大成就和历史经验的决议》，人民出版社，2021，第45页。

④ 《习近平谈治国理政》第3卷，外文出版社，2020，第310页。

者履职尽责的“看家本领”。宣传思想工作者练就非凡笔力、成为行家里手，才能书写新时代宣传思想工作新篇章。

宣传思想工作是一项用理论说服人的工作，这一本质特征决定了理论建设和理论创新的重要性。因此，要提升宣传思想工作的质量和水平，推动宣传思想工作不断强起来，必须把理论建设和创新作为基础性、战略性和关键性工作来抓。

做好宣传工作，要求我们在贯彻落实党关于宣传思想工作的要求的同时，发挥道德实践活动的宣传作用，并且促进城乡文明宣传工作协调发展，如此才能推动新时代精神文明建设不断向好向优发展。

1. 发挥道德实践活动的宣传作用

习近平总书记曾强调，推动社会大众形成正确的道德认知和正确的道德判断以及道德责任，并不是道德建设的最终目的，根本目的是把道德责任和道德判断转化为“道德实践能力尤其是自觉践行能力”。① 习近平总书记高度重视道德实践对于精神文明建设的重要作用，他曾多次赞赏社会各界开展的志愿活动，并给参与道德实践活动的志愿者回信表扬他们的善行、善举，指出自觉行善的举动不仅提高了自己的道德实践能力，而且有利于形成人人行善的社会风气。德不能空谈，道德实践能力的获得必须要在实践中锤炼提升。

在新时代精神文明建设的濡化过程中，要优先宣传道德实践活动中优秀先进的典例。习近平总书记曾指出：“要广泛宣传一线医务工作者、人民解放军指战员、公安干警、基层干部、志愿者等的感人事迹，在全社会激发正能量、弘扬真善美，推动社会主义精神文明建设。”② 对于宣传优秀先进典例，我们要善于发现挖掘各类典型例子，并通过多样形式、多种手段大力宣传。

在新冠肺炎疫情常态化防控阶段，通过文明抗疫道德实践活动，各行各业的人们纷纷投入到一线战“疫”行列，此次活动不仅传递了“疫情无

① 《习近平关于社会主义文化建设论述摘编》，中央文献出版社，2017，第137页。

② 习近平：《在统筹推进新冠肺炎疫情防控和经济社会发展工作部署会议上的讲话》，人民出版社，2020，第15～16页。

情人有情”的温暖，更使市民的道德实践能力在实践中得以锤炼提升。

“讲好市民故事 展现战疫风采”的一系列新时代文明活动，深入挖掘、生动讲述了广州市各行业一线奋战者挺身而出英勇抗疫的感人事迹，同样使市民们产生了强烈的情感共鸣，形成了凝聚民心、团结齐心的温暖氛围。同时，在新时代精神文明的宣传中，还要将道德理论和道德实践相结合，做到知与行双管齐下。2015 年，习近平总书记考察山东时指出，“国无德不兴，人无德不立。必须加强全社会的思想道德建设，激发人们形成善良的道德意愿、道德情感，培育正确的道德判断和道德责任，提高道德实践能力尤其是自觉践行能力，引导人们向往和追求讲道德、尊道德、守道德的生活，形成向上的力量、向善的力量”。[①] 习近平总书记强调的知行合一，指的是道德理论和道德实践的统一，要通过加强道德理论建设促进道德实践建设，又要通过道德实践建设进一步深化道德理论建设。

2. 促进城乡文明宣传工作协调发展

城乡协调发展是我国现代化进程中的重要内容，这种协调发展不仅体现在经济发展水平、政治权利普及方面，还应同时体现在促进城乡文明宣传工作协调发展上。习近平总书记在广东考察时，便提出要高度重视提高发展平衡性和协调性，强调要推动物质文明和精神文明协调发展，不断提升人民文明素养和社会文明程度。近年来，我国在经济、政治、生态环境等方面的城乡协调发展上取得了诸多突出成就，为推进城乡文明宣传工作协调发展提供了宝贵经验。

促进城乡精神文明工作协调发展重点在于增强社会凝聚力。要继承发扬过去群众性活动的成功经验，适应城乡居民需要，在社区开展内容多样、形式多彩的群众性文明宣传活动。在过去长期的社会建设中，群众性的活动曾经发挥了重要作用，它具有的动员群众、团结群众、教育群众的功能是极其突出的。组织群众性活动的方法和技能，是我国群众工作者长期积累下来的，是社会建设宝库的重要组成部分。社区群众性活动可以是娱乐性的，如艺术节、歌舞会等；也可以是服务性的，如志愿者行动、义务劳动等；还可以是政治文化性的，如读书会、时事讲座等。群众性活动

---

① 《习近平关于社会主义文化建设论述摘编》，中央文献出版社，2017，第 137 页。

讲究的是群众自愿参与，参与的面越广，参与的自觉性越高，对社区凝聚力的作用就越大，其加强社会精神文明建设的功能也就发挥得越充分。近年来，广东多地在城乡宣传工作协调发展上重点发力，取得了诸多成果。

其中，广州的经验相当具有代表性。为展现广州学习贯彻落实习近平新时代中国特色社会主义思想的生动实践和丰硕成果，体现广州在全国、全省改革发展大局中的使命和担当，广州作出了开设“我的广州，出新出彩”——广州新时代文明实践馆的创新举措，运用照片、实物、视频、模型、场景、雕塑和科技手段、互动体验项目，全面、生动、立体地展现出习近平总书记视察广州以来，广州如何推进实现老城市新活力和“四个出新出彩”。同时，广州市也在城乡文明宣传上积极探索新模式，展开新时代文明实践。“倡导文明健康、绿色环保生活方式”网络直播之移风易俗深化行动专场活动在白云区婚姻登记处举行。通过这些系列活动，引导全社会形成婚事新办简办的文明新风和“注重家庭、注重家风、注重家教建设”的婚姻家庭理念，自觉抵制攀比铺张等不良习俗，促进家庭幸福、社会和谐。广州市文明实践和移风易俗宣传双向并进，城乡文明宣传工作呈现协调发展态势。

同时，要坚持以人为本的原则，把深化精神文明建设与改善民生结合起来。在推进城乡文明宣传工作时，切实关注和解决同群众切身利益密切相关的突出问题，优化城乡生产生活环境，完善社会志愿服务，更好地让人民群众共享精神文明建设发展成果。要通过建立长效机制深化精神文明创建工作，进一步提高精神文明创建工作的科学性和深入性，形成有利于精神文明建设协调推进的政策导向，不断增强群众性精神文明创建的活力和生命力。

3. 贯彻落实党关于宣传思想工作的要求

党的十八大以来，党中央把宣传思想工作摆在全局工作的重要位置，强调“意识形态工作是党的一项极端重要的工作”。在全国宣传思想工作会议上，习近平总书记科学判断宣传思想工作所处的新阶段、面临的新形势、面对的新任务，对提高宣传思想工作能力和水平提出明确要求。习近平总书记提出，要“推动宣传思想工作不断强起来，促进全体人民在理想信念、价值理念、道德观念上紧紧团结在一起，为服务党和国家事业全局作出更大贡献”。[1] 党中央高度重视宣传思想工作，强调要增强“四个意识”、坚定“四个自信”，自觉肩负起新形势下宣传思想工作的使命任务。党关于宣传思想工作的要求，是加强新时代精神文明建设宣传教育的基础理论导向。

首先，要正确认识新闻舆论工作的重要地位，把新闻舆论工作作为治国理政、定国安邦的大事。习近平总书记指出，“做好党的新闻舆论工作，事关旗帜和道路，事关贯彻落实党的理论和路线方针政策，事关顺利推进党和国家各项事业，事关全党全国各族人民凝聚力和向心力，事关党和国家前途命运”。[2] 在新的时代条件下，党的新闻舆论工作要承担起职责和使命，必须把政治方向摆在第一位，牢牢坚持党性原则，牢牢坚持马克思主义新闻观，牢牢坚持正确舆论导向，牢牢坚持正面宣传为主。

其次，新闻舆论工作必须结合创新进行发展。在新媒体时代下，媒体格局、舆论生态、受众对象、传播技术都在发生深刻变化，尤其是互联网领域，正在进行着极具影响力、创造力的变革。新时代的新闻舆论工作，要顺应互联网发展大势，勇于创新、勇于变革，利用互联网特点和优势，推进理念、内容、手段、体制机制等全方位创新，努力实现媒体创新发展。要研究把握现代新闻传播规律和新兴媒体发展规律，强化互联网思维和一体化发展理念，推动各种媒介资源、生产要素有效整合，推动信息内容、技术应用、平台终端、人才队伍共享融通。

另外，面对国内外势力的挑战，要将新闻舆论作为新的战场，通过新闻舆论工作提高国际话语权。要加强国际传播能力建设，提高国际话语权，集中讲好中国故事，同时优化战略布局，着力打造具有较强国际影响力的外宣旗舰媒体。新闻工作者要精心构建对外话语体系，发挥好新兴媒体作用，增强对外话语的创造力、感召力、公信力，讲好中国故事，传播好中国声音，阐释好中国特色。

（二）重大舆情和突发事件舆论引导机制

突发舆论事件往往很容易受到新媒体平台的聚焦和网民关注，特别是与民众利益相关的重大突发舆论事件，舆论关注度会在短时间内出现暴增。

---

① 《习近平谈治国理政》第3卷，外文出版社，2020，第310页。

② 《习近平关于社会主义文化建设论述摘编》，中央文献出版社，2017，第38页。

传统官方宣传部门和媒体发布新闻消息时，要经过各级主管部门层层把关，宣传干事、记者、编辑、媒体领导都要对所要发布的新闻内容负责，一篇稿件的发表要经过多次审核和修改。新媒体的出现改变了原有的信息传播方式，受众从被动接收信息变为可主动发表自己的观点，给舆论引导带来挑战。此时政府的一举一动都处在舆论聚光灯下，如果政府对事件处置不当，就会出现再生舆论，让政府陷入舆论旋涡。而政府舆论引导出现失误，则会平添质疑，助长谣言滋生，干扰事件的正常处置，损害政府形象和公信力。

在新冠肺炎疫情防控的阻击战中，广州各级宣传部门积极落实中央精神建构协调有序的疫情防控舆论话语体系，为打赢疫情防控阻击战提供有力支持，通过构筑舆论治理体系提升治理能力，在推进国家治理现代化的同时向世界展示中国在公共卫生突发事件中维护国家稳定的制度优越性。疫情防控舆论话语体系指能够容纳政府、专家和社会公众的语言世界，打通不同舆论场间主体、内容和价值取向壁垒的话语担当，协调有序的舆论话语体系能够引导人们形成自信积极、开放透明的公共治理空间，实现强信心、暖人心、聚民心的功能。

各级政府应在落实党对新闻舆论战线的全面领导的同时，着力构建全媒体传播体系的舆论引导方式，及时与民众进行沟通，尊重和听取民众诉求，及时进行反馈，这样才能使整个社会对新媒体时代政府舆论引导形成话语共识和集体认同。

1. 落实党对新闻舆论战线的全面领导

舆论历来是影响社会发展的重要力量。党的新闻舆论工作是党的一项重要工作。做好党的新闻舆论工作，事关旗帜和道路，事关贯彻落实党的理论和路线方针政策，事关顺利推进党和国家各项事业，事关全党全国各族人民凝聚力和向心力，事关党和国家前途命运。习近平总书记曾指出："党的新闻舆论工作的职责和使命是：高举旗帜、引领导向，围绕中心、服务大局，团结人民、鼓舞士气，成风化人、凝心聚力，澄清谬误、明辨是非，联接中外、沟通世界。"① 要承担起这个职责和使命，必须把政治方

① 《习近平谈治国理政》第2卷，外文出版社，2017，第332页。

向摆在第一位，牢牢坚持正确舆论导向。

针对党对新闻舆论战线的领导问题，党在十九届四中全会通过的《中共中央关于坚持和完善中国特色社会主义制度 推进国家治理体系和治理能力现代化若干重大问题的决定》中提出，“完善坚持正确导向的舆论引导工作机制。……构建网上网下一体、内宣外宣联动的主流舆论格局，建立以内容建设为根本、先进技术为支撑、创新管理为保障的全媒体传播体系。改进和创新正面宣传，完善舆论监督制度，健全重大舆情和突发事件舆论引导机制。建立健全网络综合治理体系，加强和创新互联网内容建设，落实互联网企业信息管理主体责任，全面提高网络治理能力，营造清朗的网络空间”。[①] 从顶层设计上为党牢牢掌握新闻舆论战线的全面领导权提供了指导。

在新闻舆论工作中必须坚持党性原则。习近平总书记提出，党的新闻舆论工作坚持党性原则，最根本的是坚持党对新闻舆论工作的领导。[②] 加强和改善党对新闻舆论工作的领导，是新闻舆论工作顺利健康发展的根本保证。领导干部要增强同媒体打交道的能力，善于运用媒体宣讲政策主张、了解社情民意、发现矛盾问题、引导社会情绪、动员人民群众、推动实际工作。新闻舆论必须把党的理论和路线方针政策变成人民群众的自觉行动，及时把人民群众创造的经验和面临的实际情况反映出来，丰富人民精神世界，增强人民精神力量。

如广东将习近平总书记有关疫情防控的重要讲话和批示精神作为开展防控工作的总动员令和根本指针，将党性原则结合实际贯彻到底。全省宣传文化战线和各级教育部门以增强“四个意识”、坚定“四个自信”、做到“两个维护”的高度，以最周密的部署安排和最严格的管控措施，最大限度地提高群众对疫情防控举措和防控知识的知晓率，为全省上下众志成城防控疫情提供有力舆论支持和营造浓郁社会氛围。强调要深入贯彻落实习近平总书记关于应对新冠肺炎疫情重要讲话和批示精神，认真按照省疫

① 《中共中央关于坚持和完善中国特色社会主义制度 推进国家治理体系和治理能力现代化若干重大问题的决定》，《人民日报》2019 年 11 月 6 日，第 1 版。

② 《习近平谈治国理政》第 2 卷，外文出版社，2017，第 332 页。

情防控工作指挥部统一部署，推动全省宣传文化战线和各级教育部门进一步落实好疫情防控工作，坚决有效遏制疫情扩散蔓延势头。

同时，加强党对新闻舆论战线的全面领导，要积极推进并掌握舆情信息的收集和发布机制。重大突发或突发事件发生后，各方快速反应，及时收集有关信息，掌握情报的收集和筛选，鉴别信息的真实性与可靠性，确定哪些信息对掌握舆情主导向是重要的，哪些是次要的，以此准确掌握动态信息，并及时建立新闻发布制度，变被动为主动，掌控舆论主导权；同时，建立健全舆情分析预判和预警机制。当重大舆情或突发事件发生时，对舆论的源头进行对准，对舆论的站位作出预判，并对舆情的方向和倾向作出研判，根据舆论进展和现状，对舆情进行监测和风险预估，对未来舆情作出预期，并向舆情控制方，如媒体、公关及时发出预警信息。

针对社会热点，要加强社会热点引导，坚持正确舆论导向。在本次新冠肺炎疫情防控中，广东省疫情防控工作指挥部宣传信息组发挥统筹协调的中枢作用，对各级信息宣传组织进行合理的调配，强调重视舆论，引导舆论，将宣传工作强度提升到疫情高度，要突破新闻发布工作常规，建立与一级应急响应机制相匹配的信息发布机制。同时各级宣传部门要拓宽信息发布渠道平台，加大新媒体产品制作推送力度，不断扩大防控知识社会宣传覆盖面，努力做到家喻户晓、人人皆知，并且在加强网上舆情引导的同时，及时澄清不实传言。

广东省委、省政府坚持党性原则，在重大舆情和突发事件舆论引导上的成功经验值得学习借鉴：对负面影响零容忍的同时，对人们关心的热点问题或敏感问题上有可能形成价值观导向的观点，要及时进行辟谣和澄清，坚持正面引导原则，竭力阻断不实信息、不正观点在网络媒体上的广泛传播。对于广大群众提出的疑问，要及时进行公开、专业的解答，在公众面前展现官方认真负责、以人民为中心的工作态度。同时，也要引导媒体自身坚持正确的核心价值和职业道德，自觉成为正能量和正确价值观的传播载体，实现新媒体存在的价值和意义。

2. 构建全媒体传播体系

站在“两个一百年”奋斗目标的历史交汇点上，世界百年未有之大变局加速演进，信息高度碎片化、意识形态立场出现对立的倾向。正如李普曼在《公众舆论》中指出，人们会把“拟态环境”误认为客观环境。人们依赖来自媒体的信息供给去认知事物，由于媒体本身的立场，它们对选择的象征性事件进行加工、加以结构化后向人们展示的环境并不客观，是一种被扭曲的“拟态环境”。今天的人工智能、机器学习的算法加快形成“拟态环境”的扭曲信息的获取速度的同时，西方媒体出于自身利益，持续加大对中国负面信息的传播操作，将中国置于一个不良的“拟态环境”之中。这使得达成正向传播与交流分享的任务比以往遭遇更大困难，面向国际国内讲好中国故事、传播好中国精神面临新的挑战与机遇。

我们一方面要在传播内容方面下“绣花”功夫，切实提高传播内容深度与历史文化厚度；另一方面要打造一批具有强大影响力、竞争力的新型主流媒体，同时充分运用移动互联网催生的社交媒体新业态、新平台，借助强大的民间动员力，讲好新时代中国精神的精彩故事。

2019 年 1 月 25 日，习近平总书记在中央政治局第十二次集体学习时发表讲话，就全媒体时代的挑战和机遇、全面把握媒体融合发展的趋势和规律及推动媒体融合向纵深发展作出重要指示，“推动媒体融合发展，要统筹处理好传统媒体和新兴媒体、中央媒体和地方媒体、主流媒体和商业平台、大众化媒体和专业性媒体的关系”，“要形成资源集约、结构合理、差异发展、协同高效的全媒体传播体系”。[①]

作为重大舆情和突发事件舆论引导主力军的主流媒体，必须把握历史机遇，依据新技术发展逻辑，进行前瞻性的预判和研究，探索新技术赋能下媒体的创新发展方向。构建全媒体传播体系，重点在于推动媒体融合发展，主动借助新媒体传播优势。要抓住时机、把握节奏、讲究策略，从时度效着力，体现时度效要求。要加强国际传播能力建设，提高国际话语权，集中讲好中国故事，同时优化战略布局，着力打造具有较强国际影响的外宣旗舰媒体。

针对重大舆情和突发事件，全媒体技术新体系的构建是主流媒体转型升级、抢占技术话语权的关键。新体系的构建要以先进技术为支撑，全媒体传播技术的全面升级与深化使用至关重要。主流媒体的全媒体转化，必

① 《习近平谈治国理政》第 3 卷，外文出版社，2020，第 318 页。

须立足本土，降低技术的对外依赖程度，增强自身的技术开发能力。同时，必须不断开拓探索符合时代特征和具体国情的全媒体科技创新机制，促进管理能力的发展提升，完善新型传播技术人才的发现、培养、激励机制，才能有效应对全媒体技术发展带来的挑战。

当前中央和地方主流媒体纷纷把融媒体中心建设作为推进融合发展的有力抓手，积极探索、扎实推进。新华社、《光明日报》、《经济日报》、中央广播电视总台都相继成立全媒体或融媒体工作机构，努力使“中央厨房”运行常态化，带动采编资源整合与体制机制创新。地方各级媒体以及各地广播电视台，如广州地区的报纸、电视台，都围绕融媒体中心建设推进深层次的体制机制变革，取得了明显成效，形成了百舸争流、亮点纷呈、多层次推进的“融合发展方阵”。

在构建全媒体传播体系方面，广州市经验丰富，先人一步。早在2018年，160个来自政府机关、教育、医疗、社会团体的新媒体公众号便与《广州日报》签约，入驻“中央厨房”，共同打造全新的广州权威全媒体矩阵“广州+”，搭建集专业媒体、政务媒体、机构媒体于一体的权威政务服务、咨询及资讯发布平台，构建亿级、逾亿级传播生态圈，面向广州、辐射广东、传播全球，为进一步讲好广州故事，传播好广州声音，扩大广州影响，为广州建设引领性全球城市和国际一流城市作出更大贡献。如今，《广州日报》已经建成了集“报+网+端+微+院+库”于一体的融媒体矩阵，全媒体用户数超过7000万人，媒体融合综合传播力居地方纸媒第一位。

除了技术上的创新发展，还应构建全媒体传播的管理新模式，以适应新形势下全媒体传播体系的需求。习近平总书记曾指出，面对互联网技术和应用飞速发展，现行管理体制存在明显弊端，主要是多头管理、职能交叉、权责不一、效率不高。[①] 而全媒体内容新生态与技术新体系的健康发展，离不开创新管理的保驾护航。传统事务性、经营性的管理思维与模式已难以胜任复合化、立体式、全媒体传播的发展诉求。面向未来的全媒体创新管理，应基于互联网思维，对人力资源、产业与资本管理模式进行合

① 《习近平谈治国理政》，外文出版社，2014，第84页。

理化聚合。

（三）新时代精神文明建设的网络运用

随着以信息与通信技术为核心的智能革命的深入展开，互联网平台已经不再只是一个虚拟空间，更不再只是充当传递信息的直通车，而是成为人们重构世界的驱动力，成为变革社会的转角石。

当前，互联网已经成为舆论工作的主要阵地，特别是随着微博、微信、短视频等新生媒介传播平台的迅猛发展，网络舆论呈现出许多新特点。但与此同时，随着信息化、网络化、数字化和智能化的更新迭代与彼此强化，互联网也变成了网络乱象的滋生地，各种低俗网络文化的蔓延，防不胜防的网络诈骗事件的频发、网络谣言四起以及滥用个人信息等现象，给相关主体带来了前所未有的治理挑战。把握网络舆论的发展特点和传播规律，做好网络舆论引导工作，是变“变量”为“增量”的前提和保证。

随着人类进入互联网时代，网络文明作为一种新的文明形式产生，是社会发展进步的重要体现。加强网络文明建设是实施网络强国战略的重要内容，也是提高社会文明程度的必然要求。党的十九届六中全会审议通过的《中共中央关于党的百年奋斗重大成就和历史经验的决议》明确提出，过不了互联网这一关就过不了长期执政这一关。党高度重视互联网这个意识形态斗争的主阵地、主战场、最前沿，健全互联网领导和管理体制，坚持依法管网治网，营造清朗的网络空间。[①] 建设具有中国特色的网络文明，无疑是我们面临的重要任务。

因此，加强网络文明建设不仅是大力推进社会主义精神文明建设的应有之义和提升文化实力的现实需求，而且是部署落实中央明确提出的到2035年建成文化强国的战略选择。这要求国家更加重视网络政权建设、道德建设，统筹兼顾网络文明建设工作，双管齐下，着力用科学理论、先进文化、主流价值占领网络阵地，着力推动文明办网、文明用网、文明上网，着力构筑网络绿色屏障、安全屏障，积极营造风清气正的网络空间。为更好地完成新时代精神文明建设工作打下坚实网络根基。

---

① 《中共中央关于党的百年奋斗重大成就和历史经验的决议》，人民出版社，2021，第45页。

1. 网络政权建设

随着网络空间成为生产新空间、治理新领域，从稳定国家和社会的视角来看，把网络治理融入国家治理体系和治理能力现代化，加强网络政权建设，具有重要的现实意义。我们必须树立网络主权意识、网络安全意识、网络法治意识等多种意识，助力于完善网络空间制度，维护网络社会秩序，充分做好网络空间的政权建设。

首先，需要增强网络主权意识。网络主权是新时代背景下国家政权的时代性延伸，网络空间已经成为陆海空天之外的“第二类疆域”。增强网络空间主权意识，就需要清楚地认识网络技术带来全新挑战，理解网络空间与现实空间紧密相连的融合关系，通过把握互联网技术和现实世界的内在联系，结合战略规划和法律制度，在网络空间中实施积极管控与有效干预，维护国家网络空间主权、安全和发展利益。

其次，还需要增强网络安全意识。网络安全是维护国家政权的关键保障，增强网络安全意识要做到凝聚广泛共识，发挥大众智慧力量，共同构建安全、和平、有序的网络空间。在建设网络安全意识的过程中。党对意识形态工作的领导，从根本上保证了社会主义意识形态的正确方向。我们要以社会主义核心价值观为思想引导，引导全民遵守网络道德和法律，注重文明上网的网络安全教育，提高网民分析问题和价值判断的能力，自觉抵制西方意识形态和文化价值观念的侵害，进而增强网络主权安全意识。同时，也要在技术上攻坚克难，研发出坚实可靠的网络安全“防火墙”，从技术层面切实保障国家网络安全。

最后，还需要强化网络法治意识。互联网的兴起，尤其是网络社交媒体的快速发展，让大量法律与秩序上的问题延伸到互联网领域。我国法治制度建设存在方法论上的误区，而由此造成的制度层面“供给短缺”正侵蚀网络法治生态。必须着力塑造网络法律秩序，加强监督与管理促进互联网法治体系建构。应打造国家立法、政府执法、个人守法三个维度上的有机统一，加快推进互联网法治体系建构，塑造现代化网络法治秩序。

2. 网络道德建设

要建设清朗的网络空间，网络道德建设正是重要手段之一，只有全民具有网络道德意识，自觉遵守网络道德，健康文明使用网络，我们才能享受科技带来的美好。在中共中央、国务院颁布的《新时代公民道德建设实施纲要》中，关于“抓好网络空间道德建设”这一部分，主要提出了加强网络内容建设、培养文明自律网络行为、丰富网上道德实践、营造良好网络道德环境四方面的内容。[①] 这为现阶段网络空间的道德建设提供了顶层指导。

推进网络内容建设的制度化，要求作为网络文化内容生产者的互联网企业和网民创作生产传播格调积极健康、契合新时代精神文明的作品，着力打造一批正能量充沛、主旋律高昂，能够弘扬社会主义核心价值观的网络精品文化内容；培养文明自律网络行为，就是要使网络行为主体养成文明自律的网络行为，这要求必须建立和完善规范网络行为的道德准则和文明条例，明确界定网络行为是非善恶的标准，引导广大网民自觉尊德守法，自觉维护良好网络秩序；丰富网上道德实践，可重点发展、完善多种多样的“互联网 + 公益”的网络模式，为广大网民进行道德活动提供更加开放、更加便捷的服务平台，引导人们随时随地随手做公益、参与道德活动；营造良好网络道德环境，必须加大政府网络管理部门对互联网企业、各类网络社交平台、各类公众账号等的监督、管理力度，加大对网上突出问题的整治力度，以制度化方式把网络空间道德秩序维护好。

互联网已经成为人们日常生活的重要组成部分，加强网络道德建设已成为社会共识。我们应尊重信息网络的内在规律，积极利用互联网技术进行创新化的道德实践活动。当前道德建设的一大缺陷就是培育方式较为单一，难以适应新媒体时代的实际发展需求，对各种道德与价值的冲突不能积极直面，仍然沿用过往僵硬的灌输代替主动引导。因此，网络道德建设要回归生活，扎根生活，尤其要与新媒体时代的生活特点密切联系，使道德教育扎根现实，使网络道德建设更加人性化、科学化、时代化。

网络道德一直是广州市新时代精神文明建设的重点。广州市“网络文明”主题月，在宣传普及绿色网络文化，共创健康文明网络方面，发挥了积极的示范效应。如国内最大的 UGC 音频社区和互动音频娱乐平台，获评十佳广州正能量 App 的荔枝 App（原荔枝 FM），便充分发挥平台优势引导

① 《新时代公民道德建设实施纲要》，《人民日报》2019 年 10 月 28 日，第 1 版。

舆论，在网络音频空间充分营造出强信心、暖人心、聚民心的环境氛围，积极响应国家对于网络信息内容生态治理的要求。同时积极发挥网络音频优势，构建了创新正能量传播的长效机制，实现了正能量传播常态化和内容精品化。为网络音频行业持续开展特色正能量传播、营造清朗的网络音频空间提供了有益探索，为全面唱响主旋律、弘扬正能量提供了抓手。

总体而言，新时代精神文明建设的舆论引导需要把握精神文明建设的宣传教育、重大舆情和突发事件舆论引导机制和网络精神文明建设与运用的三大路线，将满足人民文化需求和增强人民精神力量相统一，推进社会主义文化强国建设。这是处于新时代变幻莫测的国际形势中的中国特色社会主义的发展要求，也是遵循社会主义建设规律、推动物质文明和精神文明协调发展的根本之举，更是实现新的奋斗目标、全面建设社会主义现代化国家的重要战略部署。

第四章　新时代精神文明建设的运行机制

精神文明建设是一项传统的常规性工作，在党的各项事业中占有重要位置。改革开放初期“社会主义精神文明”概念首次提出后精神文明建设工作激起了全社会广泛的关注和参与热情。党的十四届六中全会通过《中共中央关于加强社会主义精神文明建设若干重要问题的决议》后，对精神文明的探讨进入新的阶段。有学者认为，上述两次精神文明建设的标志性事件意味着精神文明建设由“从意识形态话语向大众话语的推进”逐步转变为“从问题意识向价值追求的推进”。[①] 进入新时代，生产力、生产关系发生深刻变革，中国社会主要矛盾出现前所未有的新变化，精神文明建设亦应辨明新的时代方位，围绕经济社会发展的前进目标变革运行机制。

一　新时代精神文明建设的规划

党的十八大以来，以习近平同志为核心的党中央高度重视精神文明建设工作，多次对精神文明工作作出重要指示，强调“只有物质文明建设和精神文明建设都搞好，国家物质力量和精神力量都增强，全国各族人民物质生活和精神生活都改善，中国特色社会主义事业才能顺利向前推进”。[②] 党的十八届五中全会通过的《中共中央关于制定国民经济和社会发展第十三个五年规划的建议》，对推动“两个文明”协调发展作出专门部署、提出明确要求，将精神文明建设推向更高水平。党的十九届五中全会通过的《中共中央关于制定国民经济和社会发展第十四个五年规划和二〇三五年

---

① 樊浩：《“精神”，如何与“文明”在一起》，《哲学动态》2015 年第 8 期。

② 《习近平谈治国理政》第 1 卷，外文出版社，2018，第 153 页。

远景目标的建议》中进一步指出，要“坚持马克思主义在意识形态领域的指导地位，坚定文化自信，坚持以社会主义核心价值观引领文化建设，加强社会主义精神文明建设，围绕举旗帜、聚民心、育新人、兴文化、展形象的使命任务，促进满足人民文化需求和增强人民精神力量相统一，推进社会主义文化强国建设”。这些重要指示精神和文件是新时代精神文明建设的指导思想和纲领性文件。

（一）新时代精神文明建设的顶层设计

2017 年 10 月，习近平同志在党的十九大报告中指出：“经过长期努力，中国特色社会主义进入了新时代，这是我国发展新的历史方位。”① 准确把握“新时代”的内涵是理解精神文明建设时代诉求的方位基础，亦是找准发展方向的基础，同时还是贯彻新理念、运用新方法的基础。就定位而言，新时代精神文明建设逐步从全面建成小康社会和社会主义现代化强国的必要条件转化为目标；就方法而言，创新、协调、绿色、开放、共享逐步成为统领包括精神文明建设在内的各项事业的总方略；就作用而言，精神文明建设为“四个全面”提供意识统领、思想保障、道德滋养和文化氛围。

1. 新时代精神文明建设的界定

关于精神文明建设内容的研究与介说尽管存在一定的争论②，但学术界和官方认可与提倡的仍旧是“两个方面”说，即“思想道德建设”和“科学文化建设”。从概念阐释上看，思想道德建设更多体现为人们思想、政治、道德水平的提高，科学文化建设更倾向于科学、教育和文化知识的完善，两者都与愚昧、野蛮、落后、物质以及腐朽、堕落和沉沦相悖。不应否认的是，精神文明建设内涵与外延广泛，“思想道德建设和科学文化建设”对内容的界定过于宏观，无法囊括最新发展的精神文明元素，同时，由于社会结构、传播手段、沟通渠道和生活方式的深刻变革，精神文明建设的方法亦应与时俱进地发展变革。

新时代的实践中，对精神文明建设内容的表述更有聚焦性，“精神文

① 《习近平谈治国理政》第 3 卷，外文出版社，2020，第 8 页。

② 王岩等：《新时代中国精神文明建设研究》，中国社会科学出版社，2020，第 5 页。

明工作以习近平总书记重要讲话精神为指引，把培育时代新人作为着眼点，培育和践行社会主义核心价值观，引导全社会树立文明观念、提高文明程度、形成文明风尚，不断推动人民在理想信念、价值观念、道德观念上紧紧团结在一起，为实现‘两个一百年’奋斗目标和中华民族伟大复兴的中国梦凝聚强大精神力量”。[①] 这种表达更倾向于提纲挈领地总结，为我们不断探索与研究精神文明建设的内涵与边界提供了经验。同时也应该注意到，由于时代变迁带来的深刻性变革，让人不得不进一步探寻精神文明建设更具体、微观甚至形而下的所指。

2. 新时代精神文明建设的基本原则

（1）坚持以人民为中心。以人民为中心是开展新时代精神文明建设的价值旨归和题中之义。中国共产党带领全国各族人民开展的各项事业，归根结底就是要实现人民群众对美好生活的向往。人民群众是文明的创造者和享有者，在新时代精神文明建设过程中，人既是出发点和落脚点，同时也是参与主体。新时代精神文明建设以人民为中心，包含以下四层意思：第一，人民是历史的创造者，必须始终把全心全意为人民服务作为精神文明建设的根本宗旨；第二，人民是国家的主人，必须始终依靠群众路线推进精神文明建设；第三，人民是精神文明建设的主体，必须把以人民为中心体现到精神文明建设的各个环节；第四，人民向往美好生活，必须始终把人民对美好生活的向往作为精神文明建设的奋斗目标。

经过40余年的改革开放，人民群众享受改革开放带来的物质条件有了根本转变，与此相适应的，对精神生活的要求也较以往有了质的变化。人民群众的“获得感”绝不囿于对物质占有的量化表达，同时也包含着精神生活的多样化、品位化、层次化诉求。此为社会主要矛盾变化的重要表现特征，体现出人民群众对风清气正的社会风气、崇德尚义的伦理秩序、自由公正的社会制度等各方面的期许，涵盖了人的精神生活的方方面面。新时代精神文明建设要从人民群众的诉求出发，从客观存在的主要矛盾入手，一方面理解并回应人民群众的现实诉求，另一方面亦需站在更高高

① 《凝聚奋进新时代的精神力量——党的十九大以来精神文明成就综述》，中国政府网，2020年11月18日，http://www.gov.cn/xinwen/2020-11/18/content_5562377.htm。

度，观照国家经济社会发展和人民群众的长远利益，对人民群众进行理想信念、精神风貌、价值观念、法治思维、伦理道德上的正确引导。

（2）实现物质文明和精神文明的辩证统一与均衡发展。恩格斯曾指出：“所有的两极对立，都以对立的两极的相互作用为条件；这两极的分离和对立，只存在于它们的相互依存和联结之中，反过来说，它们的联结，只存在于它们的分离之中，它们的相互依存，只存在于它们的对立之中。”① 改革开放之初确立的物质文明和精神文明“两手抓，两手都要硬”的方针无疑是科学论断，它揭示了社会主义物质文明和精神文明之间互为条件和目的，相互促进与制约的发展规律。两者的辩证统一体现在：物质文明为精神文明的发展提供物质条件和实践经验，精神文明为物质文明的发展提供精神动力和智力支持。物质文明与精神文明的相互促进与协调发展并不处于自然而然的状态，在物质文明发展的过程中，精神文明建设极有可能滞后甚至偏离轨道，从而难以实现真正的平衡。正确厘清物质文明和精神文明的关系，时刻保证精神文明的“话语权”，正确发挥精神文明应有的作用，是精神文明“建设”的题中之义。

2020 年 10 月 24 日，习近平总书记在深圳经济特区建立 40 周年庆祝大会上的讲话中指出：“中国特色社会主义是物质文明和精神文明全面发展的社会主义。”② 均衡发展与相互促进互为手段与目标，在全面建成小康社会时期，精神文明与物质文明之间的均衡发展有了更加坚实的基础。与此同时，“党准确把握世界范围内思想文化相互激荡、我国社会思想观念深刻变化的趋势，强调意识形态工作是为国家立心、为民族立魂的工作，文化自信是更基础、更广泛、更深厚的自信，是一个国家、一个民族发展中最基本、最深沉、最持久的力量，没有高度文化自信、没有文化繁荣兴盛就没有中华民族伟大复兴”。③ 一度颇有市场的自由化思想、极端个人主义思想、西化思想引起了更多人的警觉与反省，贪污腐败、道德缺失、娱乐至上的情况得到了较为有效的遏制，物质文明和精神文明的辩证统一与

① 《马克思恩格斯选集》第 3 卷，人民出版社，2012，第 954 页。

② 习近平：《在深圳经济特区建立 40 周年庆祝大会上的讲话》，人民出版社，2020，第 13 页。

③ 《中共中央关于党的百年奋斗重大成就和历史经验的决议》，人民出版社，2021，第 43～44 页。

均衡发展具备更加光明的未来。

(3) 精神文明建设的协调发展。新时代中国社会的主要矛盾集中表现为“人民日益增长的美好生活需要和不平衡不充分的发展之间的矛盾”，这种不平衡不充分在精神文明建设领域主要表现为科学文化建设和思想道德建设欠协调、城乡精神文明建设欠协作和区域精神文明建设欠融合的问题。思想道德建设在精神文明建设中具有定性与定向的作用，科学文化建设在精神文明建设中提供智力支持和物质基础，为精神文明建设赋能，两者互相影响、促进和制约，在精神文明建设过程中，应当有效激发两者的活力，促进双方的平等、融洽与协调化发展。城乡精神文明是精神文明建设的重要组成要素，在新时代的各项工作中，城乡建设之间的差距也最为明显，精神文明建设的城乡协调发展就是要缩小城乡之间精神文明建设的差距，促进一体化发展。习近平总书记指出：“要推进城乡公共文化服务体系一体建设，优化城乡文化资源配置，完善农村文化基础设施网络，增加农村公共文化服务总量供给，缩小城乡公共文化服务差距。”① 协调城乡精神文明建设，并不是追求城乡的同质化，更多的是在承认二者特质的基础上强调城乡精神文明建设的多样性和多元化，从而促进城乡精神文明建设的双向良性互动。不同区域具备不同的精神文明底蕴和特质，总体而言，东西部之间的精神文明建设有一定的差距，差距的最根本原因由经济基础决定。协调统筹区域精神文明建设主要强调生产的合作与资源的共享，发挥先进区域对相对落后地区的带动和示范作用，逐步缩小区域差距，实现多维度发展和区域共建。

(4) 坚持守正创新。习近平总书记指出：“一个民族、一个国家，必须知道自己是谁，是从哪里来的，要到哪里去，想明白了、想对了，就要坚定不移朝着目标前进。”② 新时代精神文明建设过程中需要秉持开放态度，吸收借鉴人类文明发展史上的一切先进成果，但前提是立足于本民族的文化传统，坚守核心观念，具备边界意识。党的十九大报告指出：“文

---

① 习近平：《在教育文化卫生体育领域专家代表座谈会上的讲话》，人民出版社，2020，第 7 页。

② 《习近平谈治国理政》第 1 卷，外文出版社，2018，第 171 页。

化是一个国家、一个民族的灵魂。文化兴国运兴，文化强民族强。没有高度的文化自信，没有文化的繁荣兴盛，就没有中华民族伟大复兴。"[①] 对中华文化的坚守与自信，奠定了中国道路的选择，催生了中国制度的更新，促进了中国理论的发展。传承发展中华优秀文化，是中华民族主体性意识的内化行为，体现出鲜明中华民族特性。传承发展中华优秀文化，需要对中华文化的历史有强烈的认同感、自豪感，对历史沉淀的文化积累有客观清醒的认知，对中华文化的生命力有强烈的认同和自豪感，对随着时代发展与时俱进的中国道路、理论、制度有强烈的认同感。

传承中华传统文化，并非只是挖掘传统文化、革命文化的所指本身，更多的是分析传统文化在新时代背景下的价值，是解决"从哪里来""到哪里去"的问题。新时代精神文明建设过程中，需要传承发扬中华文化，促进传统文化的创造性转化和创新性发展；需要牢固树立自信，正确分析国外理论界对于中华文明与文化的解读与阐发，分清"偏见"、"误读"、"攻击"与"捧杀"；需要在坚守文化基因的基础上凝聚中华民族共同体的情感与理想。

3. *新时代精神文明建设的着力点*

党的十九届五中全会强调要"协调推进全面建设社会主义现代化国家、全面深化改革、全面依法治国、全面从严治党的战略布局"。这一新表述，体现了党中央对国家发展阶段和党的历史使命的科学判断。在今后相当长的一段时间内，"四个全面"战略布局是推动中国特色社会主义各项事业的重要保障。从这个意义上说，精神文明建设应该放在服务"四个全面"的战略布局的重要位置，"精神文明建设围绕中心、服务大局，就要紧紧围绕'四个全面'战略布局来展开，找准服务大局的着力点"。[②] 新时代精神文明建设在全面建成小康社会过程中发挥了重要作用，在协调推进全面建设社会主义现代化国家的新征程上也须继续发挥功能。

（1）精神文明建设需要推动全面建成社会主义现代化国家。全面建成

---

① 《习近平谈治国理政》第3卷，外文出版社，2020，第32页。

② 刘云山：《紧紧围绕"四个全面"战略布局 锲而不舍推进精神文明建设》，《党建》2015年第4期。

社会主义现代化国家体现在经济、政治、文化、社会、生态文明建设的“五位一体”中，是更大范围、更高水平、更高质量、更加公平的现代化。第一，从根本上说，经济建设为精神文明奠定物质基础，我国在今后相当长的时间内仍然要以经济建设为中心，但精神文明亦为经济建设提供精神动力、智力支持和价值标尺，二者不可偏废。根据党的十九届五中全会精神，2021 年起我国进入新发展阶段，该阶段为精神文明建设提供了新的发展基础，我国已经形成了全球最大最有潜力的市场，完成了现行标准下农村贫困人口全部脱贫的任务，建成了世界上最大规模的社会保障体系，这些都是在精神文明建设的推动下达成的，同时经济的发展也为新时代精神文明建设铺就了“新”的物质基础。第二，从方向上看，政治建设为新时代精神文明建设指明了方向，同时精神文明建设又为政治建设提供道德支撑和精神动力。新时代，精神文明建设必须坚持中国特色社会主义方向，为深化政治体制改革、发展社会主义民主政治服务，为民主政治建设提供理论依据、思想保障和人文基础。第三，从内容上看，社会主义文化建设的主要内容与社会主义精神文明具有一致性。党的十九大报告中指出文化建设的重要任务是“坚定文化自信，推动社会主义文化繁荣兴盛”，同时还明确提出建设中国特色社会主义先进文化的系列举措：牢牢掌握意识形态工作领导权、培育和践行社会主义核心价值观、加强思想道德建设、繁荣发展社会主义文艺等。文化建设某种程度上就是促进公民思想道德素质和科学文化素质的提升过程，通过充分发挥以文化人的作用，提升整个社会的精神文明程度，社会精神文明程度的提高，同时也促进文化建设的发展。第四，从环境氛围上看，社会建设为精神文明建设营造良好有序的环境氛围，精神文明建设又促进和加强社会管理与社会和谐。社会建设围绕民生问题，涉及教育、医疗、住房、就业等一系列问题，实现人的生存和发展权的进一步提升。在人们参与及享有社会保障体系的过程中，健康和生活条件得到进一步夯实，社会矛盾得到进一步化解，社会活力得到进一步激发，对精神的追求更有层次。同时，加强和创新社会管理，有助于改进公共服务方式，提高社会治理和公共服务水平。第五，从创新发展上看，生态建设创新了精神文明建设的成果，新时代精神文明建设将生态文明作为重要内容，将进一步促进人与自然的和谐发展。总体而言，新时代精神文明建设与“五位一体”的总体布局密不可分，全面建成社会主义现代化国家，离不开精神文化的现代化，表现为一方面人民群众日益增长的精神文化生活需要得以满足；另一方面，没有强大的精神支柱不可能更好地生存与发展，不可能克服前进道路上的种种艰难险阻。

（2）精神文明建设应当助力全面深化改革。全面深化改革是新时代坚持和发展中国特色社会主义的基本方略之一，是实现中华民族伟大复兴中国梦的关键环节。步入新时代，保障全面深化改革得以顺利开展，首先要破除落后于时代的思想观念和体制机制，进而适应改革进入深水区的发展需要。习近平总书记强调：“全党要坚定改革信心，以更大的政治勇气和智慧、更有力的措施和办法推进改革。”① 解放思想才能看清各种利益固化和动力不足的症结所在，增加勇气和智慧，才能抓住重要历史机遇，破除体制机制弊端，激发和凝聚社会力量，不断解放和发展生产力，促进人的全面发展和社会的全面进步。

（3）精神文明建设必须支撑全面依法治国。全面依法治国是实现国家长治久安、全面深化改革、坚持和发展中国特色社会主义的重要保障，是发展中国特色社会主义、实现国家治理体系和治理能力现代化的必然要求。全面法治需要增强人们的法治意识和法治思维，同时要理顺法律和道德、法治与德治之间的关系。习近平总书记在主持中共中央政治局第三十七次集体学习时的讲话中指出：“法律是准绳，任何时候都必须遵循；道德是基石，任何时候都不可忽视。在新的历史条件下，我们要把依法治国基本方略、依法执政基本方式落实好，把法治中国建设好，必须坚持依法治国和以德治国相结合，使法治和德治在国家治理中相互补充、相互促进、相得益彰，推进国家治理体系和治理能力现代化。”② 精神文明必须支撑全面依法治国主要表现在以下几个方面：第一，弘扬法治精神，培养法治思维，在全体公民思想意识中形成法治意识，在全国形成法治氛围③；第二，重视发挥道德的教化作用，提高全社会的文明程度，为全面依法治

① 《习近平谈治国理政》第1卷，外文出版社，2018，第87页。

② 《习近平谈治国理政》第2卷，外文出版社，2017，第133页。

③ 杜朝举、徐志远：《法治精神、法治思维与法治方式：依法治国的三个维度》，《广西社会科学》2015年第3期。

国创造良好人文环境；第三，在精神文明建设的道德培育中体现法治要求，发挥道德对法治的滋养作用，努力使道德体系同社会主义法律规范相衔接、相协调、相促进。

（4）精神文明建设促进强化全面从严治党。办好中国的事情，关键在党。新的历史条件下，我们党面临“四大考验”与“四大危险”，全面从严治党的要求更加迫切。精神文明建设促进全面从严治党首先就是要用思想建设推进全面从严治党，用习近平新时代中国特色社会主义理论武装全党，使党员保持清醒的头脑，坚持正确的方向；研究社会主义发展的新形势、新特点和新问题，不断推进理论的创新，为全面从严治党提供理论基础；要同各种错误思潮做斗争，捍卫马克思主义在意识形态领域的主导地位，使党成为精神文明的领导者、塑造者、引领者和示范者。其次要坚持用纪律建设促进全面从严治党。“我们党是靠革命理想和铁的纪律组织起来的马克思主义政党，纪律严明是党的光荣传统和独特优势。”① 要求全体党员增强“四个意识”，坚定“四个自信”，做到“两个维护”。自觉遵守组织纪律、工作纪律和生活纪律。最后要坚持用作风建设促进全面从严治党。推进党的思想作风、学风、工作作风、领导作风和生活作风建设，营造更加风清气正的政治生态。

（二）新时代精神文明建设的中观决策

“中观”一词是相对于宏观与微观而言，指的是多层系统的中间层次，这个中间层次在系统中起着承上启下的作用。一般而言，中观决策是为实现决策目标而进行的具体分析，以及制定目标分解方案、目标选择方案、应变对策和协调措施的中层决策。新时代精神文明建设的中观决策旨在将顶层设计（或称宏观决策）进一步具体化，并且为微观决策提供指导。具体而言，宏观决策解决的是原则、目的和概念性质等问题，中观决策解决一系列“做什么”“谁做”“什么时间”“什么地点”“怎么做”等问题。

1. 新时代精神文明建设的主体

探索新时代精神文明建设的主体，实质是解决“谁来做”的问题。以往精神文明建设过程中，更注重强调政府主导的决策和管理办法，尽管取

---

① 《习近平谈治国理政》第1卷，外文出版社，2018，第386页。

得了丰硕成果，但本质上并未体现出精神文明建设主体作为目标和手段的统一性，与改革进入深水区的现实需要并不完全适应，因此，重新定位与思考决策主体势在必行。新时代精神文明建设决策主体多元化、决策组织协作化和决策方式协商化更能破解单向度管理的弊病。

（1）决策主体的多元化。新时代人们参与社会公共事务管理的渠道已经发生了根本性改变，新时代精神文明建设决策主体的多元化，一方面是目标的牵引所需，另一方面更是回应现实问题的倒逼。决策主体的多元化指在党的领导下调动精神文明建设相关单位和个人参与问题分析、目标分解、路径选择和组织协调。第一，党委在精神文明建设中起领导作用。各级党委须承担起精神文明建设的主体责任，把精神文明建设纳入经济社会发展的总体规划，列为各级领导班子和领导干部政绩考核的重要内容，进一步完善党委统一领导、党政齐抓共管、文明委组织协调、各部门各负其责、全社会积极参与的领导机制和工作机制。第二，城市、村镇、单位、家庭、校园、个人，在各级党委的统一领导下，在各部门的组织协调下积极推动人们为家庭谋幸福、为他人送温暖、为社会做贡献，提高精神境界和培育文明风尚；发挥民主党派、工商联、无党派人士、社会公众人物的作用，发挥行业协会、社会团体、基金会等各种社会组织的作用，共同参与精神文明建设。

（2）决策组织的协作化。精神文明建设内涵丰富，涉及面广，不是某一个组织一个部门可以单独胜任的事，需要各级组织、部门、单位的联动。精神文明建设决策组织的协作化主要涵盖以下三个方面内容：第一，健全精神文明建设的领导机制，确立主要责任人和主要领导机构，对精神文明建设行使领导权，负责日常的组织、协调、检查和监督工作；第二，建立和健全运作机制，明确精神文明建设的着眼点，确定工作抓手和突破口，厘清重点和工作细则，解决现实存在的问题；第三，完善管理机制，逐步破除各自为政、互不往来、活动重复和内容雷同的现状，促进不同组织、部门的联合共建，共享优势资源，强化监督管理，更加有针对性、高效地参与精神文明建设决策工作，通过完善工作制度和保障措施、制定负面清单等方式，形成长效常态的协作机制。

2. 新时代精神文明建设的重点内容

精神文明建设是一个系统工程，各项工作内容是一个有机整体，不是单项工作的机械叠加，需要体现其中的严密逻辑。新时代精神文明建设的重点内容体现在以下几个方面。

（1）加强共同理想信念教育是新时代精神文明建设的中心环节。人民有信仰，国家有力量，民族有希望。理想信念在人的精神世界中居于核心位置，是精神之“钙”，引导人们树立科学的人生目标，为人们的工作生活和社会主义事业提供前进动力，提升人的精神境界。“一个国家，一个民族，要同心同德迈向前进，必须有共同的理想信念作支撑。”① 全党同志必须把对马克思主义的信仰、对中国特色社会主义和共产主义的远大理想作为毕生追求，在改造客观世界的同时不断改造主观世界，解决好世界观、人生观、价值观这个“总开关”问题，发挥示范引领作用，坚守真理、正道、原则和规矩，引导群众明大德、严公德、守私德、重品行、正操守、养心性，进而树立共同理想，形成共同步调。

（2）培育和践行社会主义核心价值观是新时代精神文明工作的根本任务。价值引领是把社会主义核心价值观融入国民教育、社会生活和国家治理体系之中，让社会主义核心价值观指导人们的思想和行为。价值引领的重要领域是学校教育，需要进一步推动社会主义核心价值观进教材、进课堂、进学生头脑。此外，形成家庭、社会与学校携手育人的强大合力也是当务之急。同时，要将社会主义核心价值观融入法治建设体系之中，落实到立法、执法、司法、普法和依法治理的各个方面，融入到制度建设和治理工作中。当然，价值引领的重中之重是要以坚定的理想信念筑牢精神之基，坚定对马克思主义的信仰，对社会主义和共产主义的信念，对中国特色社会主义道路、理论、制度、文化的自信。习近平总书记强调：“要把社会主义核心价值观的要求融入各种精神文明创建活动之中，吸引群众广泛参与，推动人们在为家庭谋幸福、为他人送温暖、为社会作贡献的过程中提高精神境界、培育文明风尚。要利用各种时机和场合，形成有利于培育和弘扬社会主义核心价值观的生活情景和社会氛围，使核心价值观的影

① 《习近平谈治国理政》第2卷，外文出版社，2017，第323页。

响像空气一样无所不在、无时不有。”[①] 核心价值观是最持久最深层的精神力量。倡导富强民主文明和谐，倡导自由平等公正法治，倡导爱国敬业诚信友善，把培育和践行社会主义核心价值观作为精神文明建设活动的各项任务，将核心价值观融入经济社会发展实践，渗透人们的日常生活，通过教育引导、舆论宣传、实践养成、制度保证等手段使社会主义核心价值观内化于心、外化于行。

（3）加强公民道德和社会道德建设是新时代精神文明建设的基础内容。道德建设在精神文明建设过程中具有举足轻重的地位，只有公民普遍具有良好的品德，精神文明建设才能得以真正实现。2019 年 10 月，中共中央、国务院颁布实施《新时代公民道德建设实施纲要》，明确指出新时代公民道德建设的重点任务分为四个方面：一是筑牢理想信念之基础；二是培育和践行社会主义核心价值观；三是传承中华传统美德；四是弘扬民族精神和时代精神。四个重点任务涵盖了人民思想觉悟、道德水准、文明素养和社会的文明程度等多个方面。

社会道德建设包含社会公德、网络道德、职业道德、家庭美德等。社会公德即公共生活和公共秩序，新时代提倡文明礼貌、助人为乐、爱护公物、保护环境、遵纪守法等社会交往和公共生活中的行为准则，拓展了人与人、人与社会、人与自然之间的基本道德准则要求；网络交往从本质上说仍然是人与人的现实交往，加强网络道德建设本质上是公德要求在网络空间的延伸与拓展，“网络空间天朗气清、生态良好，符合人民利益。网络空间乌烟瘴气、生态恶化，不符合人民利益”。[②] 新时代的网络道德要求人们正确使用网络、进行健康网络交往、自觉避免沉迷网络、加强网络道德自律和积极引导社会舆论等；职业道德在新时代出现新要求，随着社会分工和专业化程度的发展，整个社会对人们职业观念、态度、纪律和作风提出新要求，“要坚守高尚职业道德，多下苦功、多练真功，做到勤业精业”。[③] 其中，爱岗敬业被提到更高位置，诚实守信逐渐成为根本准则，办

① 《习近平谈治国理政》第 1 卷，外文出版社，2018，第 165 页。
② 《习近平谈治国理政》第 2 卷，外文出版社，2017，第 336 页。
③ 《习近平谈治国理政》第 3 卷，外文出版社，2020，第 325 页。

事公道越来越体现出新时代从业者与服务对象之间的平等关系，服务群众和奉献社会越来越成为社会主义道德的目标指向。

特别需要指出的是，提倡家庭美德越来越成为新时代精神文明建设的重点内容之一。习近平总书记在 2018 年 11 月 2 日同全国妇联新一届领导班子成员的集体谈话时指出："要注重家庭、注重家教、注重家风，认真研究家庭领域出现的新情况新问题，把推进家庭工作作为一项长期任务抓实抓好。要坚持以社会主义核心价值观为统领，引导妇女既要爱小家，也要爱国家，带领家庭成员共同升华爱国爱家的家国情怀、建设相亲相爱的家庭关系、弘扬向上向善的家庭美德、体现共建共享的家庭追求，在促进家庭和睦、亲人相爱、下一代健康成长、老年人老有所养等方面发挥优势、担起责任。"① 家庭美德建设一方面是新时代社会主义精神文明建设的重要内容，另一方面也是社会主义精神文明建设的微观表现，同时还是精神文明建设的重要载体。

在精神文明的建设过程中，除了分类界定公民美德和社会公德的形态之外，更要探索公民美德塑造与社会道德建设，探讨人的品格完善与社会道德风尚之间的逻辑关系问题。

（4）日常生活理念文明化是新时代精神文明建设的纵深拓展。日常生活理念不同于政治意识形态、伦理道德观念和科学精神，不苛求严密自洽的系统性、逻辑性和反思性，属于基础性层次的精神形态，是以往精神文明建设较少关注到的领域，但由于其更侧重于微观性的具体生活，有着更为世俗化和大众化的特征，因此更能增加精神文明建设的濡化功能。新时代，习近平总书记在多个重要场合谈及人们的生活理念，表明精神文明建设的内容更加深入与细化，对人们的言谈举止和思维方式有着更细化的要求，例如，2018 年 5 月 18 日习近平总书记在全国生态环境保护大会上的讲话中对绿色生活方式的倡导："每个人都是生态环境的保护者、建设者、受益者，没有哪个人是旁观者、局外人、批评家，谁也不能只说不做、置身事外。要增强全民节约意识、环保意识、生态意识，培育生态道德和行

① 《习近平同全国妇联新一届领导班子成员集体谈话并发表重要讲话》，中国政府网，2018 年 11 月 2 日，http://www.gov.cn/xinwen/2018－11/02/content_5336958.htm。

为准则，开展全民绿色行动，动员全社会都以实际行动减少能源资源消耗和污染排放，为生态环境保护作出贡献。”① 2019年8月21日习近平总书记在甘肃省兰州市读者出版集团有限公司考察调研时对精神生活的倡议：“提倡多读书，建设书香社会，不断提升人民思想境界、增强人民精神力量，中华民族的精神世界就能更加厚重深邃。”对健康理念的倡导：“要有针对性地开展精神文明教育，加强对健康理念和传染病防控知识的宣传教育，教育引导广大群众提高文明素质和自我保护能力。”②

3. 新时代精神文明建设的基本路径

精神文明建设系统包含建设的主体、客体、介体和环体，具备实践活动的过程性，同时由于作用因素的复杂，也呈现出明显的系统性。在精神文明建设过程中，建设活动实施的主体同时兼具主体性和客体性。在具体的建设活动中，如文明城市建设、文明社区建设、文明家庭建设、文明校园建设等，都是从人出发，回归到人本身，建设实践活动的开展不但作用于客体，同时也作用于主体自身。无论精神文明建设活动的形式与活动过程如何符合，从本质上看，都将作用于人的实践行为，引领和规范是其基本路径。

（1）引领。引领是精神文明建设的主要路径。第一，思想引领。思想引领就是用先进科学的理论指引人们的思想和行为，让人们具备科学的世界观和方法论。马克思主义揭示了人类社会发展的一般规律，体现出科学性和革命性的统一，具有鲜明的实践品格和持久的生命力。新时代精神文明的思想引领就是用马克思主义中国化的最新成果培根铸魂。第二，文化引领。牢牢把握社会主义先进文化的前进方向，推动社会主义文化的繁荣发展，充分发挥文化引领风尚、教育人民、服务社会和推动发展的作用；要加强党史、新中国史、改革开放史、社会主义发展史教育，加强爱国主义、集体主义、社会主义教育，把制度自信的种子播撒进人民心中，引导全体人民不断增强“四个自信”。第三，榜样引领。榜样的力量是无穷的，

① 《习近平谈治国理政》第3卷，外文出版社，2020，第362～363页。

② 习近平：《在中央政治局常委会会议研究应对新型冠状病毒肺炎疫情工作时的讲话》，《求是》2020年第4期。

习近平总书记强调："要充分发挥榜样的作用，领导干部、公众人物、先进模范都要为全社会做好表率、起好示范作用，引导和推动全体人民树立文明观念、争当文明公民、展示文明形象。"[①] 精神文明建设中发挥榜样的作用就是将崇高的价值理念、思想觉悟和精神境界具象化、生动化和生活化，就是让人们在比较中理解精神的追求高度赋予人生奋斗的强大动力，就是让人们在以英雄模范为榜样，在追求卓越中创造具有超越意义的成绩。

（2）规范。"引领"更多呈现鼓励做什么，"规范"偏向于告知哪些不可为，在精神文明建设中，规范是另一条主要路径。现实生活中，"德"与"法"都对人的行为产生约束，道德和法律是规范的两大体系，不同的是，道德是软规范，法律是硬规范。"法"主要依靠法律的预测、惩戒、威慑和预防作用对公民和社会组织行为进行规范与约束，并对违"法"的行为追究责任；"德"主要通过人们的内心信念、传统习俗、社会舆论等进行道德教化，并对违反"德"的行为进行道德谴责。依法治国和以德治国是辩证统一的关系，需要结合起来，体现中国特色社会主义国家治理的特色。在流动性增强、公共空间放大、社会风险提高的过程中，规范在约束人的同时，还具有引导作用。正因如此，在新时代，中国共产党要不断加强精神文明建设、制度建设、法治建设，着力推进国家治理体系和治理能力现代化，将我国制度优势更好地转化为国家治理效能。

需要特别强调的是，随着时代变化和社会发展，引领与规范亦应不断呈现出新气象。只有站在时代前列，不断创新工作方式方法，精神文明建设才能发挥出应有的功能。正如习近平总书记强调的："当前，社会上思想活跃、观念碰撞，互联网等新技术新媒介日新月异，我们要审时度势、因势利导，创新内容和载体，改进方式和方法，使精神文明建设始终充满生机活力。"[②]

（三）新时代精神文明建设的公众参与

精神文明建设工作需要有统一领导，更需要人民群众的广泛参与，而

① 《习近平关于社会主义文化建设论述摘编》，中央文献出版社，2017，第127页。
② 《习近平关于社会主义文化建设论述摘编》，中央文献出版社，2017，第11页。

公众参与程度是精神文明建设是否能取得实效的重要标尺。不可否认的是，精神文明建设具有强烈的政治使命感，决策、实施和反馈环节都有强烈的自上而下的路径依赖。但“作为人类精神生产的发展水平及其积极成果的体现，精神文明除了具有意识形态的属性之外，还应当包括非意识形态属性的部分；除了蕴含浓郁政治色彩的官方话语之外，还应当有反映精神生长逻辑及规律的民间话语；除了自上而下的顶层设计之外，还需要自下而上的大众参与”。[①] 因此，公众参与直接印证顶层设计和中观决策的科学性和有效性。在精神文明建设的实践过程中，信息不对称、政府宣传力度和人民感知程度不匹配是较为常见的现象，公众参与的积极性、主动性有待提高。要破解这些问题，必须从新时代精神文明建设的要求和人民群众的诉求两方面综合入手，寻找两者的最佳契合点。

1. 提高公众参与精神文明建设的意愿和能力

人民对美好生活的向往，就是党和政府的奋斗目标。新时代，精神文明建设的成果惠及人民、由人民共享，是新时代中国特色社会主义建设的应有之义，这是精神文明的主要出发点。人民群众的精神生活要求逐步提高，表现在精神生活丰富化、精神产品品质化、服务体系科学化、资源配置合理化等方面，提高公众参与精神文明建设的意愿和能力，这些是应得到重视的首要问题。

（1）推进精神文明建设的供给侧改革。习近平总书记指出：“发展文化事业是满足人民精神文化需求、保障人民文化权益的基本途径。要坚持为人民服务、为社会主义服务的方向，坚持百花齐放、百家争鸣的方针，全面繁荣新闻出版、广播影视、文学艺术、哲学社会科学事业，着力提升公共文化服务水平，让人民享有更加充实、更为丰富、更高质量的精神文化生活。要推进城乡公共文化服务体系一体建设，优化城乡文化资源配置，完善农村文化基础设施网络，增加农村公共文化服务总量供给，缩小城乡公共文化服务差距。”[②] 新时代精神文明建设要获得最大范围的支持与

---

① 王岩等：《新时代中国精神文明建设研究》，中国社会科学出版社，2020，第5页。

② 习近平：《在教育文化卫生体育领域专家代表座谈会上的讲话》，人民出版社，2020，第6～7页。

参与，必须做到按需下沉、分类下沉和常态下沉。随着物质条件的逐步丰富和获取渠道的多元化，人们对精神生活产品的要求越来越高，能否提供更多既能满足人民文化需求，又能增强人民精神力量的文化产品，需要协调经济效益和社会效益的关系，将社会效益放在首位，实现社会效益和经济效益的统一；需要深化文化体制改革，完善文化产业规划和政策，抵制低俗低质产品，扩大优质产品的供给；需要看清并利用数字产业化和产业数字化的趋势，大力推进、规范新型文化业态发展。

（2）促进“被动参与”到“主动融入”的转变。文明是人们对社会基本道德和规则的需求，是人们社会行为的普遍社会规范。公众参与精神文明建设一方面帮助人们更好地适应社会需要，另一方面体现中国社会发展的需要。公众参与精神文明建设的关键点在于提高参与的有效性，这是保证公共资源得以合理利用，保障公共政策能够体现公众利益和要求的基石。精神文明建设的公众参与环节，首先要推选和鼓励有意愿的人参与到精神文明建设的组织、决策和管理过程中。其次要在社会中大力弘扬志愿精神，吸引公众加入到志愿团体或社会组织中。2019 年 1 月 17 日，习近平总书记在天津考察时指出：“志愿服务是社会文明进步的重要标志，是广大志愿者奉献爱心的重要渠道。各级党委和政府要为志愿服务搭建更多平台，更好发挥志愿服务在社会治理中的积极作用。”① 努力提高精神文明建设活动开展的组织化和规范化，克服无序、无效参与的弊病。最后，公众参与要与政府组织实施形成良性互动，在决策、组织、实施和反馈各个环节积极反映自己的意见和建议，提出自身的利益诉求，提高精神文明建设顶层设计和中观决策的科学性与合理性。

（3）引导日常生活领域的精神文化认同。精神文明的宏大叙事如何生活化、抽象概念理念如何具象化是影响精神文明建设大众参与的重要议题。在精神文明建设中，人们往往更容易注重从上而下地倾注精神价值理念，却不自觉地忽略人们为了生存和发展而进行的基本日常行为中本身就包含了这些元素。人们对日常生活本质、真谛和生命意义的理解均潜藏在

---

① 《习近平为志愿者点赞：你们所做的事业会载入史册》，中国政府网，2019 年 1 月 18 日，http://www.gov.cn/xinwen/2019-01/18/content_5359059.htm。

如何选择、安排和组织自身日常行为和生活中，集中表现为人们的价值观。党的十九大报告指出："社会主义核心价值观是当代中国精神的集中体现，凝结着全体人民共同的价值追求。……发挥社会主义核心价值观对国民教育、精神文明创建、精神文化产品创作生产传播的引领作用，把社会主义核心价值观融入社会发展各方面。"① 这是新时代精神文明建设的重要遵循，但如果把弘扬和践行社会主义核心价值观当成精神文明建设生活化的全部则会带来两个重要问题。第一，是否能够抵御西方价值观对大众日常生活理念的渗透？第二，当某种价值理念成为一种"公共权力"时，是否能够保证对私人生活介入的恰当限度，是否会对个体产生毫无限制的干预？鉴于此，需要加强社会主义精神文明对大众"美好生活"的引领，也需要从大众话语的角度发掘并提倡消而不奢、交而不疏、享而不靡、闲而不颓、欲而不纵的日常生活理念，进一步夯实全社会践行社会主义核心价值观的生活观念基础。

2. 建立和完善新时代精神文明建设公众参与的长效机制

完善新时代精神文明建设公众参与机制能够提供良好的参与氛围和平台，从而提高公众参与精神文明建设的有效性。公众参与需要畅通参与渠道和程序机制作为保障。构建切实可行的参与程序机制将是新时代调动和维护精神文明建设工作的重要制度安排。一是要完善精神文明建设公众参与的程序机制，确定公众参与精神文明建设的路径、形式与程序。习近平总书记在主持十八届中央政治局第二十三次集体学习时的讲话中指出："要坚持群众观点和群众路线，拓展人民群众参与公共安全治理的有效途径。要把公共安全教育纳入国民教育和精神文明建设体系，加强安全公益宣传，健全公共安全社会心理干预体系，积极引导社会舆论和公众情绪，动员全社会的力量来维护公共安全。"② 特别强调了人民群众参与公共治理的有效途径问题，这对新时代精神文明建设有重要的启示意义。二是建立精神文明建设的监督机制，一方面，精神文明建设主管部门通过监督机制

① 《习近平谈治国理政》第3卷，外文出版社，2020，第33页。

② 习近平：《要坚持群众观点和群众路线，把基层一线作为公共安全的主战场》，复兴网，2015年6月1日，http://www.mzfxw.com/e/action/ShowInfo.php?classid=11&id=39620。

对公众参与情况进行必要监督，另一方面公众也能更多地监督政府创建行为，帮助提升决策的科学化、运行的合理化。三是落实精神文明建设的责任追究机制，公众参与精神文明建设的热情和程度，很大程度上取决于组织管理者的行为表率，对于违规行为，应该依法追究责任，以此保障公众参与知情权、维持公众的参与热情、提升公众的参与质量。

3. 完善各类平台提升新时代精神文明建设的参与度

新时代精神文明建设的公众参与需要党员干部示范带动、机关事业单位人员积极参与，同时还需要发展专业的社会队伍，并动员群众参与进来。公众的参与不局限于线下，也体现在线上，新时代的精神文明建设尤其要注意将线上线下的公众参与结合起来，增强精神文明建设的即时性、交互性和体验感。

（1）拓展公众参与渠道。精神文明建设组织管理部门致力于整合区域内阵地资源、项目资源、队伍资源，纳入数字平台管理，形成新时代精神文明建设资源清单。按照理论宣讲、教育服务、文化服务、科技与科普服务、体育服务等进行分类，供公众进行活动查询、服务点单。在现有志愿服务平台、新时代文明实践中心、网络数字中心等平台的基础上，打通现有的政务、服务、商务平台，丰富平台资源，加强多平台的统筹管理，不断强化各平台的服务功能。

（2）增强公众参与体验。依托各类平台，实现精神文明建设阵地、活动、队伍的预约功能，实现公众的个性化选择，盘活整体资源，提升资源的使用效能。发挥好网络数字平台指挥调度的功能，及时回应群众需求，有效匹配专业服务团队，建立需求调度管理体系，使阵地、队伍、项目在区域内甚至区域间有序充分流动，防止资源的限制与浪费。

（3）激发公众参与活力。将实践活动平台纳入数字平台的统计范围，建立新时代精神文明公众参与的实践评估体系，动态追踪分析场地使用率、活动参与率、队伍活跃度、群众满意度，制作科学合理的指标体系，扶持优秀团队，监督与帮扶较弱平台。将新时代精神文明建设实践指数测评、文明热搜、不文明行为等纳入评价指标体系，充分发挥评价结果的导向作用。

二 新时代精神文明建设的实施

在明确精神文明建设目标、原则、内容、着力点、路径和方法的基础上，查找现存问题，探索破解之道，是精神文明建设得以顺利实施的先决条件。中观决策如何反映顶层设计的要求，顶层设计和中观决策何以落地，如何打通精神文明建设宣传教育、关心服务群众的“最后一公里”，新时代精神文明建设活动该依托何种方式常抓不懈，以上均是精神文明建设实施环节需要重点关注的问题。

（一）新时代精神文明建设的“立”“破”并举

马克思、恩格斯在《德意志意识形态》中指出：“一个阶级是社会上占统治地位的物质力量，同时也是社会上占统治地位的精神力量。支配着物质生产资料的阶级，同时也支配者精神生产资料，因此，那些没有精神生产资料的人的思想，一般地是隶属于这个阶级的。”① 马克思和恩格斯将精神生产和精神生活限定在一定的物质力量基础之上，并指出其阶级属性。从这个意义上说，精神文明建设的“立”与“破”应立足于两点：第一，所谓的“立”，就是要确立、树立能够体现物质基础、阶级属性和利益要求的精神文明形态；第二，所谓的“破”，就是要打破与物质基础、阶级属性、利益诉求不匹配的精神形态。不破不立，立破并举，两者是辩证统一、有机融合的关系。新时代精神文明建设的“立”与“破”应该贯穿人们的思维方式、价值判断、精神立场各个方面，同时，也应涉及实施路径、重点领域等组织实施环节。

1.“立”科学方法，“破”模糊认知

掌握马克思主义的基本方法是精神文明建设取得成效的根基。习近平总书记系列重要讲话是中国特色社会主义理论体系最新成果，是指导具有许多新的历史特点伟大斗争的最鲜活的马克思主义，彰显了马克思主义强大的真理力量和实践力量，是坚定理想信念的鲜活教材。引导广大干部群众坚持读原著、学原文、悟原理，把握讲话体现的马克思主义立场观点方

---

① 《马克思恩格斯选集》第1卷，人民出版社，2012，第178页。

法，做到学而信、学而用、学而行，用讲话精神统一思想、凝聚共识。新时代精神文明建设对于马克思主义立场观点方法的坚持起到了至关重要的作用，现阶段取得的系列成果从思想根源上可以归结为：理直气壮地高举旗帜，宣扬马克思主义的指导地位。近年来，中央和地方采取一系列强有力的举措，坚持和强调了马克思主义在意识形态和精神文明建设领域的指导地位。如在各高校中设立马克思主义学院，开展马克思诞辰200周年大型庆典活动等；狠抓各种学习、培训，马克思主义的官方和坊间地位显著提升，标签化倾向被基本遏制，“马克思是对的”“思政课很有用”的声音日益清晰。对于马克思主义的研究、解释、创新逐步深入；真学真信真用马克思主义的人逐步有底气、有声音、有作为；直面思想领域的挑战，查找问题，与形形色色的非马克思主义和反马克思主义思潮之间的较量中体现出战略和战术的优势。新时代，“党着力解决意识形态领域党的领导弱化问题，立破并举、激浊扬清，就意识形态领域许多方向性、战略性问题作出部署，确立和坚持马克思主义在意识形态领域指导地位的根本制度，健全意识形态工作责任制，推动全党动手抓宣传思想工作，守土有责、守土负责、守土尽责，敢抓敢管，敢于斗争，旗帜鲜明反对和抵制各种错误观点”。①

用马克思主义的科学方法抵制非理性表达。在经济体制深刻变革、社会结构深刻变动、利益格局深刻调整的情况下，人们的思想观念发生了深刻变化，思想活动的独立性、选择性、差异性明显增强，各种思想多样杂陈、竞相发声逐渐成为常态。同时，改革发展中的困难、前进中的问题，也不可避免地映射到人们的心理层面，极易诱发非理性表达。少数人不时借社会热点特别是突发事件将个案无原则泛化，把具体问题政治化、把局部问题全局化，蓄意挑起舆论旋涡。一些非马克思主义甚至反马克思主义观点时有出现、伺机冒头，试图把普通事件炒成热点事件、把敏感事件炒成意识形态事件。针对这种情况，必须坚持立破并举，引导群众自觉理性辨识各种错误观点，划清是非界限、澄清模糊认识。新时代，“党从正本清源入手加强宣传思想工作，召开全国宣传思想工作会议，分别召开文艺

① 《中共中央关于党的百年奋斗重大成就和历史经验的决议》，人民出版社，2021，第44页。

工作、党的新闻舆论工作、网络安全和信息化工作、哲学社会科学工作座谈会和全国高校思想政治工作会议，就一系列根本性问题阐明原则立场，廓清了理论是非，校正了工作导向，思想文化领域向上向好态势不断发展”。[①]

用科学方法考察精神文明形态。在考察马克思主义语境下为什么要加强精神文明建设时，须具备至少三种意识。第一，现实生活的生产和再生产对精神文明具有决定性作用，但并不构成文明的唯一决定性因素，不能片面地理解马克思主义，认为物质发展水平提高了，精神文明水平就会自然提高。第二，应充分重视精神文明的民族性、历史性和习俗性，中华传统文化在作用于人的认知和行为习惯，推动精神文明建设方面具备天然优势。第三，精神文明建设属于实践范畴，精神文明有其历史阶段性。比如，“中华传统美德”作为中华民族特有的道德理念集合体，本身并不具备绝对真理价值及普适性意义，同时，由于生产力和生产关系的巨大差异，无法也不应将“曾有”的传统美德视为“当下”道德体系的全部应然，从这个意义上看，精神文明建设中的“中华传统美德”并非字面意义所指，更宜理解为解决当下社会存在的问题，在特定历史条件下的某类精神内核的再阐述，即进行了创造性转化和创新性发展后能够作用于当代社会的美德形态能指。

2.“立”主旋律，“破”负能量

弘扬社会主义精神文明建设的主旋律，破除市场逐利性带来的负面影响。社会主义市场经济条件下，必须正确面对市场带来的各方面影响，弘扬主旋律。新时代精神文明建设的主旋律就是要坚持以人民为中心的发展思想，以培育和践行社会主义核心价值观为根本，加强思想道德建设，弘扬中华优秀传统文化和传统美德，弘扬革命文化和社会主义先进文化，培育社会新风，全面提高国民素质和社会文明程度，着力构筑中国精神、中国价值和中国力量，巩固全党全国各族人民团结奋斗共同思想基础，为实现“两个一百年”奋斗目标、实现中华民族伟大复兴的中国梦，提供坚强思想保证和强大精神动力。

---

① 《中共中央关于党的百年奋斗重大成就和历史经验的决议》，人民出版社，2021，第44～45页。

新时代精神文明建设对马克思主义的理论性阐释越来越贴近生活，党和政府的宣传日益生活化、生动化。各大党媒官媒和门户网站的宣传内容、形式越来越接地气；从上到下的报告、总结、会议发言等逐步转向务实化和温度化，各类报告中八股化倾向被摒弃，“干货”逐渐增多，领导人讲话的用语更加贴近人民生活。对思想、形势、政策的研究、理解、把握和宣传逐步从学术化和陌生化语言转向生活化用语。思想、宣传、文艺等领域对弘扬主旋律和“批判揭露”问题之间的尺度、比例把握较为恰当。加强了马克思主义对各项工作的指导，经济、法治、社会等领域中去意识形态化的趋势得到遏制，错误思潮的出现和传播得到控制；党管的力度有所增强，“真学”“真用”的趋势越来越明显；各学科领域的方向性越来越强，对于指导思想、学科伦理、服务对象的定位逐渐清晰，价值取向的中国化和人民化逐步明晰。理想信念与社会主义核心价值观教育不仅在党员干部中开展，而且面向全社会开展。对党员干部、青年学生的理想信念教育逐步深入。

同时也必须正视，发挥市场在资源配置中的决定性作用能够增强经济活力，同时也会显露出逐利本性，导致部分人信仰缺失、价值观扭曲，深受拜金主义、享乐主义、极端个人主义的侵蚀。一些领域和一些地方道德失范，人与人之间缺乏信任，违反社会公德、职业道德、家庭美德、个人品德的现象时有发生。一些地方环境脏乱差，不遵守基本公共秩序、不遵守基本文明行为准则的现象还比较普遍。

3. “立”中国自信，“破”西方话语

（1）正确认识“迷雾”的客观存在。在改革开放、打开国门的同时，西方各种腐朽思想蔓延，冲击马克思主义意识形态，西方极端思想借助市场广泛传播，抢占社会主义精神文化市场，腐蚀人们尤其是青少年身心健康，严重影响精神文明创建活动。进入新时代，随着中国综合国力的显著增强，个别西方国家想当然地把我国当作挑战和威胁，不遗余力、想方设法地调整策略、变换手法对我进行意识形态渗透和围堵，妄图策动“颜色革命”。面对这些迷眼紊心的“烟雾弹”，我们必须保持足够警醒。习近平总书记指出：“‘谎言重复一千遍就会变成真理。’各种敌对势力就是想利用这个逻辑！他们就是要把我们党、我们国家说得一塌糊涂、一无是处，诱使人们跟着他们的魔笛起舞。各种敌对势力绝不会让我们顺顺利利实现中华民族伟大复兴，这就是为什么我们要郑重提醒全党必须准备进行具有许多新的历史特点的伟大斗争的一个原因。这场斗争既包括硬实力的斗争，也包括软实力的较量。”① 宣传领域，有不少人对西方媒体持有一种“美好幻觉”，认为它们没有什么政治倾向或政治立场，在从事新闻报道时能做到价值中立，其提供的新闻是真实和客观的，甚至有人因这一“美好幻觉”而贬低我国的媒体。这种建立在偏见上的媒体优劣论，在当下捕获了一些“信众”。对于这种具有迷惑性和欺骗性的观点，我们要仔细辨别、正本清源。

（2）正确认识区分中西方精神概念的本质不同。客观地说，中国的存在确实超出了西方话语的解释能力。精神文明的建设很大程度上依赖于抽象理念的传播，但在不同的语境中，相同的词体现的内容有着本质区别。例如，一些人认为社会主义核心价值观中的自由、民主、平等等词是对所谓的西方“普世价值”的全面接受、认同和吸纳，这是典型的偷梁换柱和偷换概念。其一，将字面上的重合等同于意义上的相同，没有注意到两种话语体系中相同的词所代表的本质意义不同；其二，为西方所谓的“普世价值”的合理合法性进行辩护，企图越过经济、制度和文化等前提条件抽象地谈论价值观，这是应该引起警觉的。习近平总书记指出，“一个民族、一个国家的核心价值观必须同这个民族、这个国家的历史文化相契合，同这个民族、这个国家的人民正在进行的奋斗相契合，同这个民族、这个国家需要解决的时代问题相适应”。② 结合总书记的这句话，我们可以看到核心价值观的合理合法性取决于三个维度：民族的历史文化、国家的发展实践、现实社会矛盾。我们的“自由”“民主”“平等”“公正”和西方所谓的“普世价值”中的“自由”“民主”“平等”“公正”有着本质的差别。比如民主，我们讲的民主是在中国共产党领导下的人民民主，而不是西方资本主义国家的议会制、三权分立和政党选举等。

（3）坚定“四个自信”。习近平总书记 2020 年 10 月 14 日在深圳经济

① 《习近平关于社会主义文化建设论述摘编》，中央文献出版社，2017，第 208 页。

② 《习近平谈治国理政》第 1 卷，外文出版社，2018，第 171 页。

特区建立40周年庆祝大会上的讲话中指出："中国特色社会主义是物质文明和精神文明全面发展的社会主义。经济特区要坚持'两手抓、两手都要硬'，在物质文明建设和精神文明建设上都要交出优异答卷。要加强理想信念教育，培育和践行社会主义核心价值观，深化中国特色社会主义和中国梦宣传教育，教育引导广大干部群众特别是青少年坚定中国特色社会主义道路自信、理论自信、制度自信、文化自信。"① "四个自信"是奋斗、比较和坚持出来的国家共识。在开拓中国特色社会主义道路的历史进程中，中国人民为战胜贫穷与落后进行了艰苦卓绝的斗争，从具体事实出发、从整体出发、从人民意志出发，都能在比较中看清中国特色社会主义道路、理论、制度、文化的比较优势。新时代的精神文明建设，要把坚定"四个自信"作为建设社会主义意识形态的关键，着力优化凝聚国家共识的社会氛围。

4. "立"正面典型，"破"界限不明

就精神文明建设的基本路径而言，"立"就是为社会树立先进典型，"破"即为批判与破除不当的思想与做法，两者都可以"典型"的形式呈现。习近平总书记2016年5月19日对党和国家功勋荣誉表彰工作作出指示："要充分发挥党和国家功勋荣誉表彰的精神引领、典型示范作用，推动全社会形成见贤思齐、崇尚英雄、争做先锋的良好氛围。"② 让"典型"真正发挥作用，凝聚全社会崇德向善、履职尽责、奋发有为的正能量，不仅要充分发挥正面典型的导向作用，还要充分发挥负面典型的警示作用。要做到"破""立"结合、赏罚分明，对于不文明的现象要"破"、要"罚"，对于文明的现象要"立"、要"赏"。不少地方为了惩治失信行为曝光老赖信息，这就是"破""罚"。探望道德先进人物、关心道德先进人物的生活，这就是"立""赏"，是精神文明建设的风向标。给好人一定的物质关怀、春节前慰问好人，这些都是对好人的奖赏、鼓舞、激励，同时会在全社会形成崇德向善、明德惟馨、见贤思齐、择善而从的良好社会氛

---

① 习近平：《在深圳经济特区建立40周年庆祝大会上的讲话》，人民出版社，2020，第13～14页。

② 《习近平关于社会主义文化建设论述摘编》，中央文献出版社，2017，第130页。

围。“破”“立”结合、赏罚分明，会形成激浊扬清的氛围，让人们明白何为真善美、何为假恶丑，使每个人都能自觉地疏远不文明、亲近文明，最终自觉地践行文明。

在发挥典型的功能时，应该特别注意以下几点。一是“典型”的树立需要“接地气”。要从社会各行业中选取，不求“高、大、全”，而应“实、精、严”，只要员工有闪光点和优点，有值得学习推广的地方，就有树立为正面典型的可能性。对于工作中轻飘飘不落地、慢吞吞不走心、懒洋洋不干事的员工，则可作为反面典型，督促其及时改进不足。二是“典型”的树立需要得到群众认可。要切实把业绩优秀、作风良好、道德高尚、大家公认的先进代表推选出来，这样才能引起其他人的共鸣，才能起到催人上进、鼓舞人心的作用。三是“典型”树立后需要持续广泛宣传。对先进典型的宣传要实事求是，切忌添枝加叶，把别人的或集体的功劳硬往一个人的头上扣。同样，对反面典型也不能夸大其词。唯有如此，典型的力量才能点亮一片、带动一批，才能让正面典型的示范作用得到发扬光大，让负面典型的警示作用得到持续发挥。

5. “立”规矩，“破”顽疾

党的十九大报告指出，全面依法治国是国家治理的一场深刻革命，必须坚持厉行法治，推进科学立法、严格执法、公正司法、全民守法。全面依法治国为我国的社会主义精神文明建设提供法律保障。法律是底线的道德，也是道德的保障，一部良法，胜过千言万语的说教，一个合理的制度设计，胜过千次万次的突击治理。加强立法工作，依法加强对群众反应强烈的失德行为的整治。比如，对突出的诚信缺失问题，既要抓紧建立覆盖全社会的征信系统，又要完善守法诚信褒奖机制和违法失信惩戒机制，使人不敢、不能失信；对见利忘义、制假售假的违法行为，要加大执法力度，让败德违法者受到惩治、付出代价。

新时代，精神文明建设的法治意识不断增强，一些“规矩”正在法治框架体系内逐步建立，如中央通过印发“八项规定”和《党政机关厉行节约反对浪费条例》，进一步规范党员干部作风，使党员干部成为遏制“舌尖上的浪费”的带头人。如今，文明餐桌、“光盘行动”，看人数点菜量、吃不完打包走，逐渐成为亲朋好友聚会时的习惯；在旅游行业，2013 年，文明旅游行为规范被写入我国首部旅游法。在互联网行业，从被称为“微信十条”的《即时通信工具公众信息服务发展管理暂行规定》，到被称为“账号十条”的《互联网用户账号名称管理规定》，一批全国性互联网行业法规相继制定、出台和修订。在交通行业，除了不断推出全国性的相关法律法规外，《深圳经济特区道路交通安全违法行为处罚条例》和《深圳经济特区道路交通安全管理条例》两部特区法规的出台，成为用地方法规治理不文明交通行为的先行者。2014 年 6 月 14 日，国务院发布《社会信用体系建设规划纲要（2014—2020 年）》，这是我国社会信用体系建设的首部国家级规划，是社会信用体系建设指导性、纲领性的文件。2014 年 9 月底，中央文明委下发《关于进一步加强文明旅游工作的意见》，许多省市把文明旅游联席会议制度建立到市县一级，基本形成由各地文明委牵头、相关部门合力共抓文明旅游的工作格局。

（二）新时代精神文明建设的环节衔接

强化精神文明建设必须构建科学的运行机制，建设理论深化机制、领导协调机制、资源配置机制、统筹协调机制，保证精神文明建设的环节成为一个有机整体系统。其中，理论深化机制主要研究新问题、新情况，为精神文明建设的深入推进和各环节的有效衔接奠定理论基础；领导协调机制用以保证机构设置、责任划分、工作制度的科学有效，形成上到顶、下到底统分有序、系统的领导机构体系；资源配置机制着力于精神文明建设资源不足的现象，破解不同区域、不同领域发展不均衡的问题；统筹协调机制将精神文明工作与其他工作进行交融整合，促进精神文明建设的多方合力形成。

1. 建设理论深化机制，打牢精神文明建设衔接的科学基础

深化理论研究，是精神文明建设顶层设计、中观决策、组织实施、公众参与的基础环节，也是精神文明建设工作能够自上而下推行、自下而上参与的关键。加强精神文明建设的环节衔接，从理论层面需要注意两组基本问题。

（1）研究并解决精神文明建设理论研究领域的主要问题。第一，精神文明建设研究成果的主题多偏于宏观，选题、学说、视角明显带有“宏大叙事”的色彩，给人以距离感、隔阂感，无法与人民群众的主体性、具体

性要求有机融合，在一定程度上导致了理论的苍白；第二，精神文明建设的现有理论尚不能完全适应改革进入深水区的发展需要，如何构建与新时代相匹配的精神文明建设内容、结构、特点、功能尚缺乏多视角的微观研究，时代性和时效性有待提高；第三，精神文明建设的民间话语体系研究与构建尚不完善。

（2）研究并解决精神文明建设环节衔接的理论性问题。要逐步加强精神文明建设的理论深化机制，加强精神文明建设的理论研究，破除在衔接上的以下几个问题：一是精神文明建设的目的与功能是否明确且具有一致性；二是各级各类培养目标的设置是否贯通且具有层次性；三是精神文明建设的内容选择是否得当且具有区分度和侧重点；四是各类活动开展和设计思路是否符合人们精神活动的特有方式并吻合参与者知行发展阶段和生活经验。解决这些问题，需要从根本上解决基础理论和研究手段的泛化现象。

2. 强化领导协调机制，加强精神文明建设衔接的统筹

新时代精神文明建设过程中，省级和市级、县级党委分别承担着负总责和抓推进的职责。负总责，即把握正确方向，及时研究解决问题，做好组织动员、政策支持、督促检查各项工作。抓推进，就是做好进度安排、人力调配、推进实施、指导协调等。省市两级党委需要把新时代精神文明建设工作摆在重要位置，“一把手”主要负责亲自抓、带头做，层层传导压力、压实责任，明确牵头责任部门和实施主体，统筹精神文明建设的工作开展并给予政策保障。省市级党委宣传部、文明办成立精神文明建设领导工作组，制定指导工作方案，创新工作方式方法，聚焦地方组织领导、政策支持保障、志愿服务队伍、志愿平台整合、活动开展、机制运动等，加强指导、评价和监督，精准施策。要围绕中央重大决策部署、省市中心工作制订年度工作计划，明确时间表、路线图和任务书，结合具体实际进行工作安排部署，确保精神文明建设工作的顺畅进行、不跑偏、不走样。上级单位应着眼于经常性和具体化指导，宣传部门、文明办建立联系制度，针对具体问题定期调研，了解新情况和新变化，研究新举措、新思路。

3. 构建资源配置机制，形成精神文明建设衔接的合力机制

加强精神文明建设的横向协调。省市两级党委宣传部、文明办可建立

新时代精神文明建设工作联席会议制度，统筹协调农业农村、科教、民政、卫生、体育等有关部门的系统力量，在精神文明建设的实践平台上各尽其职、各展所长，形成工作合力。调动各相关单位将新时代精神文明建设作为重要任务，纳入日常工作议程，建立工作台账，安排必要经费。聚焦新时代精神文明建设，统一调配各类阵地资源、文化场馆资源及人才资源，综合运用资金扶持、项目扶持、就业扶持、文化扶持、科技扶持、教育扶持等形式，广泛开展精神文明建设工作，增强辐射效应。

尤其要注意的是，城乡基层有很多文化教育资源，包括红色文化资源，但不同程度地存在活力不够、育人功效不强的问题，有些还处于闲置甚至是沉睡状态。构建资源调配机制，要把各级各类的资源活力调动起来，特别是把中华优秀传统文化、革命文化、社会主义先进文化资源，以及各方面的文化资源、人才资源、社会公益资源有效利用起来，充分发挥育人功能。

4. 建设统筹协调机制，促进精神文明建设衔接的相互交融

精神文明在纯粹的抽象思想领域能够作为独立的词存在，但在现实中却贯穿于现代政治、经济、文化、社会和生态建设的方方面面，与此相适应的是，精神文明建设工作有其特殊性，在实践中许多时候很难作为一项独立的工作而存在。在创新、协调、绿色、开放、共享理念的指引下，精神文明建设工作更应积极探索与其他各项工作的有机融合与衔接。

（1）融入基层党建。基层党组织是战斗堡垒，党建工作的开展有助于优化基层的思想建设，提高对党的认识，与精神文明建设工作相得益彰、相互促进。实际工作中，以党的建设工作为引领，融合基层党建阵地、平台、队伍，以“主题党日”、“三会一课”、志愿服务为载体，结合党员进社区等活动，推动新时代精神文明建设的深入开展。新时代文明实践中心、乡镇文明实践所、社区和村文明实践站发挥贴近基层、直面群众的优势，深入挖掘基层现实问题和群众现实性需求，重点推进解决矛盾、促进和谐、推动党建项目和精神文明创建活动的双相协调发展，实现基层党建工作与新时代精神文明建设的同频共振。

（2）融入乡村振兴。新时代精神文明建设必须紧紧围绕党中央关于乡村振兴的重大决策部署，始终着眼于服务乡村振兴战略，把提高亿万农民

的整体素质、培养适应新时代要求的农民摆在突出位置。习近平总书记在2017年12月中央农村工作会议上强调："要弘扬和践行社会主义核心价值观，坚持教育引导、实践养成、制度保障三管齐下，以农民群众喜闻乐见的方式，深化中国特色社会主义和中国梦宣传教育，弘扬民族精神和时代精神，加强爱国主义、集体主义、社会主义教育。要丰富农民精神文化生活，加强无神论宣传教育，抵制封建迷信活动。要推动文化下乡，鼓励文艺工作者深入农村、贴近农民，推出具有浓郁乡村特色、充满正能量、深受农民欢迎的文艺作品。要整合乡村文化资源，广泛开展农民乐于参与的群众性文化活动。要培育挖掘乡土文化人才，开展文化结对帮扶，制定政策引导企业家、文化工作者、科普工作者、退休人员、文化志愿者等投身乡村文化建设，形成一股新的农村文化建设力量。"① 精神文明建设是乡村振兴战略的重点，乡村要发展，不仅需要产业支撑，更需要精神文明建设指引方向，只有释放精神文明活力，才能激发乡村振兴的内生动力，全面推动乡村振兴战略落地生根。

（3）融入社会治理。一个文明、和谐、现代的社会，既要有发达的经济和活跃的市场，也要有繁荣的文化和昂扬的精神。新时代，社会治理要把精神文明建设的进程内化为社会治理有序惠民的动力，助力实现政府治理、社会调节、居民自治、发展共享的良性互动。新时代精神文明建设应该积极调动社会力量，以志愿服务、团体活动等形式有效对接基层群众，深度融入群众日常生活，与群众建立起亲密信赖关系，打造扎根基层的常驻队伍、群众身边的精神家园，从而推动社会治理中心向基层下移，打造共建共治共享的社会治理格局。

（三）新时代精神文明建设的活动开展

2017年4月5日，经党中央批准，中央精神文明建设指导委员会印发了《关于深化群众性精神文明创建活动的指导意见》，该意见指出，"群众性文明创建活动是人民群众群策群力、共建共享、改造社会、建设美好生活的创举，是提升国民素质和社会文明程度的有效途径，是把社会主义精

① 《中央农村工作会议在北京举行 习近平作重要讲话》，《人民日报》2017年12月29日，第1版。

神文明建设的任务要求落实到城乡基层的重要载体和有力抓手”。[1] 新时代的精神文明建设活动主要围绕培育和践行社会主义核心价值观、加强理想信念教育、公民道德建设、诚信建设、法治文化建设等几个方面展开，其具体表现形式丰富多样。

1. 创建文明城市、文明村镇、文明单位、文明家庭、文明校园活动

各类创建活动都要突出思想道德内涵，坚持创建为民惠民，不断扩大覆盖面，增强实效性，有力推动社会文明进步，增强城乡居民的获得感和幸福感。要推动人们在为家庭谋幸福、为他人送温暖、为社会做贡献的过程中提高精神境界、培育文明风尚。

（1）文明城市创建活动。要贯彻落实以人为核心的新型城镇化战略，加强市民文明素质教育引导，着力提高城市规划建设管理水平，保护城市历史文化和特色风貌，打造美丽整洁的生活环境、规范有序的社会秩序、便捷高效的公共服务，提升市民综合素质、城市文明程度和群众生活质量，推进建设宜居宜业、富有活力、各具特色、文明和谐的现代化城市。全国文明城市要巩固创建成果，保持创建常态，切实发挥示范带动作用。创建工作要从省会城市、地级城市、直辖市城区向县级市和县延伸，努力构建全面覆盖大中小城市的创建格局。积极发挥文明城市测评体系的导向作用，改进测评方法，完善测评程序，确保测评结果的公正性公信力。

（2）文明村镇创建活动。顺应农村群众的新期待，以农村群众的获得感为标准，以美丽乡村建设为主题，突出抓好乡风民风、人居环境和文化生活建设。着力提高农民素质，培养有文化、懂技术、善经营、会管理、适应现代农业发展的新型农民。发挥农村优秀基层干部、乡村教师、退伍军人、文化能人、返乡创业人士等新乡贤作用，传播文明理念，涵育文明乡风。大力开展移风易俗，倡导科学文明卫生的生活方式，破除陈规陋习。加强村容村貌整治和农村环境保护，全面推进农村垃圾污水治理工作，守护绿水青山。大力发展休闲农业和乡村旅游，拓展农业多种功能，促进农民就业增收。

（3）文明单位创建活动。要着力提高员工素质，涵养职业操守，培育

---

① 《关于深化群众性精神文明创建活动的指导意见》，《人民日报》2017 年 4 月 6 日，第 9 版。

职业精神，完善规章制度，树立行业新风。重点推动与群众生活关系密切的窗口行业的文明创建工作，开展具有行业特色、职业特点、工作特性的创建活动，自觉承担社会责任，着力树立良好形象，确保提供文明优质服务。要顺应经济结构、社会组织、就业方式的深刻变动，推动文明单位创建覆盖到新经济组织和社会组织。

（4）文明家庭创建活动。要更加注重家庭、注重家教、注重家风，促进家庭和睦，促进亲人相亲相爱，孝老爱幼，少有所教，老有所养，使千千万万个家庭成为国家发展、民族进步、社会和谐的重要基点，成为人们梦想启航的地方。以“家和万事兴”为主题传承良好家风和家训，重视做好家庭教育。要推动形成爱国爱家、相亲相爱、向上向善、共建共享的社会主义家庭文明新风尚，以良好家风支撑起好的社会风气。

（5）文明校园创建活动。要全面贯彻党的教育方针，坚持立德树人，以社会主义核心价值观引领知识教育，强化教书育人、管理育人、环境育人，培养德智体美劳全面发展的社会主义事业建设者和接班人。加强大学生思想政治教育和未成年人思想道德建设，改进高等学校思想政治工作和中小学校思想品德教育，构建符合青少年成长特点和规律的德育体系，提升思想政治教育亲和力和针对性。加强师德师风建设，引导广大教师学为人师、行为世范，做学生锤炼品格、学习知识、创新思维、奉献祖国的引路人。开展形式多样、健康向上、格调高雅的校园文化活动，弘扬良好校训校风，开展文明班级、文明宿舍创建活动，形成良好育人氛围。

2. 学雷锋志愿服务活动

大力倡导雷锋精神，弘扬奉献、友爱、互助、进步的志愿精神，进一步推动学雷锋志愿服务活动持续深入发展，引导激励人们把积极参与学雷锋志愿服务作为一种生活方式和生活习惯，使“我为人人、人人为我”蔚然成风。以关爱他人、奉献社会为重点，广泛开展扶贫救灾、敬老救孤、恤病助残、文化支教、环境保护、健身指导等志愿服务活动。支持和发展各类志愿服务组织尤其是专业性强的志愿服务组织，健全完善褒奖激励等制度，以制度化促进经常化持久化。

3. 文明社会风尚行动

围绕讲文明、有公德、守秩序、树新风，广泛开展文明社会风尚行动，大力普及工作生活、社会交往、人际关系、公共场所等方面的文明礼仪规范，引导人们自觉遵守公共秩序和规则，建立和谐清新人际关系，抵制不良庸俗习气，倡导文明礼仪新风，养成良好行为习惯。在全社会大力倡导尊重劳动、尊重创造，使勤奋劳动、勇于创造、艰苦奋斗成为人们的生活追求。强化质量第一意识，培育“工匠精神”。广泛倡导“绿水青山就是金山银山”，着力培养人们的生态文明、绿色环保、节俭节约、社会责任意识。要在全社会倡导合理消费，力戒奢侈浪费，制止奢靡之风。大力开展文明交通行动，普及文明交通常识，增强文明交通意识，克服各种交通陋习。大力开展文明旅游行动，加强宣传教育、规范约束和社会监督，强化文明出游意识，有效治理旅游不文明行为，提升公民旅游文明素质。加强对文艺观演、体育观赛等的文明引导，制止不文明言行。在推进新型城镇化进程中，要加强对新市民和进城务工人员的服务管理与教育引导，使他们学习掌握适应现代城市生活的必要行为规范。

4. 各类精神文明共建活动

开展城乡共建活动，加大以城带乡、城乡统筹力度，推动公共服务设施向农村延伸，公共服务产品向农村覆盖，城市现代文明向农村辐射，促进城乡发展一体化。开展区域共建活动，以国家区域发展整体战略为基础，打造一批沿海沿江沿交通干线的“文明走廊”“文明交通线”“文明示范带”。开展文明单位结对帮扶活动，动员文明单位履行社会责任，支援贫困乡村，助力脱贫攻坚。开展军民共建精神文明活动，巩固发展军政军民团结。

三　新时代精神文明建设的调控

新时代精神文明建设的调控主要指在思想道德建设和科学文化建设过程中为保证目标达成而进行的调节、控制行为，通常情况下以系统性的方式呈现，抽象化为一套机制。建立和完善精神文明建设的调控机制，主要包括调控内容、调控方式等方面，克服长期以来两个文明建设“软”“硬”不协调问题，使新时代精神文明建设落到实处、取得实效。

（一）新时代精神文明建设调控的内容

新时代精神文明建设的实效性有赖于对长期目标以及与之相适应的中短期目标的调整控制，调控行为产生作用归根结底要落实到精神文明建设实施者的主体行为中。在调控内容中，目标调控是主导，主体调控是保障。

1. 目标调控

目标调控并不限于目标调控本身，目标带有总体指向性，因此，在目标调控的过程中已包含对内容和机制的调节与控制。

（1）明确总体目标。调控目标是精神文明建设调控的总领，整个调控机制都将围绕目标进行。明确的目标，直接影响调控方法和手段的方向性，直接关系到调控是否有效，关系到精神文明建设是否能够真正落到实处。习近平总书记在党的十九大报告中指出："要以培养担当民族复兴大任的时代新人为着眼点，强化教育引导、实践养成、制度保障，发挥社会主义核心价值观对国民教育、精神文明创建、精神文化产品创作生产传播的引领作用，把社会主义核心价值观融入社会发展各方面，转化为人们的情感认同和行为习惯。"[①] 这是对精神文明建设总体目标的明确表述。具体而言，新时代精神文明建设就是要让实现中华民族伟大复兴的中国梦更加深入人心，"四个自信"更加坚定；社会主义核心价值观日益成为全体人民的共同价值追求、百姓日用而不觉的行为准则；爱国主义、集体主义、社会主义思想广泛弘扬，中华民族的归属感、认同感和凝聚力向心力不断增强；人民思想道德素质、科学文化素质和健康素质明显提高，为实现人的全面发展创造更好条件；以优良党风政风带动形成良好社会风向，向上向善、诚信互助的社会风尚更加浓厚；精神文化产品创作生产更加活跃，人民享有健康丰富的精神文化生活；城乡环境面貌、社会公共秩序、公共服务水平、居民生活质量明显趋好，社会文明程度显著提高。基层工作中，各级调控主体应在各阶段战略目标的基础上，根据本地的特点，制定出符合实际，行之有效的阶段操作性调控目标。

---

① 习近平：《决胜全面建成小康社会 夺取新时代中国特色社会主义伟大胜利——在中国共产党第十九次全国代表大会上的报告》，人民出版社，2017，第 42 页。

（2）制定具体目标。各级主管部门可以采用听取汇报、材料审核、问卷调查、实地考察、整体观察等方法，深入了解影响精神文明建设发展的要素，制定并调节具体目标，形成动态机制。在具体的调控中，建立明确的指标体系。

第一，理论宣传教育。可以细分为宣传贯彻落实习近平总书记系列重要讲话精神、重要会议精神、习近平新时代中国特色社会主义思想，重点调控实践活动的系统化、理论化、长效化机制，教育实践活动的开展机制等。

第二，培育和践行社会主义核心价值观。从组织领导、教育实践和文化养成三个方面考察《关于培育和践行社会主义核心价值观的意见》《培育和践行社会主义核心价值观行动方案》的落实情况，重大节日、活动、纪念日的集中学习宣传活动，网络新媒体的宣传普及工作，文艺形式和民间文化样式传播的内容、方式与效果，最美人物、时代楷模、凡人善举的学习宣传活动，家风、家教、家训评选宣传活动，传统文化节日活动开展及文明餐桌活动等的组织落实情况。

第三，新时代文明道德风尚。重点考察与调控评选表彰宣传道德模范及先进典型情况、志愿服务活动的长效化与常态化、“讲文明树新风”公益广告和文明旅游情况。

第四，廉洁高效的政务环境。从党风廉政建设、领导示范、政府行为方面设定明确规范，制定、检查领导干部培训机制、党风廉政建设责任制，考察“四风”治理情况、领导干部发挥示范引领情况、中心组学习情况、政务公开制度制定执行情况、行政审批规范化情况等。

第五，公平公正的法治环境。重点设置法治宣传教育指标、公民权益维护指标和基层民主政治指标。法治宣传教育指标涵盖是否完成普法规划任务、按照法律法规制定政府规章和行政规范性文件、全民普法教育活动及法律援助活动开展情况；公民权益维护指标涵盖劳动者权益的协调机制、未成年人合法权益保护情况、消费者权益保护和投诉举报渠道的建立完善情况；基层民主政治指标涵盖基层民主管理监督机制、社区党员管理服务体系和基层党组织联系群众制度等。

第六，诚信守法的社会环境。诚信制度化建设、社会信用体系建设、市场监督、文明诚信服务是重点建设、调控目标。

第七，健康积极的人文环境。包括现代公共文化服务体系、文化业态和文化生活三个方面，文化站、图书馆、公益文化活动是否达标，基层公共文化投入是否有保障，民间文艺社团是否规范合理是现代公共文化服务体系需要考量的重要问题。新兴文化业态的社会效益是否放在第一位、物质文化和非物质文化遗产保护管理制度是否完善应得到高度重视。群众文化活动是否丰富、爱国主义教育基地建设是否落实是文化生活应该考量的重点内容。

第八，安全稳定的治安环境。主要包含公共安全体系建设、社会治安治理链方面。重点考察食品安全、用水安全、减灾防灾救灾应急管理机制是否健全；辖区内社会治安状况，对犯罪的打击力度，对“黄赌毒”等违法行为的遏制以及扫黑除恶、打击非法传销活动的长效管理机制是否健全。

第九，可持续的生态环境。在完善组织领导体制的基础上，重点考察环境管理和环境质量，土地资源的有效保护、利用和管理等。

2. 主体优化

精神文明建设中参与目标制定、进行决策部署、组织活动开展，并对精神文明建设进行调节控制的团体、组织和个人都是精神文明建设调控的主体。新时代精神文明建设的调控主体涵盖面较广，各级党委、各部门、社会团体、企事业单位的全体共产党员等都担负着舆论宣传、思想教育、文化建设的调控任务，均是精神文明建设的调控主体。保证新时代精神文明建设的顺利实施，调控主体的优化是建立和完善调控机制的基础和重要保障。

（1）规范日常行为，提高主体素质。一段时间内，腐败严重腐蚀党的肌体，极大地损害了党和政府的威信，破坏了党群关系。步入新时代，对各级党组织和党员、干部进行清正廉洁教育，涵养了风清气正的政治生态。通过发挥典型示范激励作用，深入持久开展反面典型警示教育，增强党员干部知敬畏和守底线的意识，纪律意识和规矩意识进一步增强，党群干群关系明显更加密切。精神文明能否建设好，很大程度上依赖上行下效，干部工作队伍素质的高低，关系到调控机制是否能够顺畅运行。持续提高调控主体的思想境界、政治素质、理论素质、业务素质，才能长久促进精神文明建设调控主体的优化，才能保证精神文明建设促进国家发展长期战略的稳步推进。

（2）加强指导培训，提升主体能力。精神文明建设归根结底要依靠人开展，实施、调控主体的业务能力直接影响活动开展水平。新时代各项工作任务较以往都有了进一步深化，对于人的理论水平、技能水平要求日益提高，加强指导培训，提升调控主体的能力直接影响精神文明建设的水平和层次。在新时代，要增强调控主体的四大能力。第一，动员能力。整合各种资源，打通教育群众、关心群众、服务群众的“最后一公里”，激励引导越来越多的基层群众积极主动参与精神文明建设，将群众中蕴藏的力量激发出来，将民间闲散的力量聚拢起来。第二，统筹能力。能够破解资源匮乏难题、化解资源限制困境、破解资源孤岛效应，把体制内外力量统筹起来，突破体制机制障碍，打破单位属性和身份限制，统筹各方力量，形成服务群众、凝聚群众的强大合力。第三，引导能力。不断增强党员群众政治认同、思想认同、情感认同，更加自觉地在党的领导下走中国特色社会主义道路，增强调解人际关系、化解各种矛盾、改善社会风气、维护社会稳定和谐的能力。第四，服务能力。服务能暖人心、聚民意，是帮助解决群众实际问题、生活困难，进而解决群众思想和精神困惑的重要途径，提升调控主体的服务水平和增强其服务能力，能够拓宽与群众的联系渠道，提高服务效率，提升群众满意度。

（3）强化政绩考核，促进主体优化。精神文明建设的量化问题一直是研究和实际操作的难题，现实工作中精神文明建设的成效不像经济指标那样更具具象性，往往作为一种软指标存在。实际操作中，应该参照各地各单位的实际情况，在目标考核指标体系的指引下加强对调控主体精神文明建设政绩的考核，以考核促落实和优化，最终建立起目标明确、责权分明、结构严密、组织得力的调控主体。

（二）新时代精神文明建设调控的手段

新时代精神文明建设的调控手段包括教育手段、舆论手段、法律手段、行政手段和乡规民约，各种手段功能各异、相辅相成、互为补充。

1. 教育手段

教育手段是精神文明建设调控的最常规手段，主要指党领导下的各级、各组织、各单位开展的思想政治教育工作。邓小平曾多次强调，改革开放后的一段时间最大失误在教育。新时代精神文明建设过程中应牢牢把握教育的基本手段，根据时代特点和人们的思想情况，采用科学有效、灵活多样的教育方式多维度、分类别地进行思想政治教育。

（1）说理式教育。这是各级、各组织、各单位现阶段常规化的思想政治教育工作方法之一，通常表现为口头和文字两种形式，前者如授课、报告、讨论、谈话等，后者主要表现为信件、讯息、网文等形式。说理式教育灵活机动，针对性强，解决问题及时，收效快，是精神文明建设调控的基础性手段。说理式教育关键在于“理”，需要组织实施者具备扎实的理论基础和专业的技术素养，能够发现、了解人们头脑中的思维困惑，同时能够有针对性地释疑解惑，对于偏狭、有害思想能够做到一针见血地指出病灶，同时进行正确引导。近年来，精神文明建设过程中，党越来越强调“问题意识”的重要性，对改革进入到深水区遇到的问题、西方话语的不断攻击与挑战、社会上出现的种种新问题新困惑需要做到第一时间发现、第一时间引导。

（2）形象化教育。思想政治工作是一个庞杂系统的工程，往往需要借助其他工作和其他学科的理论来共同完成。精神文明建设调控中的形象化教育，就是利用一些特定的教育载体，如活动、文学、艺术、娱乐等实施思想政治教育的方法。它把精神文明建设工作的内容寓于文化娱乐活动之中，易于为人们所接受，起着潜移默化的作用，往往收到说服教育难以达到的效果。形象化教育的方法有两种表现形式：“显性”与“隐性”。显性教育比较好理解，就是利用活动、多媒体、实物等具象化的中介更好地将教育内容形象、生动地展现出来。这种教育方法在第一课堂和第二课堂中都在逐步普及和深入，比如在弘扬革命精神时，采用革命根据地实地教学或电影教学方式等。这种方式能够在很短的时间内抓住受教育者的视线和注意力，形成良好的情感共鸣。而隐性教育则相对隐蔽，例如人们的生字词学习需要通过一定的课文载体来呈现，尽管学习目标可能只是认识生字词，但实际上课文中包含的思想内容已经潜移默化地转化为接受者的内在品格。

2. 舆论手段

舆论宣传在精神文明建设中具有重要作用，作为教育手段的补充，舆论宣传更能深入到社会的方方面面。新时代发挥舆论手段的作用，主要是加强新闻宣传和理论引导工作。在传播方式和传播手段发生巨大变化后，人们不再是单方面的信息、观点接受者，而转变成为新消息的发布者和话题的制造者，因此，舆论手段在精神文明建设调控中有着更高的要求。

（1）重视正面宣传引导。舆论宣传必须坚持正确的政治方向，坚持正面宣传为主的原则，弘扬主旋律，传播正能量。在新闻传播、文艺创作等活动中坚持正面宣传引导，其实质就是向社会宣传什么是“好”的什么是欠妥的，引导社会分清什么是“能做”和“不能做”的，而其中正面引导是重中之重。2018 年的全国宣传思想工作会议上，习近平总书记强调：“要广泛开展先进模范学习宣传活动，营造崇尚英雄、学习英雄、捍卫英雄、关爱英雄的浓厚氛围。要大力弘扬时代新风，加强思想道德建设，深入实施公民道德建设工程，加强和改进思想政治工作，推进新时代文明实践中心建设，不断提升人民思想觉悟、道德水准、文明素养和全社会文明程度。”① 如果只是单纯记述现状、展示丑恶，而没有对光明的歌颂、对理想的抒发、对道德的引导，就不能鼓舞人民前进。“揭露”犹如提出问题，一味地提出问题而不给出解决思路和办法，可能击垮群体的心理意志。宣传思想工作者和文艺创作者们若能够在作品中揭露问题，并尝试将解决问题的方式进行深度解读，则更添作品的深度与力度。

（2）解决现实问题与思想问题相结合。新时代传播手段和社交媒体深刻改变人的生活习惯和群体思维方式，发生舆论思潮时基本都有导火索，多数问题都与人民群众的日常生活相关，如食品安全、住房、医疗、教育等都涉及人们的切身利益。推动现实问题的解决，加强社会公平正义的建设是近年来意识形态工作取得成绩的重要保障。对问题不掩盖，阳光执法，一查到底的态度得到人民群众的认可与赞赏，舆论反馈机制得到建立。人们一方面对于学习和政策制度落实不再抱有“走形式”的心理，另

---

① 《习近平谈治国理政》第 3 卷，外文出版社，2020，第 313 页。

一方面多数社会问题和事件的处理有回音有反馈让人更有信心。注重疏导结合，将解决实际问题与解决思想问题相结合，在各级单位的实际工作中都有明显显现。

（3）建设负面舆论防控体系。2019 年 9 月 27 日习近平总书记在全国民族团结进步表彰大会上强调："要牢牢把握舆论主动权和主导权，让互联网成为构筑各民族共有精神家园、铸牢中华民族共同体意识的最大增量。"[①] 各级精神文明建设调控部门应该针对舆情与突发事件建立应急机制，注重信息观察、数据整合处理，注重网络舆情信息工作，建立灵敏高效的工作网络和学科完善的工作机制，使数据统计、信息发布的准确性逐渐提高，逐步被人们接受，数据挖掘的系统性和预警及时性得到增强。精神文明建设领域未雨绸缪的意识应得到强化，责任意识与"无急可应，有急能应"的工作意识应该进一步增强。

3. 法律手段

从内涵上看，精神文明建设与法治社会建设体现了依法治国与以德治国的有机统一。尽管精神文明和法治在纯粹的抽象思维领域分属两个不同领域，但实际是你中有我、我中有你、不可分割的关系。从内容上看，精神文明建设的内容与法治要求有诸多一致性，许多内容和条目既是法律甚至宪法规定的每个公民的义务，又是精神文明建设的重要内容。

（1）将精神文明建设的具体要求上升为法律规范。运用法治手段，将实践中广泛认同、较为成熟、操作性强的道德要求及时上升为法律规范，引导全社会崇德向善。2018 年 5 月，中共中央印发了《社会主义核心价值观融入法治建设立法修法规划》，就是用法律手段进行新时代精神文明建设调控的典型案例。

（2）发挥法律惩恶扬善的价值功能。严格执法，弘扬真善美，打击假恶丑，坚持司法公正，发挥司法断案惩恶扬善的功能。运用法治手段解决精神文明建设领域存在的突出问题，加强立法工作。依法加强对群众反映强烈的失德行为进行整治，使人们从正反两方面受到教育与熏陶，有助于引导人们的精神行为，控制和调节精神文明建设的尺度与有效性。

① 《习近平谈治国理政》第 3 卷，外文出版社，2020，第 301 页。

（3）加强法律意识和法治思维教育。法律是最底线的道德，加强法律意识和法治思维的教育对于社会主义精神文明建设有基础性调节作用。习近平总书记强调，“要加大全民普法力度，培育全社会办事依法、遇事找法、解决问题用法、化解矛盾靠法的法治环境”。[①] 法律手段能够解决和弥补教育手段的不足，解决教育引导无法解决的问题，通过对不法行为的打击，营造法治氛围，增强人民群众对党和政府的信赖感，对社会公平公正的体验感，增加对精神文明建设的认同感，从而保证新时代精神文明建设的顺利开展和实效获得。

4. 行政手段

行政手段，是通过行政机构，采取强制性的行政命令、指示、规定等措施，来调控精神文明建设的手段，它具备反应快、力度大的优点，相对于其他几种手段是有力的辅助与补充。行政手段一方面可以通过行政监督和政绩考核来促进调控主体的优化；另一方面也能够通过政策调整、资源调配等手段为精神文明建设提供物质保障。行政手段对于精神文明建设的调控并不能直接影响人们思想行为和社会文化本身，但对于精神文明载体和环境优化方面的作用直接而明显。

（1）抓精神文明建设的“关键少数”。所谓“关键少数”，主要指各级、各组织、各单位精神文明建设的主要负责人，建立制度化、常态化的监督和考核机制。对“一把手”的监督作为重中之重，强化监督检查，以强有力的监督促进其做到精神文明建设不放松、不敷衍、不擅权、不谋私，做好精神文明建设的主业。同时，要加强领导班子成员相互监督，认真开展批评与自我批评。领导班子成员之间应当就精神文明建设的规划、成效、问题、困难经常交换意见，发现问题坦诚向对方提出，本着对自己、对同志、对班子、对党高度负责的态度，相互提醒监督，把精神文明建设的各项任务落到实处。

（2）做好政策调整和资源调配工作。精神文明建设工作具有周期长、非显性和评估复杂等特征，在政府投入为主、社会赞助为辅的资源调配机制下，不具备资源获取的竞争优势。通过行政手段，充分调动各种资源，

① 《习近平谈治国理政》第3卷，外文出版社，2020，第286页。

引导优势资源向城乡基层倾斜，加强非公经济组织和新社会组织中的精神文明建设工作。精神文明建设日常经费纳入同级财政预算，并随着财政收入的增加保持相应增长，确保各项工作目标和任务落到实处。社会主义精神文明建设工作具有鲜明的意识形态性和政府主导特征，政策调整和资源调配充分体现“一盘棋”的全局部署，是优化精神文明建设载体和环境的重要手段和方式。

5. 乡规民约

乡规民约是中国基层社会组织中社会成员共同制定的一种社会行为规范。由群众集体制定，进行自我约束、自我管理，并自觉自愿履行的民间公约。其目的是加强团结，促进生产。乡规民约需靠群众自觉遵守，对违者进行批评教育或适当处罚，尽管不是国家和政府制定，亦不能超越法律，但是具有极大的强制性。其内容十分广泛，对伦理道德、生产生活关系、贯彻国家政策法令以及奖励和惩罚都有明确规定，对促进人民的精神生活、维护和保持乡村社会的和谐稳定具有重要作用。

（1）用民主方式制定乡规民约。乡规民约是一种自治性规范，具有很强的内生性。它主要反映传统乡村治理文化的机理。对于受其约束的人们而言，乡规民约是一部准法律，鼓励什么、禁止什么需要人们的广泛参与，只要民主参与制定的乡规民约不违背国家法律的基本精神，都应该得到鼓励。乡规民约制定中充分运用民主方式，既能使人们及早知晓其具体内容，又可以通过参与过程提高人们的认同度，能有效解决宣传和实际脱离的问题。制定乡规民约时需要结合时代的特征，但绝对不能脱离乡土习俗，不能违背特定区域内的人情习惯。

（2）乡规民约的内容必须根植于特定乡土社会。作为民间自治“法律”，乡规民约应该充分体现乡土性、内生性，要使其发挥实际功能、得到人们的认可与接受，一定要根植于乡土社会。将良好的风俗习惯制度化，同时用规约的方式去除恶习陋习。习近平总书记在2017年中央农村工作会议上强调：“现在，农村一些地方不良风气盛行，天价彩礼让人‘娶不起’，名目繁多的人情礼金让人‘还不起’。一些地方农村出现了‘因婚致贫’现象，儿子结婚成家了，父母亲成为贫困户了。乡村是要有人情味，但不能背人情债，要在传统礼俗和陈规陋习之间划出一条线，告诉群众什么是提倡的，什么是反对的。要旗帜鲜明反对天价彩礼，旗帜鲜明把反对铺张浪费、反对婚丧大操大办、抵制封建迷信作为农村精神文明建设的重要内容，推动移风易俗，树立文明乡风。要发挥红白理事会、村规民约的积极作用，约束村民攀比炫富、铺张浪费的行为，引导树立勤俭节约的文明新风。”[①] 乡规民约的内容根植于乡土社会，并不意味着传统习惯都是可取的，一方面应该注意优秀传统的延续，另一方面更应注意满足时代需求，使乡规民约在新时代精神文明建设的大局中真正发挥实效。

① 习近平：《论坚持全面深化改革》，中央文献出版社，2018，第407页。

第五章　新时代精神文明建设的动力机制

精神文明建设离不开一定的动力，为了持续不断地推进精神文明建设，必须建立精神文明建设动力机制。精神文明建设动力机制旨在激发各地各单位进行精神文明建设所需要的动力，充分调动与发挥各地各单位的积极性、主动性和创造性。新时代精神文明建设的动力主要包括内生动力、外在动力和评估促进三个方面。

一　新时代精神文明建设的内生动力

党的十九大报告指出：要推动社会主义精神文明和物质文明协调发展。《新时代公民道德建设实施纲要》提出：坚持和发展中国特色社会主义，需要物质文明和精神文明全面发展、人民物质生活和精神生活水平全面提升。这些都强调了精神文明建设的重要性。新时代精神文明建设的内生动力是人民美好生活需要的热切期盼、人的全面发展的应有之义和文化自信的内在要求。

（一）人民美好生活需要的热切期盼

新时代，我国的主要矛盾已经转化为人民日益增长的美好生活需要和不平衡不充分的发展之间的矛盾。随着人民生活水平显著提高，人民对美好生活的向往更加强烈。党的十九届五中全会审议通过的《中共中央关于制定国民经济和社会发展第十四个五年规划和二〇三五年远景目标的建议》，强调以满足人民日益增长的美好生活需要为根本目的。习近平总书记在庆祝中国共产党成立 100 周年大会上的讲话中指出：“以史为鉴、开创未来，必须团结带领中国人民不断为美好生活而奋斗。”“着力解决发展不平衡不充分问题和人民群众急难愁盼问题，推动人的全面发展、全体人民共同富裕取得更为明显的实质性进展！”①

1. 人民美好生活需要包括精神生活需要

精神生活可以从哲学、心理学、伦理学和社会学等多角度进行阐释。从哲学上讲，精神生活是人所特有的一种生活方式，是指在特定的社会历史条件下，为满足自身精神需要、有精神付出和交流的活动。随着人类社会的向前发展，人类的精神生活水平也在不断提高，人们从事精神生活的精力和时间也在增多，精神生活的范围越来越广，精神生活的内容也越来越丰富。

精神生活有重要意义，这首先表现在精神生活对人的普遍意义上，即精神生活体现着人的独特性。物质生活是人与动物生存方式的公共项，而能够真正反映人的本质特点的生活，只有精神生活，因为“人是精神生活的存在物”。其次，高速发展的现代社会要求人必须注重精神生活的发展。因为，人的物质生活需要总是具有一定的饱和点，在这点之上，更多的物质生活享受对人的发展来说意义不大，而精神生活发展则是永无止境的。因此，今天我们所提倡的促进人的全面发展，更大程度上应当通过改善人的精神生活，丰富人的精神生活来实现。

2. 人民美好精神生活的内涵

精神生活要有多维度的价值取向，即应该建设丰富的、健康的、积极进步的、主动自觉的、和谐的精神生活。

第一，丰富的精神生活。社会主义和谐社会精神生活的丰富性体现在两个方面，一是参加精神生活人员的广泛性。二是群众精神需要的多样性。我国社会主义社会是公有制基础上的劳动人民当家作主，这决定了广大劳动人民群众都应该成为精神生活的主人，因而参加精神生活的人员应该而且可能具有空前的广泛性。精神生活的丰富性更直接的表现是精神生活内容的多样性。国内学者根据不同的标准提出精神生活包括不同方面。有的认为包括精神追求、精神状态和精神享受（消费活动）；有的认为包

① 习近平：《在庆祝中国共产党成立100周年大会上的讲话》，《求是》2021年第14期，第9页。

括相对于肉体生活的“心理生活”、相对于经济生活的“文化生活”、相对于日常生活的“心灵生活”。有的认为包括文化学习活动、精神生产活动、精神交往活动、文化娱乐活动四个方面；有的认为包括生活观念、社会政治生活活动、学习生活活动、娱乐生活活动以及人际交往活动五个方面；有的认为包括精神生产活动，宣传教育活动，学习活动，精神交往活动，消遣观赏活动，文艺、体育娱乐活动六个方面。这些观点都从不同的角度揭示了精神生活的外延，精神生活的丰富就是指这些不同性质的精神生活应该同时存在，共同发展。

第二，健康的精神生活。社会主义精神生活健康是指社会主义精神生活有向上性。具体应该包括四个方面，即：崇高的价值理想、开放的精神交往、理性的精神享乐、开朗的文化心理。崇高的价值理想能够充分体现人的超越自我和优化自我的文化意向，可以使人们从世俗的短浅的物质目标中解脱出来，而去追求更高远的价值目标；能够为人们坚定崇高的价值追求提供强大的精神动力，以美好图景的形式发挥巨大的激励作用。开放的精神交往包含三层含义。首先，从交往的目的来说，不是纯功利的目的，而是知识与信息的交换，情感与思想的交流。其次，从交往的方式来说，交往是以一种平等、自由的方式来进行的。最后，从交往的结果来说，交往促进人与人之间的互相理解与尊重，使人们愉快、友好的交往，并与他人建立起良好和谐的人际关系。理性的精神享乐所追求的不是非理性的、过度的享受，不是单纯的感官刺激，而是一种高层次的精神愉悦和陶冶，是人们对真、善、美的关注和追求，是对生命的神圣意义和庄严使命的求索与体验。开朗的文化心理是指以开放的胸怀去对待一切，超越封闭胆怯的自我去迎接新事物、新挑战，走出沉溺一己的唯我心态去关注他人、关注社会、关注未来，有丰富的知识和情感、广泛的兴趣以及在是非、善恶、美丑面前的慎思明辨的大智大慧。

第三，积极进步的精神生活。积极进步的精神生活就是符合时代发展要求的、与时俱进的精神生活。只有这样的精神生活，才能不断吸纳新的精神资源，得到新鲜精神的滋养，从而才能不断满足人的日益变化、增长的精神需要。同时，只有积极进步的精神生活，才能站在时代发展的前列，对人的发展起到理想性的价值范导作用。在当代中国，积极进步的精神生活就是坚持以马克思列宁主义、毛泽东思想、中国特色社会主义理论体系为指导思想，坚持爱国主义、集体主义和社会主义的主旋律，摒弃那种“物欲主义、享乐主义、个人主义”的人生哲学和价值标准。

第四，主动自觉的精神生活。主动的精神生活是人的活力的体现，是人的积极进取的精神状态的标志。主动的精神生活首先体现在人对精神活动的倾向性态度上，即能否热情地、积极地追求和参与各种活动，以满足自己的精神需要。其次，体现在人在实践活动中的自主性上。最后，主动的精神生活更体现在人的精神生活的创造性上。自觉的精神生活则是人对自己的精神生活发展有明确的目的意识，从而自主地寻求发展，理性地把握发展进程的一种状态。

第五，和谐的精神生活。和谐的精神生活可以从精神生活的外部和内部两方面来说明。从精神生活的外部而言，和谐的精神生活主要是精神生活与物质生活的和谐。物质生活与精神生活的发展是互为条件、相互作用的。一方面，人的精神需要的满足、人的精神生活的发展，以物质需要的满足、物质生活的发展为前提；另一方面，人的精神生活的发展，又推动着人的物质生活的进一步发展。这要求在构建社会主义和谐社会进程中必须使物质生活与精神生活协调发展。精神生活与物质生活的和谐包括三个方面的内容：全面性，即人民可以同时拥有和发展精神生活和物质生活，二者不偏废；协调性，即精神生活与物质生活可以齐头并进，共同发展；渗透性，即精神生活与物质生活相互渗透，相互促进。从精神生活的内部而言，和谐的精神生活是指精神生活内在的各个构成要素——知识、情感、道德——的协调发展。知识和道德都是人的精神生活中不可缺少的重要因素，而且，从广义的角度上讲，道德也是一种知识，因而知识和道德在本质上是统一的。在现代社会，知识尤其是现代科技知识的发展变化也使道德的作用愈加重要和突出。没有道德对知识的有效制衡，知识就会成为一匹脱缰的野马，在无“善”的生活道路上狂奔乱窜，轻则损毁生命和财产，重则可能导致人类的灭顶之灾。和谐的精神生活意味着知识和情感的协调。首先，认知的目的不能只停留在知道客体是什么，更要将这种知识内化到主体自身的情感体系和个性之中。一个人对某种价值认同、遵循，乃至于形成人格，虽然需要以一定的认知为条件，但根本上是一个人情感变化、发展，包括内在情感品质与外在情感能力提升和增长的过程。其次，情感需要知识的指导。情感需要知识加以系统的协调，使情感在必要的时候不当场发泄、直接发泄或随便发泄。知识是情感为了更好实现自己目的的一种保证。如果说情感的表达是为了形成人与环境的平衡而求得更好的生存状态，那么，只有将原初的情感提升到“有知识的情感”，人的生存状态才能得到更好的保证。

（二）人的全面发展的应有之义

社会主义精神文明是中国特色社会主义的重要特征，促进人的全面发展是中国特色社会主义建设的重要任务。社会主义的精神文明建设与人的全面发展密切相关。习近平总书记2018年8月21日至22日在全国宣传思想工作会议上的讲话中指出，育新人，就是要坚持立德树人、以文化人，建设社会主义精神文明……培养能够担当民族复兴大任的时代新人。①

1. 社会主义精神文明建设与人的全面发展的高度一致

精神文明是人类精神生产的发展水平及其积极成果的体现，社会主义精神文明是社会主义社会的本质特征之一。社会主义精神文明建设主要包括思想道德建设和教育科学文化建设两个方面。两者分别着重于提高人们的思想政治素质、道德水平和科学文化技术水平。两者都以提高人的整体素质、促进人的全面发展，培育社会主义新人为根本目标。

促进人的全面发展是马克思主义的基本观点。马克思和恩格斯始终把“人的自由全面发展”看成他们为之奋斗的共产主义社会的价值目标，是无产阶级和人类解放的价值目标。马克思指出，未来的更高级的社会是“以每个人的全面而自由的发展为基本原则的社会形式”。② 恩格斯早在《共产主义原理》一文中就指出：“由整个社会共同经营生产和由此而引起的生产的新发展，也需要完全不同的人，并将创造出这种人来。”③ 这就说明，促进和实现人的全面发展是马克思主义的一个根本思想，从一定意义上说，马克思主义全部理论的出发点和归宿都是为了人的全面发展。

---

① 《习近平谈治国理政》第3卷，外文出版社，2020，第312页。

② 《干在实处走在前列——推进浙江新发展的思考与实践》，中共中央党校出版社，2016，第24页。

③ 《马克思恩格斯选集》第1卷，人民出版社，2012，第307页。

社会主义精神文明建设与人的全面发展两者在本质上是一致的。第一，两者的前提和基础相同，都必须以社会生产力和经济文化的发展为前提，都必须建立在社会物质文明的基础上。在社会主义社会，生产力水平越高，生产劳动越先进，就越有利于精神文明的进步和人的全面发展。因为先进的生产力和先进的生产劳动，造成劳动者新的力量和新的观念，造成新的交往方式和新的需要；会大大缩短人的劳动时间，延长人的自由时间，亦即增加使个人得到全面发展的时间，从而也大大推动了社会精神文明的发展。第二，两者的主体是一致的，都是“人民”“全民族”的“社会主义公民”。第三，两者的内容是一致的，都是提高“思想道德”和“科学文化”素质。第四，两者的根本任务是一致的，都是培养“四有”新人。第五，两者的根本目标是一致的，都是为我国经济发展和社会进步提供精神动力和智力支持，把我国建设成为富强、民主、文明、和谐的社会主义现代化国家。第六，两者的指导思想和理论基础是一致的，都是以马克思列宁主义、毛泽东思想和中国特色社会主义理论体系为指导思想和理论基础。

社会主义精神文明建设与人的全面发展是相辅相成、协调发展的。人的全面发展只有在精神文明充分发展的社会中才能实现；同时，没有人的全面发展，也不可能有社会主义精神文明的发展。

2. 人的全面发展是社会主义精神文明建设的重要目的

英国学者克莱夫·贝尔曾经指出，文明不是目的，它只是一种手段，是人类达到美好的一种手段。人才是最高和最终目的。亚里士多德早就指出，人是“为自己而不是为了别的什么而存在”。康德在理论上明确提出人是目的而非手段。我国社会主义精神文明建设的指导思想和奋斗目标，都是以人为中心阐释的：在价值导向上，围绕着人，展开了更加具体的内容——以科学的理论武装人，以正确的舆论引导人，以高尚的精神塑造人，以优秀的作品鼓舞人；在具体目标上，“四有”新人是成为“全面发展的自由人”的过渡性形态；公民素质、文化生活质量等诸多方面的规定性，正是人的本质内容的多样性展开。

精神文明建设的根本目的是人的全面发展。精神文明建设是以人为本，全面提高人的素质并最终促进人的全面发展的工作。精神文明建设说到底是做人的工作。社会主义精神文明建设要坚持以人为本，也就是把人作为根据、出发点和归宿，着眼于提高人的整体素质，即引导人们对自己主观世界自觉地进行改造，并从而提高人们改造客观世界的能力，推进人的全面发展。

人的全面发展是社会主义精神文明建设的核心内容和重要目的。因此，社会主义精神文明建设始终不应背离人的全面发展这一根本方向，始终应以马克思主义关于人的全面发展的理论为指导。一切有关加强社会主义精神文明建设的方针、政策、措施都必须有助于提高全体公民的整体素质，有助于人的全面发展。只有这样才能防止和克服社会主义精神文明建设中的盲目性、片面性以及短期行为。在全面建成小康社会的新时期，我们要正确地理解和把握精神文明建设与人的全面发展的辩证关系，把人的全面发展作为精神文明建设的出发点和归宿。

3. 社会主义精神文明建设对人的全面发展有重要作用

人的全面发展是包括物质文明和精神文明在内的社会文明长期发展的产物。当今，社会主义精神文明建设对于推进人的全面发展具有十分重要的作用。

(1) 社会主义精神文明建设直接促进人的发展

人的全面发展作为人的自我完善、自我发展，是一个自觉的历史过程，它不仅需要外在的物质前提，而且更需要内在的精神力量。精神文明作为人类精神生产的积极成果，作为既定的社会精神力量，对人的全面发展有直接推动作用。

第一，社会主义精神文明建设促进人的主体性发展。人的主体性发展就是要不断发展自主性，减少依赖性；发展能动性，减少被动性。人的自主性、能动性既是人们工作、学习的动力，也是人们智力与能力全面发展的动力。人的自主性、能动性主要来自远大理想、坚定信念的吸引与激励；来自对社会、国家和他人的责任；来自对事业成功的执着追求；也来自对物质利益和精神享受的期望。所有这些，都属于社会主义精神文明建设的内容。人的主体性发展最鲜明的表现是创造性的增强。创造性是人的主体性发展的最高层次，是人的主体性的深层发挥。创造需要人内在强大精神力量的支撑。创造有两个重要因素，一是创造精神，二是鲜明的个性，二者都与社会主义精神文明建设直接相关，都可以从社会主义精神文明建设中获得。人的全面发展是人不断自我解放的过程，是从违背社会进步的错误思想和剥削阶级的道德观念的桎梏中解放出来，创造有利于人的全面素质提高和本质实现的环境的过程。精神文明建设能改造人的主观世界，它基本上是一种人化和内化的过程，它能够促进观念的解放和进步，能够促进思想道德和科学文化的不断进步，增强人的积极性和主动性，进而促进人的全面发展。

第二，社会主义精神文明建设促进个人能力的发挥。社会主义精神文明建设能够形成良好的思想道德素质，能促进个人能力的发挥。只有当一个人热爱一项事业，并全身心地投入这项事业而将个人私利抛开时，他的能力才能得到真正最大的发挥和发展。一个人，如果没有强大的精神支持，没有较高的思想道德素质，没有对事业、对工作的执着认真的态度，缺乏敬业精神和职业道德，他的才能就不能得到真正充分的发展。人的智力是在运用中得到发展的。伟大的事业为人的智力发展提供广阔的舞台和条件。如果把智力运用于个人小圈子或小算盘上，那就不仅是对智力的浪费，而且实际上也不可能使人的智力得到充分的发展。

（2）社会主义精神文明建设提高人的素质，从而促进人的全面发展

人的全面发展，从人的基本素质看，包括生理、心理、科学文化、信仰、道德等方面素质。人的全面发展，最重要的是思想道德素质和科学文化素质的全面提高。人的全面发展说到底就是人的整体素质的发展。素质的提高是人的全面发展的基本内容、内在条件和现实步骤。因为人的全面发展过程，实质是人根据自然界和社会发展的客观规律全面地改造自己、丰富自己的需要、提高和拓展自己能力的过程。只有提高人的整体素质，才能把握人类未来实践活动的内在根据，使人类改造客观物质世界的活动与改造主观世界的活动在更高的层次上得到协调发展，真正实现物的尺度与人的尺度的和谐统一，达到必然与自由的统一，才能为人类未来的全面发展奠定基础。

人的基本素质既有先天的，也有后天形成的。先天的只有很少一部分，如生理机能等。更多的是人在后天学习积累的。社会主义精神文明建设能够不断提高人们的思想道德素质和科学文化素质。社会主义精神文明

建设能够通过提高人的人文知识，塑造人的人文精神来提升人的文化素质，为人的智能和体能的开发提供内驱力，并保证开发的正确方向，使人的全面素质得到提高。社会主义精神文明建设包括教育，而教育不仅是提高社会生产的一种方法，而且是造就全面发展的人的唯一方法。

社会主义精神文明建设能够为人的全面发展创造良好的文化环境。我们每个人都生活在一定的社会文化环境之中，精神文明作为社会主体精神和价值导向的历史凝聚与积淀，潜移默化地对每一位成员施加影响，使人认同并接受这种文化价值所传递的规范与生活方式。这种影响由文化固有的辐射与传播方式对人产生作用并将影响人们的思维结构、心理模式、道德理念、价值观念、行为方式等，从而促进人的全面发展。

在当代社会，精神状况已成为制约人的全面发展的主要因素。从西方已完成的社会现代化进程看，社会现代化在促进人的发展的同时，也给人的发展特别是人的精神带来了一些问题。精神领域出现的问题，也应从精神入手加以解决。精神文明建设是改善精神状况的直接途径。只有提高人们的思想道德和科学文化素质，才能在社会现代化进程中克服人的片面化。

（3）社会主义精神文明建设促进人们精神需要的满足，从而促进人的全面发展

人的全面发展是人的需要的全面发展。按需要的对象划分，有物质需要和精神需要。美国心理学家马斯洛的需要层次论所划分的需要，除了低级的生理需要和安全需要主要是物质的，高层次的归属和爱的需要、自尊需要以及自我实现需要，都是精神性的。马克思把人的需要分为三个层次：生存、享受和发展创造的需要，后面两个高层次的需要属于精神需要。

人的全面发展中，精神生活的丰富和物质需要的满足都是不可或缺的。没有物质需要的满足，人的发展就没有基础；而没有精神生活的充实，人的生活就会片面化，也不会有人的全面发展。可以说，对人而言，精神需要及其满足更带有本质的意义。精神需要的满足只有通过社会主义精神文明建设才能实现。因此，加强社会主义精神文明建设，最大限度地满足人们的精神需要，就能够促进人的全面发展。

（4）社会主义精神文明建设促进人们物质生活水平的提高，从而促进人的全面发展

马克思主义认为，人的全面发展是以经济、文化的发展和人们生活的改善为前提和基础的。社会的物质文化财富创造得越多，人们的生活越得到改善，物质文化条件越优裕，就越能促进人的全面发展。在一定历史阶段里，人的发展呈现片面性，是因为没有创造出人的全面发展的现实基础。因此，社会主义现代化建设应当在各方面创造出丰富的生活条件和现实关系，为人的全面发展奠定坚实的基础。

物质文明建设与精神文明建设互为条件、互为目的。物质文明建设为精神文明建设提供物质条件和实践经验，精神文明建设又为物质文明建设提供精神动力和智力支持。如果人们荒芜、摒弃精神生活，人们在自我沦落中丧失了征服客观世界的后劲，将导致人们物质生活的贫乏和困顿。

我们所要建设的社会主义市场经济，不仅是法制经济，同时也是道德经济。市场经济本性是功利性的，因此不能要求市场行为者的活动完全遵循超功利性道德。市场经济秩序需要一定的社会人格前提即道德规范。在社会主义初级阶段，单纯的物质利益驱动很容易把人引向“重利轻义”的歧途，误导一部分人由“社会人”变成“经济人”，难以实现人的全面发展。这要求我们通过精神文明建设限制市场经济中人对物的依赖关系的消极作用，引导其向积极方向发展。

此外，精神生活还指导物质生活。物质需要的满足首先有个途径问题，也就是说，物质需要的满足是靠自己辛勤劳动换取还是靠剥削或其他非法手段获得呢？有些人不愿艰苦劳动，用自己的血汗换取物质生活资料，而是用非法手段如贪污盗窃、敲诈勒索、行贿受贿等来获取，这是不符合人类道德发展和社会主义性质的。其次，物质生活的方式也是由精神生活指导的。不同的生活观念决定着不同的物质生活方式，有人量入为出、勤俭节约，也有人先用后算、铺张浪费，那些不顾我国目前经济发展水平，不顾本人的经济收入情况，一味追求高档用品、美味食品、时髦衣着，就是缺乏正确精神生活指导的结果。

（三）文化自信的内在要求

文化自信是主体对其本民族文化的肯定性评价，是主体对其本民族文

化的信任、预期和坚持。文化自信的内涵规定了主体对本民族文化的自信，其逻辑前提是主体对该文化的认同。文化自信是社会主义精神文明建设的文化源泉和动力。

1. 中华优秀传统文化是社会主义精神文明建设的文化源泉

文化是价值观的根基，一种价值观总是在一定的文化中形成的。中华优秀传统文化是社会主义精神文明建设的文化源泉，为社会主义精神文明建设提供了文化根底和文化基因。

第一，中华优秀传统文化历史悠久，为社会主义精神文明建设厚植文化根底。所谓根底，本意指草本植物的根部。正如古语所说的“根底槃深，枝叶峻茂”，植物的根部越深，汲取土壤的养分越足，其根底就越牢固，就越能够长久不衰、生机勃勃。社会主义精神文明建设根植于中华优秀传统文化，因其根底长久不衰而有建设好的可能性。一方面，就中华文明的起源来看，一般说法是中华文明上下五千年，而按考古界说法，根据最新碳 14 测定的二里头文化来算，至少有三千七百年的历史[①]，在世界史上属于世界性古老文明。另一方面，就中华文明的延续性看，德国哲学家雅思贝尔斯曾把公元前后各 500 年看作人类文明创生的“轴心时代”，古巴比伦、古印度、古埃及和古中华等文明纷纷产生于这时期，这些地方的先贤们都创立了各自的文化体系。然而，随着时代的变迁、历史的荡涤，作为四大文明古国的中华文明在曲折中不断发展壮大、充满活力，而其他同时期文明古国的文化，要么销声匿迹于世界文化丛林，要么同化融合于其他外来文化。总之，中华文明不仅起源早，而且生生不息、延续性强，作为中华文明的积极成分，中华优秀传统文化成为保持历代中国人国家认同和民族认同的精神纽带，成为当代中国社会主义精神文明建设的文化根底。

第二，中华优秀传统文化意蕴深厚，为社会主义精神文明建设注入文化基因。每一种文化都有其核心意蕴，成为维持其生存和发展的文化基因。社会主义核心价值观延续了传统优秀文化的基因，契合了中国人的记忆、思维图式和生产、生活方式，这是国人对社会主义核心价值观充满自

① 易中天：《文明的意志与中华的位置》，浙江文艺出版社，2013，第 48 页。

信的重要支撑。就国家层面看，历代执政者以“国富民强”“富国强兵”作为其执政的价值目标，因而有了“文景之治”“贞观之治”“永乐盛世”“康乾盛世”等昌盛时期，成为国人引以为豪、不断践行富强价值观的精神动力；传统社会的“重民本”“民贵君轻”思想对于增强民主价值观自信具有激发和感召作用；传统优秀文化中的“礼、义、廉、耻”思想为培育文明价值观自信提供文化指南；“天人合一”“尚和合”“守大同”“协和万邦”等思想则为增强和谐价值观自信提供思想规范。就社会层面看，传统社会那些反抗君王暴政、反对权贵乱纲的思想传统、历史典故、文化名人为增强自由、平等价值观自信开辟了道路和提供了借鉴资源；“崇正义”的历史传统为增强公正价值观自信提供了思想资源；传统社会朴素的法治思想、典故为增强法治价值观自信提供了历史借鉴。就个人层面看，中华民族的爱国主义传统，是培育爱国价值观自信的思想基础；中华民族勤劳勇敢的精神为培育敬业价值观自信提供了思想遵循；“守诚信”“言必信、行必果”的历史传统为增强诚信价值观自信提供了思想指引；“讲仁爱”“亲仁善邻”的历史传统为增强友善价值观自信充实了宝贵的文化资源。

总之，中华优秀传统文化的核心意蕴，是我们延续历史和传承文明的文化命脉，深深熔铸在中华儿女的集体记忆中，为当代中国人精神文明建设注入了文化基因。因此，加强精神文明建设，必须根植于中华优秀传统文化。

2. 传统文化“自信异化”倾向需要社会主义精神文明建设来纠正

中华传统文化的“自信异化”包括传统文化自负和传统文化自卑倾向，要纠正这种偏差，需要社会主义精神文明建设。

第一，对传统文化自负倾向的纠正。传统文化自负，即对传统文化“妄自尊大”的价值取向。中华民族在历史上曾经创造了灿烂辉煌的中华文化。然而到了近代，曾以“天朝上国”自居的清朝统治者在全球工业化、近代化的浪潮中故步自封，最终走向覆灭，中华传统文化也一度在这一浪潮中走下神坛。新中国成立以来，特别是改革开放以来，中国共产党坚持“批判继承、古为今用”的原则，推动了中华传统文化的现代转型。站在历史的新起点上，中华传统文化的继承和复兴取得了显著成就，一些人开始自满、自负。在学术研究上，有的学者主张“儒家红色化”“中国共产党儒家化”“以儒解马”，有的甚至主张全盘复兴中华传统文化；在商业活动上，一些打着“孝道”“女德”“中医”等旗号谋取利益的行为屡见不鲜；在教育活动上，一些学校、家长不加选择的要求孩子“读经”“学礼”“习艺”等现象络绎不绝。事实上，传统文化自负者没有看到传统文化中的消极因素。传统文化是产生于封建小农生产关系的社会意识，有消极内容，特别是随着时代的发展，有不适应时代的一面，其消极内容会对新的更高的社会形态产生阻抗作用。建设社会主义精神文明，剔除了传统文化中的消极部分，保留了其先进的部分，有利于国人以社会主义核心价值观的标准去评价传统文化，张扬传统文化中的积极部分，剔除传统文化中的消极部分。

第二，对传统文化自卑倾向的纠正。传统文化自卑，即对传统文化的“妄自菲薄”倾向。鸦片战争后，无数仁人志士通过经济（洋务运动）、政治（维新变法和辛亥革命）、文化（新文化运动）等活动力图变革中国，其中就有一些思想精英开始把“技不如人”“制不如人”这笔账归根于中华传统文化自身，因而“一切都应该采用西洋的新法子”①，这是传统文化自卑出场的历史语境。尽管中国共产党带领中华民族实现了从站起来、富起来到强起来的历史性飞跃，中华优秀传统文化的生命力也日益得以彰显，但是仍然有一些国人对传统文化感到自卑，例如“言必称西方”，而对中华传统文化置若罔闻；又如在节日消费中，一些人以过情人节、圣诞节、万圣节等西方节日为“新潮”，而以过元宵节、端午节、中秋节等中国传统节日为“老土”；再如在一些城市建设中钟情于以“洋名字”命名其住宅区、道路、学校。如果说这些是表层的，那么盲目批驳传统道德伦理、宣扬西方所谓的“普世价值”，则是对中华传统文化的深层极度自卑。我们不否认西方文明的优秀成果，也不否定积极借鉴和吸收西方文明的态度和行动，但在西方文化与中华传统文化之间过分的厚此薄彼，一味匍匐在西方文明的脚下，不利于保持中华民族精神的独立性。中国与西方在生产生活、思维习惯、地理条件、历史发展等方方面面的差异，决定了中国

① 《陈独秀著作选》第1卷，上海人民出版社，1993，第386页。

人在文化上不能也不必全盘接受西方倡导的文化精神、思想理念和价值取向，不能也不必全盘否定自己的历史传统，而应该立足于我国的国情和文化传统，学习、借鉴他国的文明成果，创造新时期属于我们自己的精神文明。

二　新时代精神文明建设的外在动力

精神文明建设工作涉及各地各单位的各个方面，包含单位的干部职工的思想道德建设、学习培训、管理体制、工作环境以及业绩运营等方面的成绩。在一个强调业绩、效益的时代，如何在经济建设的光环中发动各地各单位参与到精神文明建设工作中来，是精神文明建设的外在动力。

（一）新时代精神文明建设的政策激励

在党的正确领导下，在政府的大力支持帮助下，精神文明建设工作一贯坚持围绕中心、服务大局、重点突出、整体推进的方针，坚持“两手抓，两手都要硬”的方针，取得了可喜的成绩，在全社会形成了较强的向心力、凝聚力和战斗力。然而从整体情况来看，精神文明建设工作还处于发展阶段，整体建设水平有待提高，建设制度还有待完善，建设意识有待增强，深层次的建设活动还有待于进一步探讨，存在的问题主要有以下几个方面。

一是部分地区和单位对精神文明建设工作不重视。部分地区和单位对开展精神文明建设工作热情不高，认为市场经济最重要的是想方设法多赚钱、出效益，精神文明建设活动会影响生产经营。存在“说起来重要，干起来次要，忙起来不要”的现象，认为精神文明建设是务虚、软任务。对开展的一些精神文明活动，应付了事，得过且过，没有积极参与的心态。

二是对精神文明的概念、对象、内容认识还较模糊。部分地区和单位把精神文明建设工作理解为是表面性的工作，把建有宣传窗、建有活动场所等硬件设施简单理解为精神文明建设，把结对帮扶、文化娱乐活动等简单理解为精神文明建设，认为把效益搞上去才是硬道理，精神文明建设是软的，可抓可不抓；有的认为经济发展了，精神文明建设自然而然就会上去，可以“不用抓”。

三是未形成长效的精神文明建设激励机制。要让精神文明建设再上新台阶，我们的“务实”就还有待于深化，即要从“看得见、摸得着”的直观层面入手，又要深入到隐藏其后的机制层面上。不把“活动”纳入一定的机制之中，那仅是一种就事论事、散乱无序和难以持久有效的务实。从这个意义上来讲，精神文明应更注重于它的机制建设。要想全面、深层次、系统化地开展企业精神文明建设工作，就必须形成持续有效的激励机制。

为此，精神文明建设在政策激励方面重点要抓好三件事。一是继续推动诚信建设制度化。深入持久开展诚信宣传教育，推荐诚信建设的先进典型，组织媒体开展经常化的舆论引导。加快推进社会信用体系建设，健全监督机制，完善“失信黑名单”制度，积极推动信用立法工作，构建不敢、不能、不愿失信的社会环境。二是建立完善道德模范和身边好人关爱制度。设立道德模范和身边好人关爱基金或出台道德模范待遇和管理办法。要努力实现道德模范和身边好人关爱机制建设全覆盖的工作目标，各地文明办要积极推动建立完善相关保障制度，引领“好人有好报”的价值导向，营造全社会尊道德、做好人的浓厚氛围。三是推动日常工作制度化。精神文明建设很多工作都有坚持了多年的载体，如公益广告、9·20公民道德宣传日、乡村学校少年宫等，这些载体总体来看，都呈现出常态化、长效性的特点，得到社会各界的普遍认同。我们要在以往的工作基础上，多研究一些制度化的模式来推动，实现常态长效的目标。

精神文明建设要始终坚持以人为本，依靠人民的积极参与，让人民共享物质文明、精神文明建设的成果，这是精神文明建设的动力源泉，也是充分实现文明共建和成果共享良性互动的内在机制。加大宣传力度，明确建设目标，增强责任意识，让全体人民明白，创建文明单位是单位上下的共同任务，需要全体人员的积极参与、投入。在精神文明成果评估上要尽可能量化、细化、具体化，把软任务变成硬任务，把软指标变成硬指标，有利于各单位在“文明单位”“用户满意服务企业”“安全生产先进单位”“模范职工之家”“青年文明号”“巾帼示范岗”称号等评比中做到：领导班子坚强有力，思想道德风尚良好，文化建设扎实有效，民主管理科学规范，内外环境整洁优美，业务工作实绩显著等，在实现既定目标过程中做到心中有数。

（二）新时代精神文明建设的物质激励

精神文明建设是一个比较漫长的过程，与之相适应必须获得源源不断的动力支持，并进行不断的层次提升，这就要求建立健全崇尚先进、鼓励冒尖、鞭策后进的过程激励机制，它通常由精神激励和物质激励所组成。

物质激励是我们在管理工作中经常使用的激励手段，在精神文明建设中，我们应该采取多种形式的奖励激励。在物质激励上采取发奖金，发实物，解决孩子入托入学，优先解决住房，改善工作条件，配备技术力量，提供优越环境等方式。物质激励不但在职工切身利益上满足其需要，也使职工感到自己的工作成绩得到认可和赞扬，从而激发其更大的工作热情投入到精神文明建设中来。

提供物质激励，通常做法是设立政府奖和基金奖。一是按年度精神文明建设目标管理责任制评估评比结果，对成绩突出的给予表彰奖励，对成效不明显的，予以通报批评。二是与政绩评估、职级提升和奖金挂钩，合理组建机构，对能胜任岗位工作并取得优异成绩的劳务工给予转岗机会，最大限度地发挥职工能力和潜力，为员工搭建一个施展才华的平台，激发其努力工作的积极性；推行竞聘上岗等灵活的用人制度，为各类专业人才创造更多发展机会等。三是对文明员工，给予精神鼓励和物质奖励，建立物质激励机制，可考虑设立“精神文明建设贡献奖”。

（三）新时代精神文明建设的精神激励

精神激励和物质激励结合在一起，可以产生更强的激励作用。对精神文明建设中涌现出的先进典型，利用新闻媒体进行宣传报道，扩大和强化先进典型和品牌的示范效应，在全社会形成崇尚先进、学习先进、赶超先进的良好氛围。

要通过全国文明城市、文明村镇、文明单位、文明家庭、文明校园的评选，激励各地各单位加强精神文明建设。2020 年 11 月 20 日，全国精神文明建设表彰大会在北京举行。中共中央总书记、国家主席、中央军委主席习近平亲切会见参加大会的新一届全国文明城市、文明村镇、文明单位、文明家庭、文明校园以及未成年人思想道德建设工作先进代表，向他们表示诚挚问候和热烈祝贺。正如王沪宁在表彰大会上所说，这充分体现了党中央对社会主义精神文明建设的高度重视，对精神文明建设战线同志们的亲切关怀，对新时代精神文明建设工作的殷切期望。

对评选的先进个人发放荣誉证书和奖品，在大会上进行表彰，又请本人做演讲，使获奖的职工备受鼓舞，感受到人生的价值，使其他广大职工深受感召，激发全体职工比先进学先进的热潮。奖励激励要及时，要在职工心理氛围高涨时进行，否则会产生淡漠心理。同时，要根据获奖荣誉程度的不同，拉开奖励档次，使激励恰如其分，从而强化激励效果。

榜样激励为精神文明建设树立现实的目标样本，榜样可使人们产生敬畏的心理，从而激发人们内在动机，在新时代涌现出一大批先进人物和典型，使职工在精神文明建设中学有榜样，赶有目标。可以通过看录像、听报告等形式，组织职工学习新时代的楷模。还要更多地用本单位劳动模范优秀工作者、"十杰青年"、优秀党员的感人事迹，来教育职工，不断发动职工学习榜样。而且还要开展多层次、多项目评选活动，注意在群众中不断树立新的榜样，使大多数职工都有当榜样的机会，例如评选优秀职工、先进党员、争优创先个人、青年岗位能手、爱岗敬业标兵等有代表性的先进典型。

全面推进精神文明建设工作要以思想道德教育为重点，以提高人的素质为根本，以营造充满激情与和谐的人文环境为目标。在建设过程中，要从思想上和实践中提高对精神文明的认识。一是从思想上意识到精神文明的重要性。企业发展、壮大，主要靠科学管理、服务质量、市场开拓维护，要实现这一切，归根结底还是要靠人的素质的提高和人的社会活动。而人是靠一种精神来支撑的，没有正确的政治观点，就等于没有灵魂和没有现代文明意识。二是从实践中体会到物质文明建设和精神文明建设都是在发展生产力。在抓精神文明建设促进企业获得更大效益的实践中，悟出"精神文明建设也是发展生产力"这一观点，加强对每位职工的思想政治教育和道德教育，确立"以人为本，文明塑魂，内强素质，外树形象"等发展方针，开展内容丰富的树典型、学先进、各类竞赛和结对扶贫等精神文明建设活动。

精神文明建设工作是一项需要不断锤炼、巩固、提高且任重道远的工程。要把政治理论、思想道德教育作为人民思想教育的重要内容来抓，一是努力营造全员学习的良好氛围，树立正确的“人生观、世界观、价值观”，提高人民的文明素质，激发服务热情，增强精神文明建设意识；二是增强学习的针对性，以中共中央颁布的《公民道德建设实施纲要》等为基本教材，深入开展文明知识学习教育活动；三是注重创新教育形式，采取“走出去”与“请进来”相结合、专题教育与网络教育相结合、集中学习与个人自学相结合的方式，增强教育实效。将精神文明建设工作与单位企业文化建设、综合治理、平安建设工作相结合，与提高服务水平和树立文明形象相结合，从加强安全生产、改善服务环境、增强服务意识，提高服务质量等工作着手，大力提高人民的职业道德素质和文明从业技能水平，使人民始终保持健康向上的精神状态。

精神激励首先要善于发现、树立和培育在精神文明建设中涌现的先进典型，并打造精神文明建设的先进品牌，这是精神激励中最基础的工作。其次是要创新宣传手段，特别是充分利用新兴媒体，采取灵活多样的形式，广泛深入地宣传先进典型，拓展先进品牌的品牌价值和存在空间，这是精神激励的关键环节。最后是采取行政和法律手段，充分发挥道德的力量，不断扩大和强化先进典型和品牌的示范效应，在全社会都形成崇尚先进、学习先进、赶超先进的良好氛围，这是精神激励的价值创造。

要深化思想教育，注重建设实效。一是通过“中国梦”主题教育活动增添发展原动力。将“中国梦”主题教育活动与业务工作结合起来，与确保完成全年目标任务结合起来，切实以主题教育活动推动当前各项工作，通过“中国梦”主题活动，进一步增强干部职工做好工作的责任感和使命感。二是通过“社会主义核心价值观实践活动”凝聚发展正能量。认真贯彻落实《公民道德建设实施纲要》，充分利用“三会一课”等党组织生活制度，认真组织学习习近平总书记系列重要讲话精神，提高党员干部的政治素质，增强党组织的凝聚力和战斗力。三是通过“道德讲堂”共建道德新风尚。通过“道德讲堂”建设，形成人人争当文明人、人人争做文明事、人人共倡好风尚的良好氛围，为社会的健康向上发展增添新的动力。四是通过“学雷锋志愿服务”传递社会温暖爱心。切实加强单位志愿者队伍建设，开展学雷锋志愿者活动，开展走访困难家庭送温暖、义务服务等活动。组织职工开展为住院贫困儿童点亮小小心愿、慈善一日捐、冬衣爱心捐赠、义务献血等主题公益活动。通过活动，逐步培养职工“奉献他人、提升自己”的志愿理念，也用实际行动弘扬社会正气，树立时代新风。

创先争优，加强精神文明建设教育引导。加强以社会主义核心价值体系和社会主义核心价值观为重点的思想和职业道德建设，深入开展“业务能力提升年”、“争创优质服务窗口”和“两学一做”教育实践等活动；同时认真开展应知应会知识、法律法规理论和工商业务知识培训，不断推动干部职工业务素质和政策理论水平的提升。强化基层组织战斗堡垒作用，扎实开展党员“量化承诺、量化管理、民主评议、星级评定”和“践行价值观，敬业做表率”主题活动，引导党员干部结合自身岗位特点量化承诺；同时，结合单位实际，多角度多方面地对干部职工敬业标准进行规范，明确岗位职责。对于窗口单位，更是把各项工作细化、量化，突出窗口工作人员忠诚履职、依法办事、优质高效的要求，形成可操作性强、科学有效的敬业标准体系。定期对各岗位工作人员进行敬业评价，奖优罚劣，令爱岗敬业的价值观入脑入心。广泛开展创先争优活动，窗口单位评出一批“雷锋岗”和文明服务标兵典型，营造敢于争先、勇创一流的浓厚氛围。

惩罚也是激励手段，是从抑制消极因素方面进行奖励。在精神文明建设中对职工中发生的职业道德问题，应该采取惩罚措施，比如通报批评，或禁止职称职级晋升等。惩罚激励在实施中要做到实事求是，掌握适度原则，还要与思想教育紧密结合，使被惩处者和局外人心悦诚服，唤醒其内在的自责意识及进取意识，惩罚成为进步的新起点新动力，变后进为先进。

三 新时代精神文明建设的评估促进

精神文明建设的评估是精神文明建设的重要动力之一，对精神文明建设能够起到很好的促进作用。作为精神文明建设动力的精神文明建设评估，主要涉及精神文明建设评估的指标、方案和反馈，分析这些方面，是研究精神文明建设评估这一动力的必要内容。

（一）新时代精神文明建设评估的指标

精神文明有其质和量统一的品格和特征。和社会其他事物一样，精神文明的发展水平是有其数量基础的，而通过数量基础去把握质的特征，是精神文明建设面临的重要任务与课题。正如马克思所说："一种科学只有在它成功地运用数学时，才算达到了真正完善的地步。"① 从这种意义上说，使精神文明建设指标化、数量化不仅是手段，也是目的。

指标具有指示和标示的作用。由于指标体系具有替代物特点和数量化特点，使用它能够具体地标示出精神文明建设的综合状况和总体水平，从而作出评估和比较。建立精神文明建设指标体系，对精神文明建设情况进行测量，不仅能对精神文明建设取得的成果和达到的水平作出标示，进而作出评估和比较，而且还能在精神文明建设的过程中，对该过程的状态进行监视，甚至可以在过程进行之前作出预测。因此，精神文明建设指标体系对精神文明建设来说还有监测功能和预测功能。

精神文明建设指标体系包含"硬指标"和"软指标"两大部分。精神文明建设包括人类科学文化方面的成果，表现为科学、教育、卫生、艺术、体育等事业的发展程度以及与此相应的物质设施、机构的发展规模和水平，还包括社会的政治思想、道德面貌、社会风尚和人们的世界观、思想、情操、觉悟、信念和组织性纪律性状况。由此我们可以做两个比喻，其一，科学、教育、卫生、艺术、体育等既有"硬件"部分，也有"软件"部分，发展程度是较难把握的"软件"，而与此相应的物质设施、机构的发展规模和水平则是比较易于把握的"硬件"。其二，社会的政治思想、道德面貌、社会风尚和人们的世界观、思想、情操、觉悟、信念和组织性纪律性状况也是较难把握的"软件"。

建构精神文明建设的指标体系，就是要用量化的方法，把精神领域中"模糊"的东西变成可以测量的相对精确的东西。建构精神文明建设的指标体系，要包含"正向指标"和"负向指标"。所谓正向指标是指标示精神文明建设进步和发展的指标，即指标值的增长表明精神文明水平的增长和精神文明建设取得成效。比如"义务教育普及率"指标即精神文明建设

① 转引自张天飞主编《马克思主义哲学原理》，华东师范大学出版社，1992，第 83 页。

指标体系中的正向指标，义务教育普及率的增长是精神文明建设水平提高的表现。所谓负向指标是指那些给精神文明水平的评估减分的指标，比如“犯罪率”指标即精神文明指标体系中的负向指标，“犯罪率”高，表明精神文明建设中存在的问题多，水平低。

这里具体举两个例子，一个是精神文明建设评估指标，一个是社区精神文明建设评估细则（见表5－1、表5－2）。

表5－1　精神文明建设评估指标

评估项目	分数	评估内容	计分方法
组织建设	8分	建设活动摆上重要议事日程，计划周全、目标明确、措施具体、责任落实	缺少一项扣2分，计划不切合实际的此项不得分
	4分	班子会议每年专题研究2次精神文明建设工作，全体员工普遍参与建设活动	少研究一次精神文明工作扣2分，无会议记录扣2分，员工不积极参加建设活动此项不得分
	8分	成立精神文明建设领导小组、环境建设领导小组、志愿者服务领导小组、宣传报道小组等组织机构	组织机构不健全的，缺少一项扣2分
理论武装	16分	每月组织集中学习4次，有学习计划、资料、记录、笔记 坚持对干部职工进行科学文化知识和业务技能培训，形成全员学习、崇尚学习、自觉学习的良好风尚	无学习计划扣2分，无培训记录扣2分，记录不全扣1分，少学习一次扣1分，无学习笔记不得分，记录与笔记不相符不得分
文明创建	6分	认真贯彻落实《公民道德建设实施纲要》，让公民基本道德规范人人皆知	无宣传图版扣3分，无学习笔记扣3分（可记录在理论学习笔记中）
	4分	重视诚信建设，有学习计划，有措施	无方案、措施扣2分，无学习记录扣2分，无学习笔记此项不得分（可记录在理论学习笔记中）
	10分	建立健全志愿者组织，并登记造册。结合单位实际，每年自行组织志愿者活动4次以上	组织不健全未登记造册的扣2分，少开展一次活动扣2分
	8分	在春节、元宵节、清明节、端午节、中秋节、七夕节、重阳节等结合单位实际，积极开展“我们的节日”活动	每年至少开展四次活动，少开展一次扣2分，未开展活动的此项不得分
	8分	培育和践行社会主义核心价值观，认真学习贯彻“二十四字”社会主义核心价值观	无宣传图版扣4分，无学习笔记扣4分（可记录在理论学习笔记中）

续表

评估项目	分数	评估内容	计分方法
文明创建	6分	每年开展2次以上健康向上的员工群众文化活动，丰富员工文化生活	少开展一次活动扣3分，未开展活动此项不得分
思想道德建设	10分	每季度上报一次员工思想动态状况调查	少上报一次扣2分
宣传报道	10分	注重宣传报道工作，及时报道在安全、生产、经营、管理等方面取得的新成绩和涌现出来的先进典型	按年度宣传报道任务进行评估，无宣传报道记录扣2分。未完成年度计划的此项不得分
环境建设	10分	认真贯彻落实环境建设方案，积极开展环境建设	按环境建设方案评估折算
否决指标			年内发生重大违纪的、发生重大群体上访事件的、发生重大安全事故的，实行一票否决

表5－2　社区精神文明建设评估细则

工作内容	工作标准
组织健全，制度完善	①确定文明社区、文明小区建设活动的工作标准、实施办法和长效管理措施； ②精神文明建设绩效纳入领导班子和领导干部的评估内容； ③创建文明社区、文明小区形成长效管理机制； ④市民学校有制度、工作职责、计划、总结、教案、记录、信息、照片等
设施齐备，维护经常	①各社区宣传栏不少于5块，定期刊登精神文明建设内容，每季度更换一次 ②社区设有快乐营地、电子阅览室、图书室等活动场地，每周对市民开放一次
社会主义核心价值观学习宣传	①努力把社会主义核心价值观贯穿到党员干部教育以及日常工作学习生活中，并融入市民教育和精神文明建设全过程； ②广泛宣传和普及社会主义荣辱观，引导人们知荣辱、讲正气、尽义务，形成扶正祛邪、惩恶扬善的社会风气； ③弘扬民族精神和时代精神；利用重大活动、重要纪念日、节庆日开展集中性学习宣传活动 （活动开展每月不少于1次，各类活动及时上交方案、信息、照片、小结）
爱国主义教育	①开展“讲文明、树新风”活动； ②开展多种形式的形势政策教育、国情（包括中国革命史）教育、国防和国家安全教育（每年不少于2次）； ③形势政策与国情教育师资队伍、阵地有保障
优秀传统文化教育	①利用社区宣传栏、LED显示屏、网络媒体等多种形式宣传普及优秀传统文化，并形成制度； ②组织开展“我们的节日”主题活动，运用传统节日弘扬民族文化的优秀传统； ③组织开展中华经典诵读活动等全民读书活动

续表

工作内容	工作标准
培育并宣传道德模范	①培育并推出道德模范工作规范化、制度化； ②制定帮扶生活困难道德模范的办法，结合本区实际给予道德模范崇高社会礼遇，形成长效机制； ③开展“我推荐、我评议身边好人”活动，发动群众通过网络等渠道广泛推举好人好事，不断有人入选“中国好人榜”； ④运用新闻媒体、文艺作品、公益广告等多种形式，大力宣传道德模范的先进事迹，形成学习、崇尚、争当、关爱道德模范的浓厚氛围； ⑤社区组织开展巡讲、报告会、座谈会等活动，发挥道德模范榜样作用，引导人们自觉履行法定义务，承担社会责任、家庭责任
道德实践	①倡导并自觉遵守爱国、敬业、诚信、友善等社会基本道德规范，开展以社会公德、职业道德、家庭美德、个人品德建设为主要内容的实践活动； ②围绕城市精神，开展全区性宣传教育活动； ③大力开展红色旅游，拓展革命传统教育新阵地，加强红色旅游宣传
社区志愿者服务	①做好年度计划、组建志愿服务队、完善工作机制，精心制作志愿服务活动手册，记录志愿服务情况，总结志愿服务经验； ②组织开展区文明办安排部署的重点志愿服务活动； ③各社区和群众团体利用文明交通礼让日组织开展志愿服务活动； ④市、区级文明社区组织网络文明传播志愿者定期发博文、微博（活动有信息、图片，博文每月不少于 2 篇，微博每月不少于 30 条）
公益活动	①社区党政负责人带头参加帮扶活动； ②定期更换、维护“尊德守礼”提示牌，市民种绿、护绿等公益活动参与率≥70%； ③搞好文明餐桌宣传
文化体育活动	①积极组织开展全民健身活动； ②每千人拥有 2 个社会体育指导员

（二）新时代精神文明建设评估的方案

要把精神文明建设评估同正常考核年度结合起来，全面准确客观真实地反映两个文明建设的全貌，公正地评价精神文明建设。要深入研究和探讨精神文明建设评估办法，使评估工作逐步走上规范化制度化科学化的轨道。

第一，评估要看认识。认识问题是精神文明建设评估工作的首要问题。各地各单位要以讲政治的观点，坚持贯彻执行精神文明建设工作的各项决议，对精神文明建设要全面把握，要从世界观方法论等哲学高度来认识精神文明建设工作，坚持“两手抓，两手都要硬”的方针。要看各地各单位如何看待精神文明建设的重要性和伟大意义，看认识的高度，重视的程度。看认识，关键是要看动机和出发点。看是不是把精神建设真正放到更加突出的地位，是不是从思想上认识到加强精神文明建设的重要意义，要看对精神文明工作的真实态度。不能简单地凭成绩衡量，要看原有的基础，成绩好并不一定认识水平高，发展速度快也不一定就是重视程度高。就被评估单位而言，还受精神文明工作的认识能力、认识广度和深度等因素的影响，因此看认识还需要有一个客观全面的角度。看认识还要注意评估以下几种不正确的认识倾向。一是认为精神文明建设不用抓，只要经济搞上去了，精神文明建设自然而然就上去了。二是认为物质文明建设是非抓不可，精神文明建设可有可无，可抓可不抓。三是认为发展社会主义市场经济就要以牺牲精神文明建设为代价。四是认为物质文明建设在先，精神文明建设在后。五是认为精神文明建设会影响经济发展，要发展经济，精神文明建设就要让路。

第二，评估要看行动。看各地各单位在落实精神文明建设中采取的措施，制定的制度，开展的活动，都有哪些，都想了哪些办法；是开创性的积极探索，还是墨守成规的照搬照抄；是从本部门实际出发，着眼于实际问题，还是搞花架子走过场；是自扫门前雪，还是从大局出发，协调有关部门联手制定政策方案，统一行动，齐抓共管。总之，要看各项措施是否得力，政策是否得到群众的欢迎，活动是否丰富多彩、富有教育意义。看行动是评估精神文明建设的具体体现，是评估精神文明建设的主要内容。通过评估各项精神文明建设开展的方法、步骤、过程，可以掌握精神文明建设是否扎实，是否有效。看行动要看行动主体是否是广大群众，看领导怎样调动和引导更多群众广泛参与精神文明建设，是否树立群众观点，联系群众，深入实际。看行动要联系起来看，不能只看一件事情或某一个阶段的某一时间的内容。要全面系统地看，要看一项行动的目的是什么，围绕目的的实现，了解行动的具体方法、步骤和措施，通过质和量的客观比较分析，以判断每项行动的意义和作用，区分什么是求真务实，什么是弄虚作假，哪些是讲求实际，哪些是形式主义。一方面，防止劳民伤财、急功近利式的盲目攀比数量，忽视行动质量的倾向；另一方面，防止以一代全的表面文章，搞一阵风的形式主义作风。

第三，评估要看效果。即看各项精神文明建设内容落实的结果，要评估工作任务和各项指标的完成情况，看是否真正落到实处。在具体内容上，要看是否把思想政治工作作为精神文明建设的一项基础性和保障性的工作摆到重要位置，是否能用中国特色社会主义的理论统一思想，武装党员和群众；是否能够坚持和贯彻民主集中制原则，解决自身矛盾，加强团结；是否发挥整体功能，协调各方面的关系形成合力。要看效果，首先定性要准，定量要实，要把各项工作任务指标的完成情况和领导干部职能作用的发挥，工作创新贡献的大小搞清楚。要进行纵向、横向的分析比较；要看在社会上的影响；要与条件相同的单位进行比较，要看在全国的位次，要看与上一年度或者历史最好水平相比的增长程度，看在上级各项评比检查中的位置及其变化。

要充分调动各地各单位对精神文明建设工作的积极性、主动性与创造性，建立和完善精神文明建设激励和约束机制，促进精神文明上新台阶。为加强精神文明建设管理，科学评价精神文明建设效果，不断提高精神文明建设的实效性，促进精神文明建设的科学化、规范化，需要制定评估办法。

开展基层精神文明建设工作评估，主要是检验基层思想政治工作在保证、贴近、融入三个方面的实际效果；检验基层党支部是否重视加强对精神文明建设的领导，形成齐抓共管的工作格局，为安全生产和经营管理提供坚强有力的保证；检验思想政治工作是否从实际出发，提高针对性，深入调查研究，及时了解和掌握职工的思想动态；检验思想政治工作是否坚持以人为本，融入企业生产经营管理的全过程，提高思想政治工作的主动性和实效性。

精神文明建设评估的前提条件是：领导班子团结协作、坚强有力，班子成员廉洁勤政，没有受到党纪、政纪、法纪处分；能完成安全、生产、经营责任制各项目标及经济技术指标，未发生重大人身伤亡事故和其他重大责任事故，未发生违反财经纪律的问题；完成年度党风廉政建设责任制目标，未发生一票否决的重大问题。

评估要按照实事求是、客观公正、民主公开、注重实效的原则进行，半年督查一次，年终量化评估，兑现奖罚。主要采取听取汇报、实地察看、查阅资料等形式进行，以相关主管部门提供的统计数字为依据，进行综合分析，量化打分，依次排序。

在评估方式上进行创新，注重加强常态化管理。一是加强暗访督查。要使暗访督查制度化。组建暗访督查测评员队伍，采取不定时、不打招呼的方式进行暗访。对容易突击应付的测评项目，如环境卫生、交通秩序、窗口服务、占道经营、公益广告等，分解到日常的暗访中；同时，增加平时暗访的权重，对临时关闭店面、网吧、农贸市场的，执法人员和工作人员异常增加的，视情节轻重进行扣分，以引导各地各部门重平时、重长效。二是加强动态管理。完善和实施全国文明单位日常管理办法，落实文明城市的日常管理机制。针对测评时容易突击应对、实地考察难以发现问题的测评项目，如对公共交通秩序的测评，采用调阅监控录像的方式进行评估；针对部分文明单位突击准备迎检材料、弄虚作假等问题，开发测评材料网上申报系统，要求参评单位在规定时限内报送组织活动的相关材料，材料必须包括组织开展活动的所有过程性资料。三是改进迎检作风。与测评人员签订廉洁和保密协议，将其纳入文明城市测评范畴，强调不兴师动众扰民、不增加基层接待负担，不干扰地方正常秩序，对突击迎检的在负面清单中予以扣分处理。为了让精神文明建设评估工作更加公开透明，客观公正，建立和充实评估工作专家库，评估前从专家库中随机抽取专家，随机分组。实地考察点采用随机抽取、材料审核采用网上联审打分的方式进行。测评前，对全体测评队员集中进行业务和纪律培训，确保标准规范统一，结果客观公正。对重大有疑义的测评结果，增加现场复核环节。四是实行淘汰退出机制。各类精神文明表彰是一项重要荣誉，是城乡五位一体建设和党的建设的标杆，但不是“铁饭碗”“保险箱”，要做到能上能下，能进能出，不能形成“牌子到手创建到头”的习惯。中央文明委规定对文明城市测评中连续两年测评成绩排名末位的，在届期内出现“一票否决”问题的全国文明单位实行退出机制，加强动态管理，促进创建工作常态化。为形成“牌子到手，创建加责”的机制，建立淘汰退出机制，保持文明城市、单位、行业等的先进性、示范性。

（三）新时代精神文明建设评估的反馈

评估结果的反馈是绩效评估中的最后一个环节，也是能否取得预期效果的一个关键环节。如果只有评估而无反馈，可能会出现因为反馈的管理方法不科学、不完善，以及被评估单位在接受反馈信息的过程中不能得到有效控制的问题。

为了达到积极的效果，在进行反馈之前，需要对被评估单位进行研究，针对不同的单位，确定不同的反馈方式。反馈的过程实际也是一个沟通的过程。反馈方式包括面谈式反馈、集体讨论式反馈和网络电子信函式反馈。其中以面谈式反馈为主，另外两种反馈形式为补充。正式反馈方法的核心是面谈式反馈。要使面谈有效果，评估部门与被评估单位都必须做充分的准备。在这个准备过程中，首先要明确5W1H：为什么要面谈（why）？面谈什么（what）？选择什么样的地方面谈（where）？什么时间面谈（when）？面谈对象是谁（who）？怎样进行面谈（how）？所有这些准备活动都要依据被评估对象的研究结果进行。可以采取几种方式：实事求是并有的放矢；肯定成绩且指出缺点；积极参与并共同讨论。第一种是单纯地劝说，告诉评估结果，说明怎样改进；第二种是告诉被评估单位的长处和短处，然后要求被评估单位自己说如何改进；第三种是让被评估单位积极参与讨论，树立新的工作目标。这三种方式可以单独使用，也可以组合使用。集体讨论式反馈是将绩效评估结果放到一定群体中进行讨论，可以纠正一些主观错误，或者由于评估部门因素而产生的误差，也可以明确某些评估指标对被评估单位的重要性，以便在日后的工作中加以改正。集体讨论中，要注意以下几点：要选择合适的群体进行讨论；讨论的主题选择，以及鼓励和控制；创造一个轻松、融洽的氛围；努力达成结果，使被评估单位无怨言；结果存档。网络电子信函式反馈是评估部门可以专门开辟一个讨论版，让被评估单位把对本单位的评估结果不满意或认为不准确的信息，在讨论版上表达出来。当然，评估部门也要就网上的要求或意见作出回应。网络电子信函式反馈就是评估部门把评估结果在网上发送到被评估单位的电子信箱里，让被评估单位了解评估结果，并让被评估单位对自己的评估结果作出一份总结报告，通过电子邮件的方式发送到评估部门的邮箱中。双方可以进行沟通，做好反馈的工作。这两种反馈形式均能够不受时间和空间的限制，评估部门和被评估单位都能充分、及时地作出答复，克服面谈给被评估单位带来的压力，被评估单位能够准确地表达本单位的想法、意见等，提高反馈的互动性和主动性。

反馈过程还包括控制阶段。它的主要功能就是通过一种机制来实现反馈的目的和效果。它是一种过程管理，贯穿于整个反馈阶段，也是反馈的最后一个环节。控制在于实现工作目标并避免决策和执行运作过程中的偏差，发现决策和执行运作过程中的不足，完善、纠正以及实现目标，并不断提高和超过预定的目标。主要包括以下几个方面。

一是鼓励被评估单位改变不当行为。有两种让被评估单位改变不当行为的方式。其一是参与性改变，指让被评估单位了解评估部门反馈的意图，并使之参与反馈目标的制定和反馈的积极作用的讨论，在新的认识的基础上产生新的行为。其二是强迫性改变。就是把反馈认识行为的要求强加于被评估单位，使其必须对反馈产生新的认识，然后在新的认识基础上产生积极的行为。对于不同的被评估单位需要采取不同的方式，另外也有可能两种方式同时使用。

二是鼓励被评估单位诉怨。这是一个申辩程序，评估部门和被评估单位对某项评估指标在认识上的差异，可能导致被评估单位对评估结果的不接受，产生不满情绪。鼓励被评估单位诉怨是最好的解决方式，它可以在反馈的过程中就得以实现。评估部门可以建立一个诉怨中心或诉怨办公室，鼓励被评估单位去诉怨，并在这个过程中解决问题。很好的交流和诉怨是反馈的工具，是实现反馈目的的手段。通过这种互动式的交流可以最大限度地实现反馈，使精神文明建设评估工作圆满完成。

三是被评估单位提供对反馈结果认识的报告。这是被评估单位实现认识自我，认识绩效评估的工作。了解了评估结果，并不等于实现了评估的目的，只有通过对评估结果的充分认识，才有助于进一步了解精神文明建设工作，找到不足产生的原因。报告可以让评估部门和被评估单位双方均了解被评估单位的需求和被评估单位的不足，能够对被评估单位进行必要的指导，以达到提高被评估单位精神文明建设效果的目的。

在评估反馈过程中，要注意避免反馈可能出现的消极作用。任何一种精神文明建设评估模式都不是最好的，在实际的操作过程中总会出现一些误差，而这些误差的出现如不能及时发现和消除，必然会影响被评估单位精神文明建设，影响评估部门和被评估单位之间的关系，挫伤被评估单位的积极性，不利于精神文明建设工作的开展。在反馈的过程中要有敏锐的洞察力和必要的准备工作，及时发现，及时解决，及时沟通，及时再反馈，最大限度地消除消极影响，然后在实践的基础上进一步完善评估指标和方案，建立更加合适的评估指标和方案。

第六章　新时代精神文明建设的保障机制

精神文明建设离不开各方面的保障，因而，新时代精神文明建设必须要建立保障机制。这种保障机制既包括指导思想和主导价值观等思想方面的保障，也包括人力、财力、载体等方面的物质保障，还包括法治、纪检、舆论等方面的监督保障。只有建立内容丰富的保障体系，新时代精神文明建设才能顺利开展并取得良好的成果。

一　新时代精神文明建设的思想保障

社会主义精神文明是以马克思主义为指导，由劳动人民所享有，在社会主义制度下形成的人类历史上新型的精神文明，是社会主义社会的重要特征和社会主义制度优越性的重要表现，是中国特色社会主义社会不可缺少的一个重要方面。新时代精神文明建设既要坚持马克思主义的指导，也要用党的最新理论成果作为思想保障。

（一）马克思主义的指导

随着改革开放的不断深入，中国的社会环境发生了深刻变化。经济成分、利益主体、就业方式、分配方式、生活方式等日益多样化，人们的思想空前活跃，人们思想的独立性、选择性、多变性、差异性明显增强，人们的思想和价值观呈现多样化的趋势。尤其是就业压力日益增大，利益关系和分配关系并没有完全理顺的情况下，人们的思想和价值观出现了困惑和冲突。这些新背景，凸显了确立精神文明建设指导思想的必要性和紧迫性。

1. 马克思主义指导的必要性

在各种社会因素的影响下，非马克思主义思潮也有所滋长，小生产者的价值观、封建残余的价值观、资产阶级的腐朽价值观、愚昧落后的价值观不会自动退出历史舞台，各种思想文化之间的相互渗透、相互激荡更加突出。这种情形必然会形成意识形态领域的多样化和复杂化，必然会对以马克思主义为指导的精神文明建设产生强烈的冲击，会逐渐削弱其主导地位。

马克思主义创造性地揭示了人类社会发展规律，是科学的世界观和方法论，是人们认识世界、把握规律、追求真理、改造世界的强大思想武器。马克思主义揭示了人类社会发展的历史规律，是被实践证明了的科学真理，从而深刻影响着人类进程，“历史上从未出现过建立在笛卡尔思想之上的政府，用柏拉图思想武装起来的游击队，或者以黑格尔的理论为指导的工会组织。马克思彻底改变了我们对人类历史的理解，这是连马克思主义最激烈的批评者也无法否认的事实”。[①] 特别是在当前世界经济增长滞缓、金融危机此起彼伏的背景下，马克思主义真理的光辉显得越发璀璨。马克思主义是我们立党立国的根本指导思想，也是我们推进精神文明建设的根本指导思想。实践充分证明，只有坚持以马克思主义为指导，精神文明建设才能始终保持正确方向，为党和人民事业发展提供强大精神力量。新时代，精神文明建设必须在坚持以马克思主义为指导这一根本问题上旗帜鲜明，任何时候任何情况下都不能有丝毫动摇。如果放弃了马克思主义的指导，精神文明建设就会失去方向甚至误入歧途。

由于放弃马克思主义的指导地位，具有 93 年历史、执政 74 年的苏联共产党崩溃了，存在了 69 年的苏维埃社会主义共和国联盟完全解体了。和苏联一样，东欧社会主义国家借口否定斯大林和“斯大林模式”，从根本上否定马克思列宁主义和社会主义制度；指导思想上放弃马克思主义，代之以民主社会主义思想，主张“思想多元化”“意识形态多元化”，最终导致思想混乱，政治动乱，以致党丧失政权，国家变质。东欧剧变的历史教训证明，在当今社会主义和资本主义共存的世界，否定马克思主义的指导地位和指导作用，就是为反对派占领舆论阵地、改变舆论导向、搞乱人们

---

① 〔英〕特里·伊格尔顿：《马克思为什么是对的》，李杨、任文科、郑义译，新星出版社，2011，第 2 页。

思想、夺权上台做舆论准备，就是资产阶级自由化和资本主义化。

正是基于这些，党的十九大报告指出："发展中国特色社会主义文化，就是以马克思主义为指导。"① 习近平总书记在纪念马克思诞辰200周年大会上的讲话中指出："学习马克思，就要学习和实践马克思主义关于文化建设的思想"，"巩固马克思主义在意识形态领域的指导地位"。② 党的十九届四中全会指出，要坚持马克思主义在意识形态领域指导地位的根本制度。党的十九届五中全会再次重申：坚持马克思主义在意识形态领域的指导地位。精神文明建设与文化和意识形态有密切联系，因此，马克思主义在文化和意识形态领域的指导地位，也就是在精神文明建设中的指导地位。

2. 马克思主义指导的内涵

坚持马克思主义在精神文明建设中的指导地位，首先是指用马克思主义的立场、观点和方法来指导精神文明建设，关键和核心是坚持历史唯物主义和辩证唯物主义。就是要坚持精神文明建设的社会主义性质，与资本主义精神文明区别开来，坚持为社会主义服务，为人民服务的精神文明建设方向。

坚持马克思主义在精神文明建设中的指导地位，就是要在精神文明建设的过程中，把马克思主义与精神文明建设相融合。把马克思主义融入到精神文明建设过程中是现在乃至未来发展的重要方向，它也代表着社会主义先进文化的前进方向。在精神文明建设的过程中，我们要坚持马克思主义的大方向，做到不偏离、不背离。马克思主义作为我国的主流意识形态，要与中国精神文明建设的国情相符合，坚持实事求是、与时俱进，不断丰富精神文明建设的内容，创造出既葆有传统魅力，又富有时代特色的精神文明，这在一定程度上有利于增强社会主义精神文明在人民大众中的认同感和自信心。因此，坚持把马克思主义与精神文明建设相融合，更能促进我国文化自信水平的提高。实际上，在马克思主义指导我国精神文明建设的过程中，马克思主义也实现了与精神文明建设的有机融合，推动了

① 《习近平谈治国理政》第3卷，外文出版社，2020，第32页。

② 习近平：《在纪念马克思诞辰200周年大会上的讲话》，人民出版社，2018，第19~20页。

马克思主义中国化的进程，丰富和发展了马克思主义。

坚持马克思主义在精神文明建设中的指导地位，就是要敢于和各种错误思想、错误倾向做斗争。党的十九届六中全会通过的《中共中央关于党的百年奋斗重大成就和历史经验的决议》指出，中国共产党百年奋斗的历史经验之一是“敢于斗争”，并强调：“敢于斗争、敢于胜利，是党和人民不可战胜的强大精神力量。党和人民取得的一切成就，不是天上掉下来的，不是别人恩赐的，而是通过不断斗争取得的。”① 一段时间以来，由于对建设和谐社会的错误理解，思想界存在一种错误的倾向：那就是闭口不谈斗争。当前，中国共产党正在领导人民进行具有许多新的历史特点的伟大斗争。以繁荣发展学术为由，任由各种错误思想、错误观点、错误倾向发展，这是非常危险的。党的十九大报告指出，要“落实意识形态工作责任制，加强阵地建设和管理，注意区分政治原则问题、思想认识问题、学术观点问题，旗帜鲜明地反对和抵制各种错误观点”。② 这就为我们指明了进行意识形态斗争的原则。一是要严格区分是政治原则问题、思想认识问题还是学术观点问题，要区别对待，不能混淆。对事关政治原则大是大非的问题，必须旗帜鲜明，彻底澄清，在处理措施上可以采取行政、组织、法律等手段；对思想认识问题，则应该做耐心细致的思想工作，通过批评与自我批评等手段解决；而对学术观点问题，则决不能乱扣帽子、乱打棍子，应当坚持百花齐放、百家争鸣的原则。二是旗帜鲜明地反对和抵制各种错误观点。对各种错误观点，必须立场坚定、态度鲜明，坚决予以抵制和反对。一团和气的和稀泥绝不等于和谐，而只会搞乱人心。即使是学术观点，只要是错误的，就必须进行严肃认真的批判和斗争。因为，真理和谬误是相比较而存在、相斗争而发展的，学术的繁荣发展离不开严肃认真的学术批评。需要注意的是，人文社会学科，往往学术问题和政治问题纠缠在一起，这就需要提高政治素质和学术修养，既不能让一些人打着学术的名义从事颠覆社会主义意识形态的活动，也不能让从事学术研究的学者遭到无辜的伤害。

---

① 《中共中央关于党的百年奋斗重大成就和历史经验的决议》，人民出版社，2021，第69页。
② 《习近平谈治国理政》第3卷，外文出版社，2020，第33页。

（二）习近平总书记有关讲话精神

以习近平同志为核心的党中央，高度重视精神文明建设工作。党的十八大以来，中央政治局常委同志围绕精神文明建设领域相关问题多次召开会议，组织专题集体学习，进行全面研究和部署；召开全国宣传思想工作会议；召开三次中央文明委全体会议；召开全国宣传部长、文明办主任会议，对新时期宣传思想工作和精神文明建设工作作出安排部署；多次就精神文明建设领域工作出台各类意见、通知。习近平总书记高度重视社会主义精神文明建设，提出一系列重要论述和明确要求，为推动新时代精神文明建设指明了方向。

习近平总书记一直强调“两个文明”要协调发展。2013 年五一前夕，习近平总书记来到全国总工会机关，向在场的全国劳动模范代表指出：“实现我们的发展目标，不仅要在物质上强大起来，而且要在精神上强大起来。”① 2013 年 5 月 4 日，在中国航天科技集团公司中国空间技术研究院，面对各界优秀青年代表，习近平总书记指出：“中国特色社会主义是物质文明和精神文明全面发展的社会主义。一个没有精神力量的民族难以自立自强，一项没有文化支撑的事业难以持续长久。”② 时隔 3 个多月后，在全国宣传思想工作会议上，习近平总书记进一步深刻阐释：“只有物质文明建设和精神文明建设都搞好，国家物质力量和精神力量都增强，全国各族人民物质生活和精神生活都改善，中国特色社会主义事业才能顺利向前推进。”③ 2013 年 11 月 26 日，习近平总书记在山东孔府和孔子研究院参观考察时指出，必须加强全社会的思想道德建设，激发人们形成善良的道德意愿、道德情感，培育正确的道德判断和道德责任。④ 2014 年 3 月 27 日，国家主席习近平在联合国教科文组织总部发表演讲，阐明“实现中国梦，是物质文明和精神文明比翼双飞的发展过程”⑤ 的观点。2015 年 2 月

① 《习近平谈治国理政》，外文出版社，2014，第 46 页。

② 《习近平谈治国理政》，外文出版社，2014，第 52 页。

③ 《习近平谈治国理政》，外文出版社，2014，第 153 页。

④ 《习近平在山东考察》，中国共产党新闻网，2013 年 11 月 29 日，http://cpc.people.com.cn/n/2013/1129/c64094-23694123.html。

⑤ 习近平：《出席第三届核安全峰会并访问欧洲四国和联合国教科文组织总部、欧盟总部时的演讲》，人民出版社，2014，第 17 页。

28日下午，习近平总书记在会见第四届全国文明城市、文明村镇、文明单位和未成年人思想道德建设工作先进代表时强调，要继续锲而不舍、一以贯之抓好社会主义精神文明建设。[①] 2015年12月30日，在主持中央政治局第二十九次集体学习时，习近平总书记指出，要大力弘扬伟大爱国主义精神，大力弘扬以改革创新为核心的时代精神，为实现中华民族伟大复兴的中国梦提供共同精神支柱和强大精神动力。[②] 2016年3月16日，根据中共中央建议编制的"十三五"规划纲要明确提出，全面建成小康社会不仅仅是"国内生产总值和城乡居民人均收入比2010年翻一番"，更是"国民素质和社会文明程度显著提高"。2020年9月8日，习近平总书记在全国抗击新冠肺炎疫情表彰大会上的讲话中指出："只要不断培育和践行社会主义核心价值观，始终继承和弘扬中华优秀传统文化，我们就一定能够建设好全国各族人民的精神家园，筑牢中华儿女团结奋进、一往无前的思想基础。"[③] 党的十九届五中全会通过的《中共中央关于制定国民经济和社会发展第十四个五年规划和二〇三五年远景目标的建议》将"社会文明程度得到新提高"确立为"十四五"时期经济社会发展主要目标，将"国民素质和社会文明程度达到新高度"纳入2035年远景目标，不断推动"两个文明"协调发展。

习近平总书记关于精神文明建设的论述中，特别重视两个方面。一是加强意识形态领域建设。习近平总书记提出"意识形态工作是党的一项极端重要的工作"[④]，强调我们党要牢牢掌握意识形态工作的领导权、管理权、话语权不动摇，通过不断整合优化意识形态的传播，壮大社会主义思想舆论，积极发挥先进思想文化的铸魂育人作用。意识形态建设要树立阵地意识，宣传思想部门要做到"守土有责，守土负责，守土尽责"。坚定政治立场，强化责任担当，并敢于亮剑，主动出击，主动占领，弘扬主旋律，传播正能量。推动意识形态建设的创新发展，在其理念和手段上，积

---

① 《习近平谈治国理政》第2卷，外文出版社，2017，第323页。

② 《习近平主持中共中央政治局第二十九次集体学习》，中国共产党新闻网，2015年12月30日，http://cpc.people.com.cn/big5/n1/2015/1230/c64094－27996756.html。

③ 习近平：《在全国抗击新冠肺炎疫情表彰大会上的讲话》，人民出版社，2020，第21页。

④ 《习近平谈治国理政》，外文出版社，2014，第153页。

极探索新方法和新举措，为社会主义精神文明建设增添活力。二是传承和弘扬中华优秀传统文化。习近平总书记把中华优秀文化比作我们面对各种问题和挑战的精神根脉，强调其是我们屹立于世界民族之林的独特精神标志。无论是重仁爱德孝，讲礼义忠恕，倡大同和合的优秀儒家文化，还是坚定理想、不畏牺牲、奋勇向前的红色革命文化，它们始终是中国人民心中无法割舍的一部分，它们深入中国人的骨髓，也因此成了现今精神文明建设的重要思想文化资源。离开中华民族几千年来积淀下来的优秀文化，社会主义精神文明将失去本根。习近平总书记要求在精神文明建设内容中突出中华优秀传统文化的地位，在批判继承的基础上对其进行创造性转化和创新性发展，使之与时代相适应，与人民的现代思想意识相融合，构建积极向上的中国精神。在庆祝建党95周年大会上，在会见第三十一届奥运会中国体育代表团时，在给中央社会主义学院建院60周年的贺信中，在中国文联十大、中国作协九大开幕式上，在会见天宫二号和神舟十一号载人飞行任务航天员及参研参试人员代表时，习近平总书记反复强调“四个自信”，使之成为中华民族新的精神财富，更成为激励全党全国各族人民团结奋斗的强大精神力量。

习近平总书记指出，要坚持“两手抓、两手都要硬”，以辩证的、全面的、平衡的观点正确处理物质文明和精神文明的关系，把精神文明建设贯穿改革开放和现代化全过程、渗透社会生活各方面，紧密结合培育和践行社会主义核心价值观，大力倡导共产党人的世界观、人生观、价值观，坚守共产党人的精神家园；大力加强社会公德、职业道德、家庭美德、个人品德建设，营造全社会崇德向善的浓厚氛围；大力弘扬中华民族优秀传统文化，大力加强党风政风、社风家风建设，特别是要让中华民族文化基因在广大青少年心中生根发芽。要充分发挥榜样的作用，领导干部、公众人物、先进模范都要为全社会做好表率、起好示范作用，引导和推动全体人民树立文明观念、争当文明公民、展示文明形象。

习近平总书记强调，只有站在时代前沿，引领风气之先，精神文明建设才能发挥更大威力。当前，社会上思想活跃、观念碰撞，互联网等新技术新媒介日新月异，我们要审时度势、因势利导，创新内容和载体，改进方式和方法，使精神文明建设始终充满生机活力。抓精神文明建设要办实事、讲实效，紧紧围绕增进人民福祉来进行，坚决反对形式主义、官僚主义，努力满足人民群众不断增长的精神文化需求。各级党委要担负好自己的责任，切实抓好精神文明建设各项工作。

坚持马克思主义在精神文明建设中的指导地位，当前最重要的是坚持以习近平新时代中国特色社会主义思想为指导。习近平新时代中国特色社会主义思想是马克思主义基本原理与新时代中国特色社会主义发展实践相结合的伟大成果，从理论和实践上回答了新时代精神文明建设的目标任务和总体布局等基本问题，提出了一系列具有开创意义的精神文明建设新理念新思想新战略。这一思想坚持以发展的观点、联系的观点和实践的观点来设计精神文明建设框架，构建了科学的体系，指引着精神文明的发展方向。要深刻认识习近平新时代中国特色社会主义思想的重大意义、实践要求和科学体系，把这一思想作为精神文明建设的度量衡和定盘星，贯穿精神文明建设的全过程，不断增强全党全国人民团结奋斗的共同思想基础，使精神文明建设始终坚定不移朝着正确方向前进。

要深入学习宣传贯彻习近平新时代中国特色社会主义思想，认真学习宣传贯彻习近平总书记关于精神文明和文化建设的重要论述，统筹抓好学习教育、理论宣讲、研究阐释，引导广大党员、干部群众用党的创新理论武装头脑、指导实践、推动工作，切实把增强“四个意识”、坚定“四个自信”、做到“两个维护”落实到行动上，按照党的十九届五中全会对精神文明建设的部署要求，坚持守正创新，面向城乡基层，以更强举措推动精神文明建设取得新成效，为各项事业发展提供强大精神动力和良好社会环境。

（三）社会主义核心价值观的主导

在文化多样化的新时代，精神文明建设要坚持主导性与多样性辩证统一，尤其要善于在多样中立主导，要高扬主导性，并且以主导性整合多样性，从多样性中汲取养分，发展主导性。

1. 社会主义核心价值观主导的依据

唯物辩证法认为，矛盾的主要方面和次要方面的关系是辩证统一的。其中，矛盾的主要方面是处于支配地位、起主导作用的方面，决定事物的性质。这要求精神文明建设必须坚持一元主导，突出主流，弘扬主旋律。

人是社会的存在物，人要在社会中生活，就必须遵循社会组织为维持一定的社会秩序而建立的各种社会规范。每个时代和社会都需要一种能为社会绝大多数成员普遍认同的意识形态和价值观，并以此作为人们行动的导向，去协调他们的行为，推动社会稳步发展。

自有阶级以来的任何一种社会形态，多种价值取向并存，这多种价值取向的地位和作用并不是相同的，其中必有一种价值取向居主要方面，占主导地位，而其他则居次要方面，起次要作用。这种占主导地位的价值观就是主导价值观。主导价值观反映社会意识的本质，决定社会意识的性质，涵盖社会发展的指导思想、意识形态、价值取向，影响人们的思想观念、思维方式、行为规范，是引领社会前进的精神旗帜。

不同的社会形态、相同社会形态的不同国家，因社会性质不同，因国情和文化传统不同，就会有不同的主导价值观。如中国传统封建社会的主导价值观是“三纲五常”，而西方近代以来的资本主义主导价值观是“自由、平等、博爱”。我国在建设中国特色社会主义的过程中，所要确立的主导价值观自然也具有中国特色，它包含着独特的内容。

社会主义核心价值观是适应社会实践要求、对我们党和国家在社会主义初级阶段倡导的价值观作出的最新的表述，是我们党理论创新的又一重要成果，是我国全体人民共同的核心价值观。它是引领人们思想行为、社会精神风尚和发展方向的灵魂，是社会主义意识形态大厦的基石。

社会主义核心价值观与社会主义精神文明在指导思想、内容主旨、社会功能、价值目标上具有内在的统一性。

第一，二者的指导思想都是马克思主义。社会主义核心价值观是以马克思主义为指导的，马克思主义哲学为指导思想，从根本上规定着建设的性质和发展方向。精神文明建设也一定要以马克思主义为指导思想，其基本立场、观点和方法贯穿于自身的各个方面，才可以准确把握客观实际，精神文明建设才可以不断推动工作进程，不断促进社会主义思想道德建设。

第二，二者的内容主旨相同。社会主义核心价值观是我们国家，我们民族共同的核心价值观，其基本内容涵盖了国家、社会、个人三个层面最核心的一些价值理念。而这些内容同时也是精神文明建设内部所包含的实质和意义。精神文明建设积极倡导社会主义、共产主义思想道德，同时，其重在道德品行建设，引导和推进整个社会的文明进步，推动与促进社会发展到较高文化的状态，促进个人道德的不断完善。此外，精神文明建设也为人民群众提供了最基本的道德规范和行为标准，例如，大力倡导助人为乐、爱护公物、保护环境、诚实守信、勤俭持家、邻里团结等。

第三，二者的社会功能都是为社会主义和谐社会的构建和现代化的实现提供强大的精神动力和思想支撑。社会主义核心价值观坚持广泛性与先进性的统一，既具有鲜明的价值导向，又兼容并蓄，尊重包容差异，能够最大限度地凝聚人心，在全社会形成思想共识。社会主义核心价值观是由一系列内涵明确、联系紧密的社会主义基本价值思想、价值理念构成的整体，为社会发展提供了最基本的规范和动力。同样，精神文明建设也可为中国特色社会主义提供强大的精神动力和思想支撑。社会主义精神文明建设的基本内容，包括思想道德建设和科学文化建设两个方面。其中思想道德建设是精神文明建设的灵魂，决定着精神文明建设的性质和方向。思想道德建设解决的是整个民族的精神支柱和精神动力问题，对社会的政治、经济发展有巨大的能动作用。

社会主义核心价值观所蕴含的最基本、最核心的价值理念是我国精神文明建设的重要内容，体现了精神文明建设要追求和实现的根本性的价值目标和发展方向，可以说，社会主义核心价值观是社会主义精神文明的内核、灵魂和精髓，是社会主义社会精神文明最根本的体现，因而是涵养和推进精神文明建设的重要源泉，在精神文明建设中起主导和引领作用。

社会主义核心价值观是我国社会主义文化的内核和精髓，因而在精神文明建设中起引领作用。富强、民主、文明、和谐是国家发展的价值目标，为新时代精神文明建设指明了科学的发展方向。自由、平等、公正、法治是社会发展的价值取向，能够提高社会文明程度，为新时代精神文明建设营造良好的社会环境。爱国、敬业、诚信、友善是个人的价值准则，能够促进精神文明建设根本任务和目标的实现，为新时代精神文明建设夯实坚实的道德基础和群众基础。

因此，党的十九大报告指出要发挥社会主义核心价值观对精神文明创建的引领作用。党的十九届四中全会指出要把社会主义核心价值观融入精神文明创建全过程。党的十九届五中全会继续强调：坚持以社会主义核心价值观引领文化建设，加强社会主义精神文明建设。

2. 社会主义核心价值观主导的内容

用社会主义核心价值观主导精神文明建设，其中，主导的主体是社会主义核心价值观，用社会主义核心价值观主导精神文明建设就是用社会主义核心价值观引导和牵领多样化的文化，控制精神文明建设的走向。

社会主义核心价值观对精神文明建设的主导，意味着要引导人民认同社会主义核心价值观。习近平总书记在全国宣传思想工作会议上强调，“要深入开展中国特色社会主义宣传教育，把全国各族人民团结和凝聚在中国特色社会主义伟大旗帜之下。要加强社会主义核心价值体系建设，积极培育和践行社会主义核心价值观”。① 要始终坚持以社会主义核心价值观为指导构建人民的价值观，为人民正确价值观的形成提供强大的思想理论武器。在具体的培育过程中，要向人民灌注社会主义核心价值观，用社会主义核心价值观武装脑袋，强化正确价值观。要辅助人民掌握马克思主义理论新成果，提高人民运用理论知识分析和解决问题的能力，自觉与形形色色的宗教、迷信、有神论划清界限，抵制各种错误思潮的冲击和侵害，坚定人民对社会主义核心价值观的信心。

社会主义核心价值观对精神文明建设的主导，还意味着坚持以辩证的眼光科学批判影响比较大的社会思潮。社会思潮有先进与落后、正确与错误之分，只有对其理论观点进行系统的、科学的分析和批判，才能从根本上增强对当代社会思潮的分辨能力，抵制西方极端的社会思想的不良影响，为人民树立科学的价值观扫清思想障碍，提高人民对社会主义核心价值观的认同感。科学批判原则的精髓在于唯物辩证法，包含着否定和肯定，反对全盘否定和全盘肯定。社会思潮有正确和错误之分，无肯定的全盘否定和无批判的全盘肯定都必然导致个人崇拜、现代迷信、教条主义盛行和唯心主义猖獗。首先，要引导人民对有积极作用的社会思潮作出肯定的评价，比如创新马克思主义思潮，在一些社会发展的基本方向和理论方面符合我国的实际国情，体现出现代发展思维，有利于人民的思想变得丰富多元。其次，要引导人民以坚定的态度否定对精神文明建设有极大负面影响的社会思潮，比如新自由主义、历史虚无主义、无政府主义和拜金主

① 《习近平谈治国理政》第 1 卷，外文出版社，2018，第 154 页。

义等，防止人民不自觉或者盲目地接受落后思想，对社会主义核心价值观产生怀疑。最后，对于利弊兼有的社会思潮，比如民族主义思潮，要在肯定它积极之处的基础上分析和批判它的缺陷，加深人民的理性认识，保证人民正确地理解和认识社会主义核心价值观。

国家层面的价值观即“富强、民主、文明、和谐”对我国精神文明建设具有全局性的战略指导意义。“富强、民主、文明、和谐”是整个国家层面的价值追求和实现目标。近代以来，实现民族独立，建立民主共和国，实现国家富强一直都是人们追求的梦想。然而，在积贫积弱、深受帝国主义侵略和压迫的具有半殖民地半封建社会性质的近代中国，实现国家富强只能是一种空想。要实现国家富强的目标，第一步就是要实现民族的独立，建立一个自由、民主的共和国，只有这样，才能实现国家的富强、民族的振兴，才能顺利推进民主政治建设与和谐社会的构建，从而推动社会主义精神文明建设不断向前发展。社会层面的价值观即自由、平等、公正、法治的核心价值理念明确了当代中国社会最基本的价值取向，为实现社会的有序发展和社会文明程度的提高奠定了深厚的价值基础。个人层面的价值观即爱国、敬业、诚信、友善的核心价值理念，为全体社会成员判断行为得失、作出道德选择提供了基本准绳，为促进我国精神文明建设事业的发展，实现精神文明建设的根本任务和目标奠定了坚实的基础。

二　新时代精神文明建设的物质保障

精神文明建设需要必要的物质保障，包括人力、财力、物力等方面，在新时代，具体就是新时代精神文明建设队伍的组建，精神文明建设专项资金的投入，精神文明建设载体的丰富。

（一）精神文明建设队伍的组建

造就高素质的精神文明建设队伍，加强队伍建设，是开创精神文明建设新局面的内在要求和根本保证。

1. 建立党组织统一领导、一把手亲自抓、分管领导直接抓、齐抓共管的领导体制

坚持“两手抓、两手硬”，把“三个文明”工作，一起部署、一起落

实、一起检查；建立健全精神文明建设目标管理责任制，将年度工作细化、量化，层层分解，签订责任书，落实到科室和个人，形成严格监管、严格考核、严格奖惩的管理机制。

建立精神文明建设责任制和分工负责制，明确分工、明确任务、明确责任、明确奖惩。工作责任制的基本原则是：坚持集体领导与个人分工负责相结合；主要负责人第一责任与干部职工直接责任相结合；集体责任、领导责任、个人责任相结合。把文明单位创建工作纳入领导班子和全体工作人员的目标管理范围，逐级逐人明确责任，狠抓落实，严格考核，兑现奖惩。

领导小组负责精神文明建设工作和文明单位创建工作的组织领导，制定工作方案，建立工作机制；负责做好文明单位创建各项工作的指导、督导、协调与落实；负责与文明办联络衔接创建活动的相关工作。主要负责人总揽精神文明建设的全局工作，搞好总体决策、组织、指挥、落实工作；班子成员和领导小组成员负责职责范围内的精神文明建设工作，并对主要的活动任务实行包干，负责落实。领导小组办公室主任负责机关精神文明创建整体工作。

精神文明建设办公室的职责主要有以下几个方面。（1）制订精神文明建设的年度工作计划，搞好年度工作总结。（2）定期向精神文明建设领导小组汇报工作开展情况，向上级部门汇报工作情况。（3）收集和提出精神文明建设方面的意见建议，协调党政工团妇在精神文明建设方面的工作关系，抓好精神文明建设各项工作的落实。（4）承办精神文明建设工作有关会议的筹备、组织工作。（5）组织机关开展“创文明机关，做人民公仆”，争当“五好文明家庭”“文明职工”等活动；做好评选表彰和管理工作。（6）督促检查所属单位开展精神文明建设活动，发现和培养典型，总结和推广先进经验。（7）做好精神文明建设资料收集管理和归档工作，负责有关精神文明建设外来的业务接洽。

工会、青年、妇女等群众组织要结合职能，在群众性精神文明创建活动中发挥主体作用，担负起组织指导精神文明建设的共建任务。

2. 要建立专、兼结合的干部队伍

任何工作都要靠人去完成，中国特色社会主义建设事业需要人力保障。党的十九届六中全会通过的《中共中央关于党的百年奋斗重大成就和历史经验的决议》指出，党和人民事业发展需要一代代中国共产党人接续奋斗，“要源源不断培养选拔德才兼备、忠诚干净担当的高素质专业化干部特别是优秀年轻干部，教育引导广大党员、干部自觉做习近平新时代中国特色社会主义思想的坚定信仰者和忠实实践者，牢记空谈误国、实干兴邦的道理，树立不负人民的家国情怀、追求崇高的思想境界、增强过硬的担当本领”。[1] 精神文明建设工作任务艰巨，责任重大，必须有一支过硬的干部队伍。教育、科技、文化、宣传、理论等精神文明建设的各个领域，都要努力培养一支优秀的人才队伍，有关部门要为他们的成长创造条件。各地各级文明委、文明办要健全工作机构和工作队伍，确保足够的人员编制和办公经费，确保有人干事、有人管事，确保各项工作不断有新成绩、新进步。

要努力提高干部队伍的综合素质。精神文明建设工作要求高，涉及面广，理论和实践性都很强，一定要按照“三严三实”的标准，落实政治强、业务精、纪律严、作风正的要求，狠抓班子和队伍建设，大力提高干部队伍的自身素质，着力增强把握大局的能力、动员群众的能力、组织协调能力和改革创新的能力。要深入开展干部队伍政德建设，加强党性修养，端正道德品行，以自身的人格力量教育人、影响人。各级精神文明建设办事机构及工作人员要不断提高自身素质，树立良好形象，按照求真务实和“三贴近”的要求，努力做到各项工作从基层抓起，在基层落实。镇街党委宣传委员要把农村精神文明建设工作作为基本职责，大学生村官、第一书记要在农村精神文明建设中发挥重要作用。

要提高精神文明建设风险认识能力。首先是提高认识外部精神文明建设风险的能力。随着经济全球化的发展以及我国对外开放的程度不断加深，西方思潮的涌入及其文化的扩张是不可避免的，可以说，当前我国精神文明建设面临的外部环境非常复杂。随着我国社会主义事业的蓬勃发展，西方资本主义野心家总是试图通过网络等手段向我国广大青年传播他们的价值观念和生活方式，不仅有着一套相当成熟的理论体系，还形成了

---

[1] 《中共中央关于党的百年奋斗重大成就和历史经验的决议》，人民出版社，2021，第 74 页。

一系列渗透策略，妄图将我国的广大青年思想“西化”、逐步消除广大青年的理想信念、政治信仰和集体观念。精神文明建设工作者必须要认识到这一点，在编辑网络内容时要勇于揭露西方资本主义野心家的企图。其次是提高认识精神文明建设风险的能力。国内由于网络设施的普及，人们接触外界非社会主义的思潮机会增多，人们头脑中形成了多元共存的思想格局。特别是改革开放之后，中国社会的转型带来了地区发展不平衡、行业差距变大、利益分配差距大等问题，这些问题造成了民众心理的落差感较大，在行为上表现为群体性事件。全球经济一体化所带来的信息技术全球化，以及改革开放的深化，一方面为精神文明建设的发展注入生机和活力，另一方面也带来了思想文化观念的激烈碰撞，引发了社会转型期的种种文化领域的深层次矛盾。即使国家正在积极倡导社会主义核心价值观，但对许多网民来说，这些核心价值观在他们的头脑里依旧处于“漂浮”的状态。精神文明建设工作者要充分认识当前这种情况，想办法让社会主义核心价值观在网民内心深处落地生根，抵御不良思想的入侵。最后是统筹兼顾，形成有效处理内外风险的思维体系。精神文明建设工作者要充分认识当前经济的快速发展与互联网技术和设施的广泛普及，我国思想领域出现的种种矛盾和问题，精神文明建设面临着极其复杂的态势，充分认识引起精神文明建设领域风险的原因、发生发展过程及其将会造成的后果，在工作中要常常绷紧精神文明建设安全这一神经，加强网络环境的检查，及早发现存在的精神文明建设漏洞，及时了解网民的思想动态。

要提高理论的学习能力。首先是提高学习马克思主义理论的能力。马克思主义理论是经过历史与实践证明的颠扑不破的科学理论，是真理与价值的统一。因此，加强精神文明建设教育工作必须准确理解马克思主义理论。也就是说，精神文明建设工作者要始终抓好马克思主义的宣传教育，同时深入开展马克思主义研究，不断提高自身对于马克思主义理论的运用水平。从理论知识中获取宝贵经验，反复学习，反复实践，坚持知行合一。其次是提高和应用思想政治教育知识的能力。思想政治教育学科是精神文明建设的基本学科依托。自该学科创立至今，这一学科已经形成了比较完整的关于思想政治教育方法、内容、载体、环境、创新等理论和经验，并且经过不断地深化和发展，已经成为培养社会主义精神文明的基本方法论指导原则。精神文明建设工作者在应用思想政治教育方法时，要从整体上学习、研究、把握思想政治教育科学体系，关注思想政治教育实践的时代课题，吸收思想政治教育学科理论发展的最新成果，坚持以人为本，以学生的成长成才为本，运用其研究成果来指导开展精神文明建设，解决网民的思想困惑。此外，要学习网络教育教学引导方法，充分利用网络思想政治教育成果展示交流大会等学习平台，帮助自身树立正确的网络思维意识，从而能够在实践中大力开展网络活动，创新网络思想政治教育方式。最后是提高学习与精神文明建设工作相关的理论的能力。精神文明建设工作有着一定的指导理论，例如教育学、心理学等。教育学和心理学等相关知识，是教育工作者遵循学生成长规律，依据学生身心变化来制定和调整育人目标，探索符合学生成长规律的教育方式和途径、摸索适应学生成长规律的教育模式和教育载体。同样，精神文明建设工作者也需要根据教育学和心理学等相关知识，摸索网络教育的规律，选择适合精神文明建设教育的载体。

要提高精神文明建设工作者引导网络舆论的能力。网络舆论是一个展现真实心理的平台，能够将万千思想融为一体，形成统一的方向和想法。对于促进人们的视野开阔以及思想水平的提升具有一定的帮助。但其弊端也是非常明显的。一些缺乏自律意识的人，在网络舆论中不负责任的表述会带来不少负面影响，或者是发布一些混淆视听的观点以及编造各种谣言，容易造成网络舆论混乱的现象。精神文明建设工作者处于舆论战场的最前沿，对于正确引导舆论起着关键作用，因此提高精神文明建设工作者引导舆论的能力是必要的。现在网民使用网络的情况可以这样描述：无处不网、无时不网、无人不网。使用频率最高的软件有 QQ、微博、微信、贴吧、抖音、BBS 等。这些软件内容非常丰富，已经深入到网民的生活当中。由于各种软件之间存在一些技术上的壁垒，这给精神文明建设工作者实时监督网络舆论带来一定的困难。因此，为了克服这个困难，就必须深入这些软件当中，长期关注软件内部所呈现的思想动态，掌握最新的舆论导向。换言之，就是每一种网民使用的软件，都应该有精神文明建设工作者的身影，对于每条带有舆论倾向的信息，精神文明建设工作者都要理性分析，形成正确判断。

面对繁杂的精神文明建设工作，工作者需要做好相应的心理准备，在工作中坚持不懈、迎难而上，保持头脑清醒和一颗沉稳的心。只有这样的心态，才能在实际工作中不懈怠、不畏难、不抱怨，用宽容的心去接近网民，了解网民的思想动态，为自己开展思想工作提供便利。同时，也只有保持一颗沉稳的心，才能理智分析当前精神文明建设面临的困境，才能努力寻找相应政策对策。

要关心和支持基层干部。各级党委、政府对精神文明建设战线的同志，特别是对在一线和基层工作的同志，不仅要严格要求，交任务、压担子，而且要从生活上给予必要的关心和照顾，为他们创造良好条件，使他们全身心地投入工作。

（二）精神文明建设专项资金的投入

要设立精神文明建设专项资金，它是财政预算安排用于巩固全国文明城市和全国未成年人思想道德建设工作先进城市成果，开展全国文明城市创建、宣传教育活动，未成年人思想道德建设，志愿服务活动等项目的专项资金。要规范和加强精神文明建设专项资金的使用和管理，发挥资金的导向作用，提高资金使用效益。

精神文明建设专项资金的管理和使用，应当遵循“科学设立、合理使用、讲求绩效、公开透明、跟踪监督”的原则，并按照预算管理的有关规定进行管理，注重科学化、规范化管理。根据精神文明建设的目标任务，结合各项工作发展的需要与财力可能，保障重点，统筹平衡。专款专用，讲求绩效。

专项资金项目申报的有关条件和提交材料要按照各地各级文明办的要求提供。文明办组织开展项目申报工作，并对项目申报材料进行真实性审核、确认。专项资金的支付按照财政国库管理制度有关规定执行，属于政府采购管理范围的，按照国家有关政府采购的规定执行。项目单位应当加快预算执行，提高资金使用效率。

资金使用范围，一是创建活动资金，主要用于开展全国文明城市创建测评工作和文明县城（城市、城区）、文明村镇、文明单位、文明家庭、文明校园、公共文明引导员等群众性精神文明创建活动。二是宣传教育活动资金，主要用于广泛开展以培育和践行社会主义核心价值观、加强新时代公民道德建设为主要内容的各种宣传教育活动；开展道德模范和身边好人建设、公益广告设计制作宣传、自媒体（媒介）建设维护宣传及在媒体的专题宣传等；开展精神文明课题研究、全国精神文明建设展览馆日常运转维护和举办精神文明建设专题研讨培训班等支出。三是未成年人思想道德建设活动资金，主要用于开展“四项集中性”活动专题宣传，优秀童谣征集评选传唱，乡村学校少年宫项目展示和推广，社区“四点半学校”建设运转，未成年人思想道德建设工作公益宣传，未成年人心理健康辅导站建设、运转、辅导活动及培训等支出。四是志愿服务活动资金，主要用于新时代文明实践工作、志愿服务驿站建设运转、开展“三关爱”活动、志愿服务培训及基地建设等支出。五是自主传播平台建设、宣传品制作开发、干部队伍培训和业务学习及党委、政府决定的其他事项。

要严格规范专项资金的使用管理。各地各级财政要做好专项资金的统筹安排和监督管理；资金申领单位应严格按相关管理办法和相关财政财务管理规定做好资金的规范使用，确保专项资金的使用落到实处。

要提高项目支出的时效性，加强在预算编制环节和实施过程中的事前评价管理，及时跟进项目进度，对项目支出及时进行评价，提高资金使用效率，并将评价结果运用于来年的预算编制中；加强预算编制的计划性与预见性，进一步重视部门预算，建立健全预算项目的绩效管理体系，根据中心工作调整新增追加的项目支出要及时做好绩效评价，进一步提高资金使用效率，保证单位工作的正常运转。

要加强专项资金的使用监督。专项资金的使用和管理接受同级财政、审计部门的监督和检查。对检查中发现的违规违纪行为，将按照《财政违法行为处罚处分条例》等法律法规进行查处，追究有关单位及人员责任。

（三）精神文明建设载体的丰富

精神文明建设离不开有效的载体。新时代文明实践中心是新时代精神文明建设最重要的载体。同时，在这个“互联网+”的时代，网络精神文明建设是精神文明建设的新载体，可以起到很好的辅助作用。

1. 新时代文明实践中心的运用

2018年7月6日下午，中共中央总书记、国家主席、中央军委主席、中央全面深化改革委员会主任习近平主持召开中央全面深化改革委员会第三次会议，会议审议通过了《关于建设新时代文明实践中心试点工作的指导意见》。会议强调，建设新时代文明实践中心，是深入宣传习近平新时代中国特色社会主义思想的一个重要载体，要着眼于凝聚群众、引导群众，以文化人、成风化俗，调动各方力量，整合各种资源，创新方式方法，用中国特色社会主义文化、社会主义思想道德牢牢占领农村思想文化阵地，动员和激励广大农村群众积极投身社会主义现代化建设。

新时代文明实践中心是整合现有基层公共服务阵地资源，以县、乡镇、村三级为单元，通过志愿服务的形式，学习宣传习近平新时代中国特色社会主义思想、宣讲党的方针政策、培育主流价值、活跃文化生活、推动移风易俗的农村基层宣传思想文化活动和精神文明建设中心。

新时代文明实践中心（所、站）的功能定位是：要坚持目标导向和问题导向相结合，重点围绕基层宣传思想文化工作和精神文明建设工作，充分发挥各级党委和政府统筹协调、组织实施的重要作用，推动基层党组织履行好直接组织、宣传、凝聚、服务群众的重要职责，充分发挥党员先锋模范作用，有效调动群众自我教育、自我提高、自我服务的积极性和主动性，整合社会各方面力量建设一支群众身边的志愿者队伍，因地制宜开展经常性、面对面、广大群众喜闻乐见的文明实践活动，大力培育和践行社会主义核心价值观，切实提高群众的思想觉悟、道德水准、文明素养、法治观念，为新时代精神文明建设提供坚强思想保证、强大精神动力、丰润道德滋养、良好文化条件。

新时代文明实践中心（所、站）的建设任务是：建设以市、镇（街道）、村（居委会、社区）三级为单元，以志愿服务为基本形式，打通城乡公共文化服务体系的运行机制、文化科技卫生“三下乡”的工作机制、群众性精神文明创建活动的引导机制，整合人员队伍、资金资源、平台载体、项目活动，达到“七有”标准即有健全的组织机构，有固定的活动场所，有科学的管理制度，有详细的工作计划，有稳定的志愿者队伍，有明确的经费保障，有浓厚的宣传氛围，推动基层宣传思想文化工作和精神文明建设改革创新，实现更富活力、更有成效、更可持续的发展。

新时代文明实践中心具有精神文明建设的实践功能。“社会生活的本质是实践的。”精神文明观念只有通过实践才能实现内化、固化、转化。

新时代文明实践中心是精神文明建设的实践场域，空间中的人、活动、环境是精神文明实践的基本要素，构成了精神文明建设的实践主体、实践纽带、实践对象、实践环境。个体及群体的精神文明建设成效需要实践检验，文明实践中心能够检验人的价值观念是否正确、是否符合客观实际。文明实践中心能够加强民众的精神联系，促进精神文明实践共同体的形成，进而推动社会文明的整体进步。

新时代文明实践中心的目标导向是守住思想文化阵地，筑牢执政基础。新时代文明实践中心，最重要的任务就是推动习近平新时代中国特色社会主义思想在广大基层农村落地生根。2018 年 7 月，习近平总书记主持召开中央全面深化改革委员会第三次会议并发表重要讲话时指出，“建设新时代文明实践中心”“动员和激励广大农村群众积极投身社会主义现代化建设”。[①] 2019 年 10 月，中央宣传部、中央文明办召开深化拓展新时代文明实践中心建设试点工作电视电话会议，强调要走好新时代群众路线，大胆探索大胆实践，推动新时代文明实践中心建设取得更大成效。与此同时，中共中央、国务院印发的《新时代公民道德建设实施纲要》强调，要加强新时代文明实践中心建设。

作为一项思想工程，新时代文明实践中心通过理论宣讲、卫生健康、互帮互助等志愿服务的创新工作，不断提高基层群众对习近平新时代中国特色社会主义思想、乡村振兴战略等的理解和认同，用中国特色社会主义文化、社会主义思想道德牢牢占领农村思想文化阵地，用新时代、新思想武装群众、引导群众、凝聚群众，营造广大农民“听党话、感党恩、跟党走”的社会氛围，让广大农村成为文明实践的主阵地，让广大农民和志愿者成为文明实践的生力军。最终有效实现宣传思想文化工作“强信心、聚民心、暖人心、筑同心”的使命任务。这既是新时代文明实践中心建设的目标导向，也是结果导向。

新时代文明实践中心有健全的组织架构，包括三级体系和五大平台。

---

① 《习近平主持召开中央全面深化改革委员会第三次会议强调 激发制度活力激活基层经验激励干部作为 扎扎实实把全面深化改革推向深入》，新华社百度百家号，2018 年 7 月 6 日，https://baijiahao.baidu.com/s?id=1605246848776581482&wfr=spider&for=pc。

新时代文明实践中心依托社区便民服务大厅、文明礼仪大厅、道德讲堂、文化广场、文体活动室、书画室、纠纷调解室、心理咨询室、阅览室、棋牌室、乡贤文化工作室等“两厅一堂一场七室”和市政、文体四个广场以及文化馆、图书馆、博物馆、革命烈士陵园、学校少年宫等实践基地（点）组建。将文化活动室、党员活动室、党员电教中心、道德讲堂、新时代农民讲习所、新时代农民夜校、农家书屋、乡村舞台、文明礼仪大厅、村史馆、乡愁记忆馆等活动场所全部纳入实践阵地建设，结合群众的生产劳动和实际需要，以群众喜闻乐见的形式开展活动。新时代文明实践中心初步建立了覆盖全面的三级联动文明实践网络，构筑了理论宣讲、教育服务、文化服务、科技与科普服务、健身体育服务“五大平台”。

新时代文明实践中心坚持“规范+特色+创新”的建设思路，以学习实践科学理论、宣传宣讲党的政策、培育践行主流价值、丰富活跃文化生活、持续深入移风易俗为主要内容，以大力发展乡贤文化、乡村振兴、助推脱贫攻坚为特色重点，聚焦解决改革发展的重点难点、人民群众的堵点痛点、社会关注的热点焦点问题，每月面向基层征集设置一批志愿服务项目，以“菜单”形式向城乡发布，启动开展群众点需求、志愿团队亮服务的“点亮行动”，按照“城区团队重点下沉、乡村团队自我服务、专业团队精准配送”的思路，组织广大志愿者以“讲、树、帮、乐、移”为主要方式，常态化开展凝心铸魂强农、党的政策领悟、主流价值引领、文化生活丰润、科技知识普及、美好风尚涵育、环境秩序优化、脱贫攻坚助力、守望相助暖心等文明实践工程，组织开展学习贯彻习近平新时代中国特色社会主义思想，开展“推动移风易俗，践行婚嫁新风”集体婚礼、“关爱扶贫干部 助力脱贫攻坚”慰问活动、“学党史、感党恩，守初心”主题实践活动，充分发挥宣传群众、教育群众、关心群众、服务群众的重要作用，着力凝聚群众、引导群众，以文化人、成风化俗。

广州市从化区深入推进新时代文明实践中心和融媒体中心建设，线上线下相结合，为群众提供各种特色精准服务。从化区西和村新时代文明实践中心是开展讲座的场所之一，每周这里都会开展书画、舞蹈等课程。借助融媒体平台，西和讲堂的上课内容，可以同步网络直播，周边的学校都能够收看学习。除了形式各样的文化活动，这里还积极开展各类培训，开农家餐馆的村民周燕琼就经常到这里的粤菜师傅培训室参加免费培训，提高厨艺。广州用融媒体平台来解决基层老百姓和干部群众的时间碎片化问题，让他们随时随地都能学习到新时代文明实践中心开展的各项活动。通过“线上＋线下”模式，打造出集主流舆论阵地、社区信息枢纽、综合服务中心于一体的互动平台。2019 年 11 月 6 日，央视《新闻联播》播出《广州：融媒体中心助力新时代文明实践阵地建设》，报道了广州市从化区新时代文明实践中心建设的这一经验。

建设新时代文明实践中心是一项长期系统工程，必须常抓不懈，持之以恒，久久为功。各级党委政府和宣传文化部门要在保障措施上做到有机构、有阵地、有队伍、有经费、有培训，在工作内容上做到有理论、有政策、有法律、有文化、有科技，在覆盖面上做到进农村、进社区、进企业、进机关、进校园、进网络。要通过扎实推进新时代文明实践中心建设，不断提升工作水平，开创基层宣传思想工作和精神文明建设的新局面。

2. 网络精神文明建设的辅助

习近平总书记2016 年 4 月 19 日在网络安全和信息化工作座谈会上的讲话中指出：“培育积极健康、向上向善的网络文化。”[①]《新时代公民道德建设实施纲要》体现社会主义精神文明建设要求的网络伦理、网络道德。这些都说明了网络是精神文明建设的重要载体，要深入开展网络精神文明建设，主动适应“互联网＋”的大趋势大潮流，把网络作为重要工作阵地和传播渠道，积极倡导网络道德和网络文明，在网上唱响弘扬社会主义核心价值观的主旋律。

在现今网络新型社会时代中，面对上述的种种挑战，精神文明建设不仅要遵循社会发展的规律，还要主动适应科技带来的挑战，更新思维理念，创新精神文明建设的工作形式，不断完善精神文明建设体系。

精神文明建设必须依赖网络存在的事实证明，做好精神文明建设工作，必须掌控网络最新技术。西方国家之所以能掌控世界文化推行文化霸权并通过网络进行文化的渗透，最重要的就在于其掌控的网络技术优势。

① 《习近平谈治国理政》第 2 卷，外文出版社，2017，第 337 页。

因此，2016 年 10 月 9 日，中共中央政治局就实施网络强国战略进行集体学习时，习近平总书记明确指出："加快推进网络信息技术自主创新，加快数字经济对经济发展的推动，加快提高网络管理水平，加快增强网络空间安全防御能力，加快用网络信息技术推进社会治理，加快提升我国对网络空间的国际话语权和规则制定权，朝着建设网强国目标不懈努力。"[①] 因此，要牢牢掌握精神文明建设的主导权，前提要求是对社会思潮有着精准的识别力、监控力及引领力，那么就亟须为精神文明建设工作提供坚实的技术保障。

第一，创建理论型、创新型、美观型的，建设满足人民需求、深受人民喜爱的理论宣传网站。要打造新型主流媒体旗舰，积极聚焦重大决策部署，打赢多场全方位、多层次、多声部的思想宣传战役。可以开设网络宣传节目，推进党员领导干部转作风、解难题、促发展；开展新闻舆论监督，对人民关心的热点难点问题进行建设性监督，倒逼各种矛盾问题及时有效解决，做到内化于心、外化于行。要坚持内容为王。要加强策划网站内容，保证其具有较高的可读性可看性，切忌简单地复制粘贴非原创性新闻，微博内容要体现出教育工作者的智慧和风采，针砭时弊，犀利点评，提高观点的独创性。每日可更新发布重要时事新闻，以人民喜闻乐见的方式宣传主流思想与主流声音，普及思想理论知识。形式和语言上要与时俱进，贴近生活。形式为内容服务，在加强内容建设的基础上，要丰富微博的展现形式，吸引更多人关注。注重文字与图片、音频、视频的配合使用，实现真正的多媒体传播；宣传工作者应与时俱进，贴近生活，掌握网络流行用语，取其精华，去其糟粕，及时回复转发用户的评论，拉近与用户之间的距离。也可以适时发起话题讨论，引导网民参与，并及时回复，积极与网民进行网上互动交流，及时把握网民的思想动态，从而有针对性地对网民进行积极有效的理论教育和思想引导，解答网民的疑问，保证精神文明建设工作取得最佳效果。

第二，要充分发挥网络传媒多元化的优势，可通过开展网络政治仪

① 《中共中央政治局就实施网络强国战略进行第三十六次集体学习》，中国政府网，2016 年 10 月 9 日，http://www.gov.cn/xinwen/2016-10/09/content_5116444.htm。

式、集体学习、推广网络公益等实践活动的有效形式，建立起高效性、时效性、时代性的网络传播媒介，倡导分众化、差异化、个性化的传播形式，将党和国家的新思想、新政策、新文化通过网络传媒自上而下渗透到人民的脑海中。

第三，要创建双向互动的传播模式，建立相对开放的宣传方式。可以根据传播效果合理调整传播机制，凭借互联网覆盖面广、信息量大、互动性强、传播速度快的优势，取消传播内容在传播过程中的间接推行模式，建立直接双向互动的模式，使宣传机制更加开放自由，有利于增强网民之间的互动。可以动员那些在网上有众多粉丝的大 V 大咖参与进来，让他们在网上与老革命、老劳模进行互动，用他们的公众号影响网民，并以此进一步压缩那些庸俗的网红的活动空间。

第四，要打造数字化宣传平台，加强新媒体平台建设，实现数字化改造和升级。通过微博、微信、微视频和客户端等“三微一端”平台的新一轮建设，全面加速对新媒体文化平台与文化形态的探索，形成以官方微博、微信为核心，官方微博、微信联动宣传的多层级、多渠道的“微博、微信方阵”。通过“文化看板”“社团文化实践”“学术视点”等新时代精神文明专题建设，以及心理健康、人文情怀、党建和团建等网络专栏建设，不断推进精神文明建设教育，推动精神文明建设正能量的广泛传播，促进中国传统文化、革命文化和社会主义先进文化的积极弘扬，不断唱响精神文明建设主旋律。

三　新时代精神文明建设的路径保障

精神文明建设是一项长期而艰巨的任务，是一项巨大的社会工程，需要各方面的路径保障。这里主要从群众参与、法治促进和舆论监督三个方面进行分析。

（一）精神文明建设的群众参与

中央文明委印发的《关于深化群众性精神文明创建活动的指导意见》指出：群众性精神文明创建活动是人民群众群策群力、共建共享、改造社会、建设美好生活的创举，是提升国民素质和社会文明程度的有效途径，是把社会主义精神文明建设的任务要求落实到城乡基层的重要载体和有力抓手。①

群众性精神文明创建活动是广大人民群众改造环境、转变社会风气、建设文明生活的成功实践，是整个社会主义精神文明建设中不可替代的重要组成部分，是我国人民移风易俗、改造社会的伟大创造，也是加强精神文明建设的有效形式。丰富多彩的精神文明创建活动，极大地推动经济与社会的协调发展，对整个中华民族的精神风貌产生了巨大的影响。自20世纪80年代初以“五讲四美三热爱”和治理“脏、乱、差”为主要内容的“文明礼貌月”活动开始，群众性精神文明创建活动广泛开展起来，从窗口行业、窗口单位到各条战线、各个行业；从“五讲四美三热爱”活动到以创优质服务、优良秩序、优美环境为主要内容的创“三优”活动；从创建文明家庭、文明楼院到创建文明小区、文明城市；从创建文明户、文明村到创建文明集镇、文明县城；从自建发展到军民共建、警民共建、厂街共建等，整个群众性精神文明创建活动的内容、形式和领域都有了很大的发展，成为涉及社会生活各个领域和社会的各行业，有各级干部、广大职工、农民、市民以及其他社会各阶层人士广泛参与的声势宏大的群众性活动。

群众性精神文明创建活动是人民群众的伟大创造，是党的群众路线在精神文明建设实践中的具体体现。创建活动从兴起到发展，都始终根植于广大人民群众的自觉实践之中，体现了群众的利益、愿望和要求，体现了群众的自觉参与意识和创造新生活的精神风貌，在这个过程中，中央和地方各级党政领导尊重群众的首创精神，及时发现群众中蕴藏的积极性和创造性，加以总结、引导、提高和推广，使群众性精神文明创建活动不断走向成熟和完善。实践证明，群众性精神文明创建活动是坚持两个文明一起抓，使精神文明建设由虚变实的基础工程，对于推动和促进我国社会主义精神文明建设有着重大的意义和作用。

首先，开展群众性精神文明创建活动是把两个文明建设任务有机结

① 《关于深化群众性精神文明创建活动的指导意见》，中国文明网，2017年4月5日，http://www.wenming.cn/ziliao/wenjian/jigou/wenmingban/201704/t20170405_4161316.shtml。

合，落实到基层的有效途径。社会主义精神文明建设必须服从、服务于全党、全国的工作大局，为改革开放、社会主义现代化建设提供精神动力、思想保证和智力支持。根据这一基本方针，在开展群众性精神文明创建活动时，要始终紧紧围绕着经济建设这个中心，把发展生产力，为经济建设服务作为活动的重要内容和标准，做到两个文明建设一起研究，一起规划，一起部署，一起检查，一起总结，一起落实。两个文明建设的总任务、总目标被分解为一个城市、一个部门、一个单位、一个村镇的具体任务、具体目标，逐级落实，直至基层。物质文明建设和精神文明建设借助各种形式的群众性精神文明创建活动有机地结合在一起，相互促进，共同发展，取得了显著的效果。许多地方两个文明协调发展的成功经验充分证明了这一点。

其次，开展群众性精神文明创建活动是动员广大群众积极参与社会主义精神文明建设的重要载体。广大人民群众是精神文明建设的力量主体和动力之源，能否把广大人民群众发动、组织起来，自觉地、满腔热情地投身到精神文明建设中去，使精神文明建设成为全民参与的事业，是精神文明建设能否充满生机和活力，能否获得成功的关键。群众性精神文明创建活动之所以能够吸引广大人民群众积极参与，具有深厚的群众基础，关键在于它深深根植于人民群众的实践活动中，群众性精神文明创建活动所涉及和需要解决的许多具体问题，都同人民群众的切身利益密切相关，解决好这些问题是广大人民群众的迫切愿望，符合人民群众的根本利益，可以说，人民群众既是精神文明创建活动的直接参与者，又是精神文明创建活动成果的直接受益者，因而，开展群众性精神文明创建活动能够吸引广大干部群众积极参与，充分调动和发挥他们的积极性、主动性和创造性。

最后，开展群众性精神文明创建活动是改造社会环境，转变社会风气，进行文明生活，提高社会文明程度，推进社会主义精神文明建设的重要手段。发展社会主义市场经济，进一步扩大对外开放，给社会主义精神文明建设注入了新的生机和活力，提出了更高的要求。同时，在建设社会主义精神文明的过程中，也出现了许多新情况、新矛盾、新问题：既要弘扬正确的、健康的思想，又要防止某些消极有害思想的影响；既要学习吸收世界文明成果，又要防止外来腐朽、反动思想的侵蚀；既要运用现代科技推动现代化建设，又要防止精神垃圾的泛滥。解决这些矛盾和问题，需要做很多工作，而开展群众性精神文明创建活动是解决这些矛盾和问题的重要手段。实践证明，广泛开展各种形式的群众性精神文明创建活动，有利于加强思想道德建设、科学文化建设、基础设施建设、制度机制建设；有利于提高人们的思想道德素质和科学文化素质，引导人们树立正确的世界观、人生观、价值观，培养“四有”新人；有利于改变社会环境、树立良好的社会风气，维护社会秩序和社会安定，促进经济建设和改革开放各项事业的顺利发展。

要突出基层基础，扩大延伸群众性精神文明创建活动。要以行业主管部门为主体，大力开展各类精神文明创建活动，不断提升市民村民文明素质，拓展精神文明创建空间。一是切实加强文明单位建设管理。充实完善《全国文明单位评选标准》，推行年初申报培训、年中创建落实、年末考核验收的评选考核机制，调整名额分配，引入竞争机制，提升创建档次，对文明单位实行动态管理，重点抓好“五个一”：一堂、一队、一牌、一桌、一传播，即建好用好道德讲堂，建立常态化的学雷锋志愿服务队，设置与环境相融合的尊德守礼提示牌，开展文明餐桌行动，建立有效发挥作用的网络文明传播志愿服务小组。二是不断深化文明行业创建。交通运输、国土资源、公安、工商、税务、卫生等行业系统要对文明行业创建作出年度安排，提出工作措施，督促检查落实，提升创建水平。以强化职业道德建设、推行优质规范服务、塑造良好窗口形象为目标，以执法执纪部门和窗口服务行业为重点，扎实开展好“十佳文明服务窗口”“十佳文明服务明星”等评选活动，提升行业文明服务水平。三是大力推进文明旅游工作。建立健全文明旅游联席会议制度，坚持国内游出境游一起抓，有针对性地开展教育引导工作，推进依法管理，强化公民文明出游意识。加大舆论宣传和监督力度，在元旦、春节、五一、暑假、国庆节等重要时间节点，形成宣传规模和声势。开展“文明旅游景区”评选活动，推出一批“最美导游”“最美游客”，同时，抓好反面曝光，形成警示效应。四是广泛开展各类文明创建活动。抓好文明集市创建，营造整洁卫生、规范有序的集市环境，建设依法经营、诚实守信的市场秩序。深入推进军（警）民共建活动和“双拥”工作，进一步巩固军政、军民关系，扩大精神文明建设辐射面。积极推进科普工作，不断提升全民科学素质。不断完善体育设施，大力发展全民健身运动。积极引导新经济组织、社会组织、民办机构和中介组织根据自身特点开展创建活动。

（二）精神文明建设的法治促进

法治和精神文明建设是相辅相成、相互促益、相互推动的，其中，法治为精神文明建设提供制度保障。

法律通过对精神文明建设的基本原则予以确认，为精神文明建设提供国家强制力保障。社会生活各领域中道德要求和规范被法律吸纳、上升为由国家强制力保证实施的具有普遍约束力的法律规范。精神文明中一些涉及范围较广、后果较为严重、内在价值较为深远的道德规范和要求被法律吸纳，以立法的方式规范人们的行为，把人们思想道德意识中有些模糊的概念明晰化、准确化、法律化。在此方面，我国的宪法、民法典、老年人权益保障法等法律有相当丰富的内容。另外，严格执法和公正司法，有利于维护社会公平正义，弘扬真善美、打击假恶丑，使思想道德要求在实践中得到切实遵循；全民普法和全民守法，有助于提高人们信守法律的思想道德水平，引导人们自觉履行社会责任。

社会主义法治对社会主义精神文明建设的促进作用，表现在我国现行宪法和法律法规为适应建设中国特色社会主义需要，把建设社会主义精神文明作为一项重要的内容规定了下来。在其他有关法律法规中也贯彻了建设社会主义精神文明的要求，所有这些规定不仅会大大促进我国精神文明建设，而且也为我国精神文明建设提供了切实的法律保障。

宪法在不同层次上全面规定了精神文明建设，为精神文明建设提供了宪法原则和依据。序言指出，中国各族人民将“推动物质文明、政治文明、精神文明、社会文明、生态文明协调发展，把我国建设成为富强民主文明和谐美丽的社会主义现代化强国”，这就将精神文明建设规定为中国特色社会主义建设的重要内容。第二十四条规定“国家通过普及理想教育、道德教育、文化教育、纪律和法制教育，通过在城乡不同范围的群众中制定和执行各种守则、公约，加强社会主义精神文明的建设”。这条规定不仅明确规定了加强精神文明建设，而且提出了加强精神文明建设的方法和途径，是序言中“精神文明”的具体化。精神文明建设包括思想道德建设和科学文化建设两个方面，宪法在这两个方面都有明确的规定。第十四条规定“国家通过提高劳动者的积极性和技术水平，推广先进的科学技术”。第十九条规定“国家发展社会主义的教育事业，提高全国人民的科学文化水平”。第二十条规定“国家发展自然科学和社会科学事业，普及科学和技术知识”。还有多处提到文化、文化建设等内容。

为了贯彻宪法上述各条规定，国家先后制定和发布了义务教育法、文物保护法、教师法、发明奖励条例、学位条例等有关科技、文化、教育建设事业方面的法律法规，逐步把科技、文化、教育事业的管理纳入法治轨道，这些法律法规的制定和实施，对于促进和保障科技、文化、教育事业的发展具有重要的作用。

法治在精神文明建设方面的作用，还表现在依法管理文化市场，促进文化市场健康发展上。国家坚持维护合法经营，保护知识产权，管好文化产品的引进，坚持不懈地开展扫黄除恶，扫除黄色出版物，打击非法出版活动。

（三）精神文明建设的舆论监督

在精神文明建设中充分发挥新闻舆论监督的作用。作为推动精神文明建设的主力军之一，新闻媒体承担着服务大局、团结人民、鼓舞士气、成风化人等职责，在提高社会文明程度上发挥着至关重要的作用。

在改革的道路上，困难和挫折是很多的，矛盾和问题是错综复杂的，尤其在经济转型时期，由于市场经济的不完善和治理措施的不得力，这些负效应还会放大。如就业、社会保障、分配等敏感的社会问题会使人们在思想上产生这样或那样的疑虑、困惑。在这种情况下，作为上层建筑重要组成部分的舆论导向，就要通过有力的政策宣传和思想动员，像“导航员”一样，准确把握前进的方向，把全党全国各族人民的思想进一步统一到基本路线上来。使人们拨开迷雾，明辨真伪，透过现象看到本质，认识到这些困难和挫折是暂时的，是改革过程中不可避免的，这些问题通过我们党自身的努力最终会彻底解决，从而坚定人们对中国特色社会主义的信心。目前，我国处于一个复杂的国际环境中：发达国家在经济与科技上占优势的压力；国际关系中霸权主义与强权政治的压力；世界范围各种思想文化渗透的压力；国际敌对势力对我“西化”“分化”的压力。敌对势力或者大量传播攻击我国基本政治制度的言论，或者从“左”或右的方面攻击有中国特色的社会主义；或者歪曲、夸大、故意掩盖、有意炒作一些事件，公然鼓动闹事。在这如此重压和攻击之下，要把精神文明建设推向前进，就更加离不开正确舆论的引导。①

为此，舆论监督方面，要深入学习贯彻党的十九届五中全会精神，将实施全媒体传播工程与着力提高社会文明程度的目标要求有机结合，把弘扬社会主义核心价值观、提升地方文化软实力、推进健全公共文化服务体系和文化产业体系等重要工作与媒体融合的具体实践紧密联系起来。作为融媒体，要顺应传播大势，坚持移动优先，将直播、音频、短视频等融媒产品作为创新重点，不断探索适应新时代用户使用习惯的全媒体传播形式，让传统媒体和新兴媒体在内容上坚持正能量为主，牢牢把握正确的舆论导向，坚守意识形态主阵地，促使富有时代精神的作品成为培厚社会文明土壤、推进精神文明建设的丰厚“养料”，以从最深层次、最根本处提高精神文明程度。

媒体要组织有理论性的有问题意识的评论，针对精神文明建设方面存在的问题及种种模糊认识，进行较为深刻的剖析。理论版开辟“解疑释惑”专栏，对读者存在的疑问有针对性地予以解答。开辟“精神文明大家谈”专栏，针对精神文明建设中的一些具体问题发表小言论。

媒体要为精神文明建设的排头兵掸灰洗尘。处于窗口行业的交通、城建、供电等部门及创建工作中的执法部门是精神文明建设中的前沿阵地，也是需要加固的着力点。这些部门能否成为文明单位，这些部门的人是否在工作中讲文明，确需新闻舆论的监督。

媒体要强化舆论监督净化精神文明环境。我们在坚持以正面宣传为主的同时，针对当前精神文明建设中人民普遍关心的热点问题，加强批评性报道和问题性评论、讨论，促进精神文明环境的净化。要组织有分量的批评性稿件，对一些领导干部的腐败行为、行业不正之风、社会丑恶现象等进行有力的揭露。对拆除违章建筑、治理车辆违规行驶、中巴车乱涨票价和甩客问题、路边相面算命问题、赌博问题、媳妇虐待公婆问题、播黄贩

① 王彩霞：《正确舆论与精神文明建设》，《中共太原市委党校学报》2002年第3期，第44页。

黄问题、封建迷信问题等进行曝光，为净化社会风气、营造良好的社会氛围，起到惩恶扬善的巨大作用。

媒体要全方位监督。例如，城市环境卫生与秩序方面。主次干道、背街小巷、城乡接合部无明显垃圾堆积，环境卫生干净整洁，垃圾清运及时；主要街道及公共场所管理规范有序，无占道经营、违章停车、小广告乱贴等现象；无争吵谩骂、乱扔杂物、随地吐痰、损坏花木等现象；环卫设施完好；“门前三包”落实到位；农贸市场、车站管理规范，干净有序；公厕免费开放，管理规范，标示明显，设施完好，卫生状况良好；建筑工地文明施工，无带泥上路；广泛刊播展示公益广告，传播社会主义核心价值观倡导文明乡风，有村规民约；落实住户庭院三包；建筑材料不占道堆放，乡村道路、广场等公共区域有专人保洁；公路沿线住户“门前三包”落实。再如，市民文明行为与素质提升方面。市民在主次干道、商业街区、公园、景区、社区（小区）、公共广场、公交车站、长途汽车站公共场所无争吵谩骂、无乱扔杂物、无随地吐痰、无躺卧公共座椅、无插队等现象；驾车时讲究行车文明、不车窗抛物、不强行超车和随意变道；出行时讲究行路文明、走路或自行车不闯红灯、绿灯亮起快速通过，不乱穿马路、不翻越栏杆，乘坐公交自觉排队，并主动为老、弱、病、残、孕让座；用餐时不高声喧哗、酗酒闹事；旅行时不破坏公共设施，不破坏花草树木；社区内不私搭乱建、乱栽乱种，文明养犬。做到向不文明行为告别，自觉抵制不文明行为，提升社会文明程度和市民文明素质。

参考文献

一　经典文献

[1]《马克思恩格斯选集》第 1 ~4 卷，人民出版社，2012。

[2]《马克思恩格斯文集》第 1、2、3、7 卷，人民出版社，2009。

[3]《列宁选集》第 1 ~4 卷，人民出版社，2012。

[4]《毛泽东选集》第 1 ~4 卷，人民出版社，1991。

[5]《邓小平文选》第 1 ~2 卷，人民出版社，1994。

[6]《邓小平文选》第 3 卷，人民出版社，1993。

[7]《江泽民文选》第 1 ~3 卷，人民出版社，2006。

[8]《胡锦涛文选》第 1 ~3 卷，人民出版社，2016。

[9]《习近平谈治国理政》第 1 卷，外文出版社，2018。

[10]《习近平谈治国理政》第 2 卷，外文出版社，2017。

[11]《习近平谈治国理政》第 3 卷，外文出版社，2020。

[12] 习近平:《认真贯彻党的十八届三中全会精神 汇聚起全面深化改革的强大正能量》,《人民日报》2013 年 11 月 29 日，第 1 版。

[13] 习近平:《在会见第一届全国文明家庭代表时的讲话》,《人民日报》2016 年 12 月 16 日，第 2 版。

[14] 习近平:《在深圳经济特区建立 40 周年庆祝大会上的讲话》,《人民日报》2020 年 10 月 15 日，第 2 版。

[15] 习近平:《在全国劳动模范和先进工作者表彰大会上的讲话》,《人民日报》2020 年 11 月 25 日，第 2 版。

[16]《江泽民论社会主义精神文明建设》，中央文献出版社，1999。

[17]《习近平关于社会主义文化建设论述摘编》，中央文献出版社，2017。
[18]《习近平总书记系列重要讲话读本》，学习出版社、人民出版社，2016。
[19]《习近平新时代中国特色社会主义思想学习纲要》，学习出版社、人民出版社，2019。
[20]《习近平新时代中国特色社会主义思想学习问答》，学习出版社、人民出版社，2021。
[21]《中共中央关于加强社会主义精神文明建设若干重要问题的决议》，《人民日报》1996年10月14日，第2版。
[22]《十三大以来重要文献选编》（下），人民出版社，1993。
[23]《十四大以来重要文献选编》（上、中），人民出版社，1997。
[24]《十六大以来重要文献选编》（下），中央文献出版社，2008。
[25]《十八大以来重要文献选编》（上），中央文献出版社，2014。
[26]《进一步加强新形势下农村精神文明建设工作》，《人民日报》2011年2月15日，第1版。
[27]《新时代公民道德建设实施纲要》，《人民日报》2019年10月28日，第1版。
[28]《关于深化群众性精神文明创建活动的指导意见》，《人民日报》2017年4月6日，第9版。
[29] 刘云山：《紧紧围绕“四个全面”战略布局 锲而不舍推进精神文明建设》，《党建》2015年第4期。

二　学术专著

[30] 李明华、余少波、叶蓬、周祯祥：《精神文明建设机制论》，广州出版社，1997。
[31] 孙玉杰：《中国社会主义精神文明建设机制论》，河南人民出版社，1996。
[32] 郭明、谢传仓、曾伟玉：《精神文明建设基础论》，广州出版社，1997。
[33] 江家齐、黄禧祯等：《精神文明建设系统论》，广州出版社，1997。
[34] 丘丽云、叶启绩等：《精神文明建设价值论》，广州出版社，1997。
[35] 张涛光、杜焕强、余方海等：《精神文明建设方法论》，广州出版社，

1997。
[36] 谷文耀、章岳云、马兴煜、李仁武等：《精神文明建设过程论》，广州出版社，1997。
[37] 章海山、张建如、罗明星等：《精神文明建设主体论》，广州出版社，1997。
[38] 王岩等：《新时代中国精神文明建设研究》，中国社会科学出版社，2020。
[39] 黄继生：《精神文明建设研究与探索》，团结出版社，2017。
[40] 王俊秀：《精神文明与社会心态：北京市西城区的实践》，社会科学文献出版社，2017。
[41] 刘波：《新时代物质文明与精神文明协调发展》，社会科学文献出版社，2019。
[42] 鲍宗豪：《当代中国文明论：文明与文明城市的理论研究》，中国出版集团东方出版中心，2019。
[43] 朱继东：《新时代党的意识形态思想研究》，人民出版社，2018。
[44] 陈锡喜：《意识形态：当代中国的理论与实践》，中国人民大学出版社，2018。
[45] 吴元梁：《精神系统和精神文明建设》，人民出版社，2004。
[46] 杨立新：《社会主义精神文明建设论纲》（上、下），红旗出版社，2000。
[47] 王体正、董立仁主编《邓小平社会主义精神文明建设论》，武汉工业大学出版社，1999。
[48]《社会主义精神文明建设概论》，人民出版社，2005。
[49] 叶长青主编《精神文明建设纵横谈》，中国言实出版社，1997。
[50] 周纪良主编《跨世纪的社会主义精神文明建设》，上海教育出版社，1999。
[51] 赵智奎：《精神文明建设论》，江西高校出版社，2003。
[52] 焦坤：《社会主义精神文明建设论纲》，黑龙江人民出版社，1996。
[53]《广东精神文明建设年鉴2015》，南方日报出版社，2015。
[54]《中国精神文明建设年鉴2017》，学习出版社，2019。
[55] 曹明、张廷干：《机制与形态：传统文化与马克思主义融合研究》，中国社会科学出版社，2019。

［56］《建设新时代文明实践中心指导手册》，学习出版社，2020。
［57］白凤国编著《新时代公民道德建设读本》，红旗出版社，2019。
［58］崔志胜：《社会主义核心价值观融入精神文明建设问题研究》，中国社会科学出版社，2015。
［59］吴海江等：《新时代文明交流互鉴思想研究》，人民出版社，2020。
［60］陈力丹：《精神交往论：马克思恩格斯的传播观》，中国人民大学出版社，2016。
［61］马珂琦：《新时代中国特色社会主义文化创新研究》，中国社会科学出版社，2021。
［62］邓纯东主编《社会建设思想研究》，人民日报出版社，2021。
［63］〔日〕福泽谕吉：《文明论概略》，北京编译社译，商务印书馆，1959。
［64］〔英〕特里·伊格尔顿：《马克思为什么是对的》，李杨、任文科、郑义译，新星出版社，2011。

三 报刊文章

［65］陈瑛：《追求美好崇高的道德境界——学习领会习近平总书记在山东考察时重要讲话精神》，《光明日报》2013年12月11日，第7版。
［66］郑光魁：《做好党的新闻舆论工作事关旗帜和道路》，《中国纪检监察报》2016年2月27日，第4版。
［67］张江：《坚定文化自信——学习习近平总书记在中国文联十大、中国作协九大开幕式上的重要讲话》，《求是》2017年第2期。
［68］李季：《从被动应对到积极导向：广东学校德育40年改革发展之路》，《中小学德育》2018年第10期。
［69］陈亚丽：《家风家训对精神文明建设的作用与实践路径研究》，《广西民族大学学报》（哲学社会科学版）2017年第6期。
［70］詹筱媛：《构建农村精神文明建设长效机制》，《社会主义论坛》2017年第7期。
［71］仲天宝、刘泽、车琳：《大学生参与城市精神文明建设的长效机制》，《高教学刊》2015年第19期。
［72］旷平昌：《“两型社会”背景下精神文明建设机制创新研究——以长

株潭为例》，《南华大学学报》（社会科学版）2012 年第 2 期。
[73] 周亚东、任健：《构建高校精神文明建设有效机制》，《皖西学院学报》2011 年第 3 期。
[74] 罗玲玲：《长株潭“两型”社会进程中精神文明建设运行机制研究》，《湖南社会科学》2010 年第 4 期。
[75] 任映红：《新农村精神文明建设长效机制的构建与实现》，《毛泽东邓小平理论研究》2006 年第 8 期。
[76] 李春明、王桂林：《精神文明建设规律运用机制的探讨》，《山东大学学报》（哲学社会科学版）2003 年第 2 期。
[77] 叶蓬：《论精神文明建设的机制及其作用》，《学术研究》2001 年第 5 期。
[78] 侯远长：《建立规范化、科学化的精神文明建设工作机制》，《理论探索》2000 年第 2 期。

四　学位论文

[79] 周晔：《社会主义精神文明建设与素质教育研究》，博士学位论文，中共中央党校，2000。
[80] 刘德福：《论社会主义商品经济条件下的精神文明建设》，博士学位论文，中共中央党校，1990。
[81] 高艳青：《城市社区精神文明建设研究》，博士学位论文，中共中央党校，2008。
[82] 梁丽媛：《改革开放以来我国社会主义精神文明建设经验研究》，硕士学位论文，沈阳工业大学，2020。
[83] 周媛媛：《农村精神文明建设现状与对策研究——以徐州市贾汪区马庄村为例》，硕士学位论文，西北农林科技大学，2019。
[84] 魏昌平：《广东农村精神文明建设中的问题及其对策研究》，硕士学位论文，华南理工大学，2017。

后　记

党的十八大以来，以习近平同志为核心的党中央高度重视社会主义文化建设，聚焦“人民对美好生活的向往”这一奋斗目标，在治国理政战略布局中坚持以人民为中心的工作导向，举旗帜、聚民心、育新人、兴文化、展形象，不断推动“仓廪实衣食足的物质文明”和“知礼节明荣辱的精神文明”协调发展，激发了全民族文化创新创造活力，构筑了新时代中国精神、中国价值、中国力量。

建设具有强大生命力和创造力的社会主义精神文明，关键要把握新时代精神文明建设的新规律，把握新时代精神文明建设各要素之间的结构关系和运行方式，构建新时代精神文明建设新机制，方能为中华民族伟大复兴中国梦提供有力思想保证、道德支撑、文化滋养和精神动力。本书聚焦“新时代精神文明建设机制”这一主题进行系统阐释，以进一步提升全社会凝聚力和向心力，为新时代开创党和国家事业新局面提供坚强思想保证和强大精神力量。

本书由程京武设计框架并拟订大纲，由暨南大学马克思主义学院“马克思主义中国化和中华优秀传统文化”研究团队集体攻关完成。具体分工如下。第一章：揭锡杰、程京武；第二章：邓双全、陈联俊；第三章：张冉妮；第四章：何小勇；第五章、第六章：江传月。最后由程京武统一审阅修订。

在本书编写过程中，我们得到了许多的帮助、鼓励和具体支持，特别是广州市社科联的谋划组织。编写本书时，我们参考、借鉴、吸收了学术界相关研究成果，谨向这些成果的作者、编者表示真诚谢意。

囿于撰写的难度、时间的仓促和作者的水平，书中粗陋之处在所难免，敬请广大读者不吝指教，以便我们及时弥补不足，更好地与时代对话、与文明对话，弘扬中国精神、凝聚中国力量。

程京武

2022 年 6 月

图书在版编目(CIP)数据

新时代精神文明建设机制论 / 程京武等著. -- 北京：社会科学文献出版社，2022.8

（新时代精神文明建设研究丛书）

ISBN 978-7-5228-0030-1

Ⅰ.①新… Ⅱ.①程… Ⅲ.①社会主义精神文明建设-研究-中国 Ⅳ.①D648

中国版本图书馆 CIP 数据核字（2022）第 065714 号

新时代精神文明建设研究丛书

新时代精神文明建设机制论

著　　者 / 程京武　江传月 等

出 版 人 / 王利民
责任编辑 / 崔晓璇
文稿编辑 / 陈　冲
责任印制 / 王京美

出　　版 / 社会科学文献出版社 · 政法传媒分社（010）59367156
地址：北京市北三环中路甲 29 号院华龙大厦　邮编：100029
网址：www. ssap. com. cn
发　　行 / 社会科学文献出版社（010）59367028
印　　装 / 三河市龙林印务有限公司

规　　格 / 开　本：787mm × 1092mm　1/16
印　张：14.5　字　数：230 千字
版　　次 / 2022 年 8 月第 1 版　2022 年 8 月第 1 次印刷
书　　号 / ISBN 978-7-5228-0030-1
定　　价 / 78.00 元

读者服务电话：4008918866